現場を一緒に見よう！

ザ・ゲンバ@安全保障・外交

【戦技訓練】

日本の次世代の戦闘機は外交ツールとしても純国産にせねばなりません。それを現場で考えようと長く交渉し、司令官らが決断してくださり航空自衛隊Ｆ２の戦技訓練に参加しました。

▲**写真①**　青森県三沢基地でＦ2戦闘機に乗り込み、前席の隊長との連絡方法や計器などを確認する。目的がはっきりしているためか平常心でいる。

▶**写真②**　ぼくは民間人(当時)だから本来は敬礼する立場にない。しかし機の四方八方で働く整備員や隊長、そして見守る司令官らすべての自衛官への敬意と感謝から敬礼せずにいられなかった。飛行ヘルメットには、航空総隊第三航空団第三飛行隊のマークの兜武者、SAMURAI(侍)の文字、そしてぼくの名が自衛官の手で、入れられている。

◀**写真③**　風防を閉じ、いよいよ発進。エンジンの身震い、唸りとともに機が滑走路へ前進を始める。

▶**写真④**　滑走路から急角度で空へ舞い上がった。戦闘機のコックピットは宇宙と一体感がある。その代わり前後左右が分からなくなることに耐えねばならない。そこへ凄絶なG(重力加速度)も加わる。

▲写真⑤　前席が隊長、後席がぼく。戦技訓練で敵機役になるＦ２から撮影してくれた。このあと、この敵機役と凄まじい戦闘状況となった。空というより宇宙感覚の空間を、宙返りは当たり前、360度へ急展開、急降下、急上昇を繰り返しながら戦う。Gは8Gという想像を絶するレベルに達した。これは体重の８倍で縦横左右に押し付けられることを意味する。ふつう血流の極端な急変で失神する。ぼくも首が折れるかとは思ったが、レーシングカーのGを知るせいか乗り切ることができた。

▲写真⑥　戦技訓練を無事に終えて、地上で隊長と握手。見守る司令。ぼくの頬には、空中での8Gの爪痕のひとつ、マスクの跡がくっきり。このあとデジタルで戦闘を再現し、見た将軍（空将）が隊長に「おまえ、本当にこれをやったのか」と聞かれた。隊長は、ぼくの「体験搭乗にはしない。純国産戦闘機を考えるための現場にする」という志に、保身なく応えてくれて、厳しい訓練をしてくれた。

【空中給油オペレーション】

愛知県の小牧基地で空中給油機KC767に乗り込み、実際にＦ15戦闘機が給油を受ける現場に参加しました。空中給油機の導入はずっと主張してきたことが実現したひとつ。しかし次世代をもう考えねばなりません。

▶**写真**⑦　防衛省本省からやって来た航空自衛官と機に乗り込む前に、基地の全体を「きびきびしているなぁ」と感謝、感嘆を込めて見る。手にはいつものノート・パソコン。

▼**写真**⑧　給油を受けるために、ぼくの同乗する空中給油機に近接したＦ15戦闘機。機窓からこの写真を撮るぼくとパイロットの目線が合っている感覚。次の瞬間、Ｆ15は空中給油機の背後に回っていった。

◀**写真**⑨　空中でＦ15戦闘機と間合いを合わせて、給油ノズルを延ばしていくところに立ち会う。左がぼく。目の前のデジタル画面に、先ほどのＦ15戦闘機が映っている。

【潜水艦の抑止力】

潜水艦は現代の防衛でもっとも秘匿性が高い。これも長い交渉を経て、潜水艦のオペレーションに参加しました。海上自衛隊の潜水艦は実は世界トップの実力を持ちます。中国などの原子力潜水艦より、はるかに静粛性能が高いから、局面によっては世界でいちばん強いのです。

▲**写真⑩**　夜明け前の闇のなか、九州のある港の沖合に停泊した潜水艦へ小型ボートから乗り移り、オペレーション開始。やがて朝陽が昇り、高い艦橋の旭日旗を美しく照らす。写真を撮るぼくの前、右側の白い制帽が艦長。

▲**写真⑪**　そして潜行。中国海軍や韓国海軍では発見が不可能な静かさで素早く海中をゆく。アメリカ海軍士官からも「実は、われわれも見つけられない」と絶讃する非公式証言をワシントンＤＣで聞いている。潜望鏡深度へいったん上がり、海中から洋上の動きを見る。ぼくの頭には、艦隊から贈られた名前入りのキャップ。映画で見た潜望鏡からの画像とまったく違い、広範囲の状況が正確に把握できる。

▲**写真⑫**　任務を終えて帰投した潜水艦。夕陽のなかをぼくは小型ボートで遠ざかり、乗組員は次のオペレーションに備えて動く。その姿に深く感謝する。こうして涵養している実力を、二度と戦争や拉致事件や小笠原の自然破壊などを起こさせないために、また拉致事件を含む困難な課題を解決に導くように善用、活用せねばならない。軍事力は戦争の道具よりも外交のツールだ。

ザ・ゲンバ@資源エネルギー

【原子力災害の超克】

◀**写真⑬**　事故発生からまだ１か月余の福島第一原発に作業員以外では初めて入る（西暦2011年４月22日）。正式な入構許可を出してくれた吉田昌郎所長と、免震重要棟で議論する。吉田さんの表情と声の明るさに勇気づけられた。許可を得てぼくが持ち込んだビデオカメラをセルフタイマーで、そして放射性物質よけのビニールでぐるぐる巻きにして撮ったために、画像が白っぽくなっている。そののち憤死した吉田さんは、日本男児だった。保身のカケラもなかった。

▲**写真⑭**　今後の廃炉を考えるために、フランスのショー原発の廃炉現場に入った。取り外した巨大な蒸気発生器がごろんと転がっている前で、足の裏に付いた放射線量を自ら計測する。

【日本初の自前資源メタンハイドレート】

▶**写真⑮**　独研（独立総合研究所）が自前で用意した海洋調査船の船内。自然科学部長の青山千春博士が特許技術で発見したメタンプルーム（メタンハイドレートの粒々の柱）の画像を見ながら、硫黄島の指揮官・栗林忠道陸軍中将のお孫さん、新藤義孝元総務大臣と議論する。

◀**写真⑯**　兵庫県と連携した調査航海を終え、県の漁業調査船「たじま」の前で乗組員と握手。素晴らしい野郎どもだ。

▶**写真⑰**　上記の調査航海などの成果を、資源を含めた地球科学の世界最大の学会「ＡＧＵ（アメリカ地球物理学連合）」で英語で発表する。写真にはないが左に巨大プロジェクターがある（サンフランシスコにて）。

ザ・ゲンバ@発信

▲写真⑱　関西テレビの報道番組「スーパーニュースアンカー水曜版」のために、内閣府で中山恭子担当大臣（当時）と拉致被害者を全員救出する方策を議論し、収録する。

▲写真⑲　ニッポン放送の報道番組「ザ・ボイス　そこまで言うか！木曜版」のために、出張先のニューヨークから、ぼくが手に持つ機材などを使ってそのまま生放送に参加。リスナーには「まるで青山さんが有楽町にいるように鮮明な声だった」と好評だった。中継に使った機材はすべてニッポン放送側の持ち込み。

▲**写真⑳**　独研が自主開催し、誰でも参加できる「独立講演会」。たった一人の話を聴くために、これだけの人が集まってくださることに胸のうちで感動、感謝。５時間前後（現在は聴講者の健康を考え、原則４時間半）、あらゆる質問にその場で答える。

▲**写真㉑**　福岡の能楽堂を借り切っての独立講演会。みんなの眼を見て話す。これは後ろの方の参加者に眼を合わせている。

▲写真㉒　会員制の「東京コンフィデンシャル・レポート」（ＴＣＲ）も実に17年を超えて、たゆまず配信し続けている。ＴＣＲ会員から質問を直接、受ける「懇話会」にて。

▲写真㉓　作家としても、本を出すと必ずサイン会を開き読者と触れあう。ロングセラーの「ぼくらの祖国」のサイン会で、親子の名を聞き、それをいちばん真ん中に大きく書くところ。本の最後の主人公は、読者！

ザ・ゲンバ@対話

【インディペンデント・クラブ】

独研(独立総合研究所)には「インディペンデント・クラブ」(ＩＤＣ)という会員制のクラブがあります。ぼくと一緒にザ・ゲンバをまわります。今は会員数を600人ほどに限定していますが欠員が出るのを待つ方が3000人を超えていらっしゃいます。

▲**写真㉔**　沖縄の「白梅の塔」にＩＤＣ会員とお参り。ぼくはいつも、自決なさった少女を含め沖縄県立第二高等女学校の生徒と先生の名を全員、呼びながら、ひとりひとりの名を水で洗っていく。

▶**写真㉕**　いつもの通り、満身の感謝と祈りを込めて礼をする。

▲**写真㉖**　靖国神社にＩＤＣ会員とともに正式参拝し、そのあと境内の遊就館をまわる。ぼくの左隣は遊就館の展示課長の神官、松本聖吾さん。靖国神社と意見の合うところ、違うところをふたりでフェアに問題提起し、会員が考える材料を提供する。

▲**写真㉗**　遊就館の零戦のまえで先の大戦をめぐってＩＤＣのみなさんに問いかけて対話する。

【一緒に生きる歓び】

▶**写真㉘**　ＩＤＣ会員のために京都や博多でライブも開催。練習時間がないのが悩みだが、ＩＤＣ会員にプロのギタリスト、ベーシストが居るおかげでたった２回の練習で本番ＯＫ！

▼**写真㉙**　レース活動もＩＤＣのためにも行う。これは、ぼくの運転するレーシングカーへの同乗体験の会。みんな「楽しい〜っ」、「生きる歓び！」と絶叫。

▼**写真㉚**　富士スピードウェイのパドック。レーシングカーに独研の社名が和文、英文で入っている。

◀**写真㉛**　富士スピードウェイでレースを終え、髪から足の裏まで汗びっしょりでメカニックと話す。生きる歓びの表情。

ザ・ゲンバ@家庭教育

▶**写真㉜**　晩年、介護のあと入院した母を桜の公園に連れ出す。明るい笑顔がうれしい。

▲**写真㉝**　ひまわり畑のなか、母と五歳のぼく。母は、ひまわりのように生きなさいといつも話してくれた。

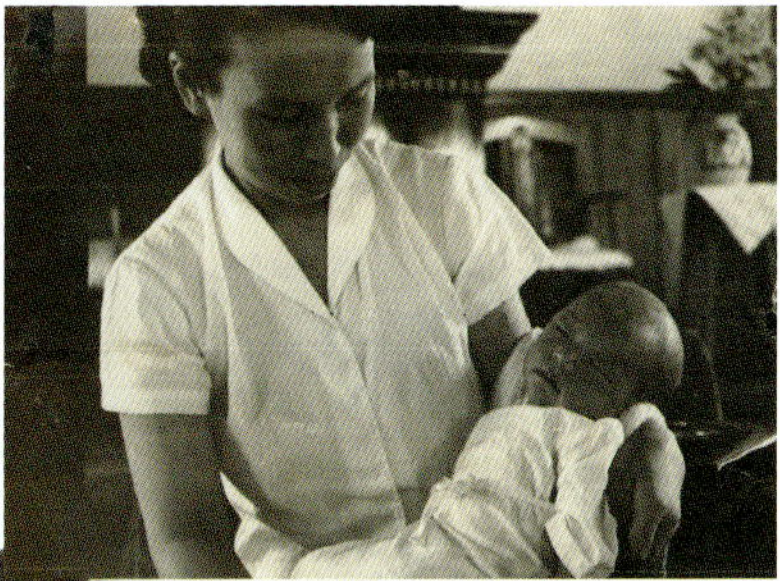

▶**写真㉞**　神戸の日本キリスト改革派教会で母に抱かれて幼児洗礼を受洗。成人洗礼は、ぼくの意思によって、受けていない。

◀**写真㉟**　新年の京都へお参りし嵐山に立ち寄った、繊維会社社長の父(左から二人目)。左右に役員。右端は社長車の運転手さん。父は運転手さんもいつも一緒に写真に入ってもらった。

ザ・ゲンバ@ぼくらの真実

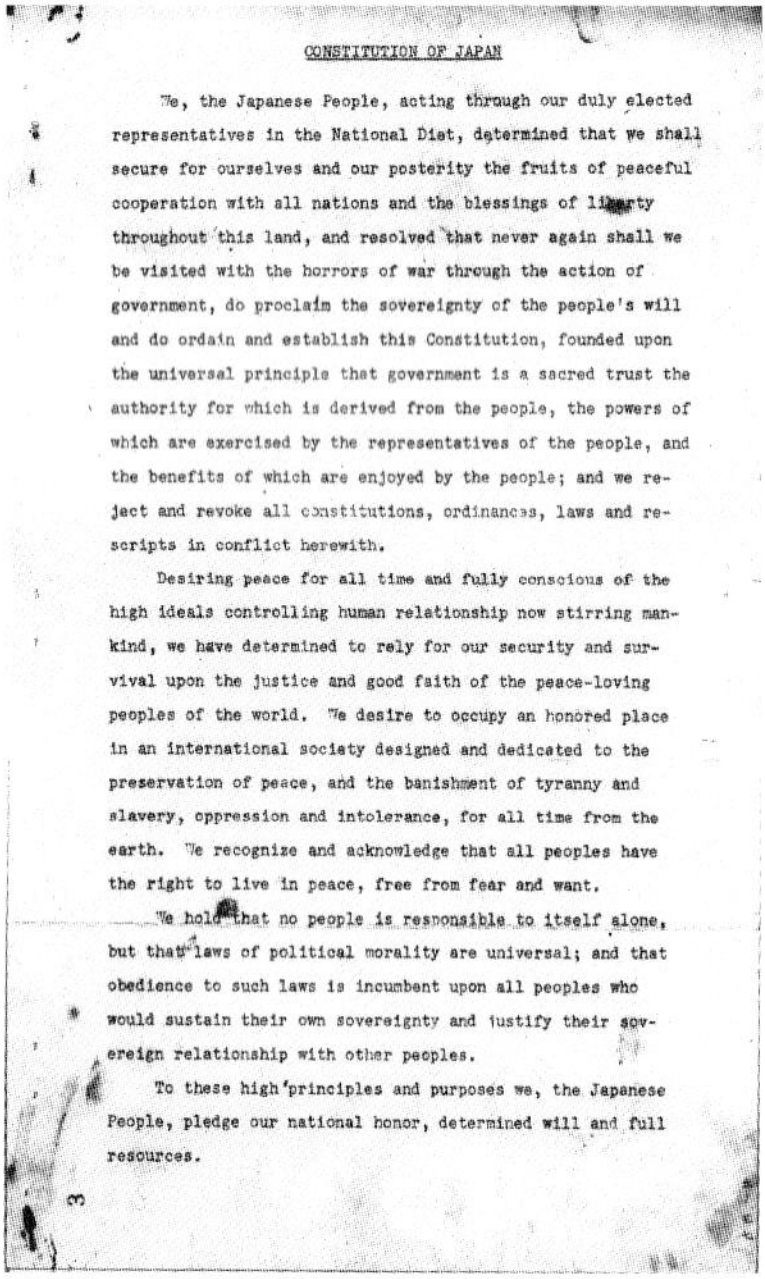

CONSTITUTION OF JAPAN

We, the Japanese People, acting through our duly elected representatives in the National Diet, determined that we shall secure for ourselves and our posterity the fruits of peaceful cooperation with all nations and the blessings of liberty throughout this land, and resolved that never again shall we be visited with the horrors of war through the action of government, do proclaim the sovereignty of the people's will and do ordain and establish this Constitution, founded upon the universal principle that government is a sacred trust the authority for which is derived from the people, the powers of which are exercised by the representatives of the people, and the benefits of which are enjoyed by the people; and we reject and revoke all constitutions, ordinances, laws and rescripts in conflict herewith.

Desiring peace for all time and fully conscious of the high ideals controlling human relationship now stirring mankind, we have determined to rely for our security and survival upon the justice and good faith of the peace-loving peoples of the world. We desire to occupy an honored place in an international society designed and dedicated to the preservation of peace, and the banishment of tyranny and slavery, oppression and intolerance, for all time from the earth. We recognize and acknowledge that all peoples have the right to live in peace, free from fear and want.

We hold that no people is responsible to itself alone, but that laws of political morality are universal; and that obedience to such laws is incumbent upon all peoples who would sustain their own sovereignty and justify their sovereign relationship with other peoples.

To these high principles and purposes we, the Japanese People, pledge our national honor, determined will and full resources.

3

▶**写真㊱**　占領軍が日本の幣原首相（当時）に渡した英文の憲法原案そのもの（本文56頁参照）〔国立国会図書館所蔵〕。

▼**写真㊲**　「葉隠」を生んだ庵の跡。風が吹き竹やぶが騒ぐだけ（本文171頁参照）。

写真キャプション／青山繁晴
撮影／青山繁晴、山田晃、勝目純也、航空自衛隊
カバーの題字は新書版でも、青山繁晴の肉筆をそのまま印刷しています。

危機にこそぼくらは甦る

――新書版　ぼくらの真実

青山繁晴
Shigeharu Aoyama

死と生を超えて捧ぐ

九十一歳《さい》の入院先にあってなお、両のまなこが明るく澄《す》んでいたお母さん、いま、お母さんを苦しめた身体から解《と》き放《はな》たれ、ぼくのそばに居《い》たり、世界を見学したり自由でいる気配を感じます。

そして六十七歳の戦う経営者《けいえいしゃ》のまま、医師《いし》の誤《あやま》りで不慮《ふりょ》の死を遂《と》げたお父さん。お母さんとようやく再会《さいかい》できましたね。照れて横を向きながら寛厚《かんこう》な笑顔をみせているのでしょう。

わたしに命をくださった父と母と祖国《そこく》あって次の、次の次の命に繋《つな》ぐことができます。

わが父と母に、そして日本中の永遠《えいえん》のお父さんとお母さんに、このちいさき書を捧《ささ》げ、ここに献辞《けんじ》とします。

この新しい書物においても、わたしの日本語におけるいつもの原則《げんそく》を貫《つらぬ》きます。すなわち漢字、ひらがな、カタカナ、ローマ字を自在《じざい》に活かし不統一《ふとういつ》に混在《こんざい》させます。文字だけではなく、これもいつも通り、たとえば人称《にんしょう》も地名《ちめい》も統一しません。自由に変化させます。

ただし、だらしなくそうするのではなく、一字一句《いちじいっく》に意思を込《こ》めて変化させます。

そのために校正の一般的《いっぱんてき》な約束ごととは異《こと》なります。

日本語の中心は漢字ではなく、ひらがなです。外来の文字を、みごとな美しいひらがなに生き返らせ、「源氏物語《げんじものがたり》」をはじめまさしく世界の遺産《いさん》である書物を生み出してきたのが日本語です。「源氏物語」は十一世紀初めに書かれています。世界では、たとえば現在《げんざい》の大英帝国《だいえいていこく》の地で、ノルマン人が大きな石斧《せきふ》を振《ふ》り下ろし野蛮《やばん》な殺戮《さつりく》を重ねつつイングランドに侵入《しんにゅう》するより半世紀も前です。

その時代に、たおやかに愛を問うことができたのは、ひらがなの柔《やわ》らかな力が支《ささ》えです。その力の投影《とうえい》で、漢字もカタカナもアルファベットさえも新しい命を宿しました。

命は自由に生きてこそ命です。

わたしが命を注いで一字一句を刻《きざ》み、そこから浮《う》かびあがる世界を読者がしばし一緒《いっしょ》に生きてくださる。それは、あなたとぼくにだけある、ひそやかな新生です。

危機にこそぼくらは甦る★もくじ

次の扉を開こう

これは、長く語られなかった真実について、いちばん根本的なことどもに絞《しぼ》って記す書物です。

アジアに立つわたしたちの日本はかつて外国と戦い、アメリカに対して史上ただ一度きりの敗戦を喫《きっ》しました。永《なが》い歴史で初めてのことだっただけに、そのあとずっと、老いも若《わか》きも思《おも》い込《こ》まされ、思い込んできたことがあるのではないか。それを放っておけば、いつまでも続き、子々孫々《ししそんそん》までを誤《あやま》らせるのではないか。

これまでの立場や世代の違《ちが》いを乗《の》り越《こ》えて共に真《ま》っ直《す》ぐ考えてみることだけが、この書物の目指すところです。

異見《いけん》を戦わせることが、もはや祖国《そこく》に分裂《ぶんれつ》を招《まね》くのではなく連帯すべきを連帯できることに繋《つな》がる、それだけを願い、腰《こし》を定めて一字一句《いちじいっく》を記していきます。

もう一冊《いっさつ》の根本の書「ぼくらの祖国」と同じく小学校の高学年から、ぼくよりも先輩《せんぱい》のかたがたまで、できれば読んでいただけるように文章を一杯《いっぱい》のおいしい素朴《そぼく》なご飯のように炊《た》きあげました。複雑《ふくざつ》なことは、あえて記しません。

さぁ、ご飯から立ちのぼる湯気のなかで、新しい扉《とびら》を開きませんか。

一の扉　独立

本題の一

桜《さくら》の春になると毎年、ぼくは近畿《きんき》大学《だいがく》と東京大学のキャンパスで、それぞれ新しい若《わか》い顔にめぐり逢《あ》います。

ぼくは本職の教師ではありません。より、ありのままに言えば教師としての給与を生活の糧《かて》にするつもりはないのです。しかし学生たちの志《こころざし》に応《こた》えたくて、近畿大学では経済《けいざい》学部《がくぶ》の客員教授《きゃくいんきょうじゅ》として、もうおよそ十年、国際関係論《こくさいかんけいろん》を講《こう》じています。東京大学では教養学部で「知力の再構築《さいこうちく》」というゼミナールを開いて、二年目です。そこに新入生がどっとやって来ます。大学の当たり前の光景のようでいて、ほんとうはどきどきするような偶《ぐう》然《ぜん》の重なりあいのおかげで、ひとつの教室で顔を合わせています。

その新入生に必ず、最初に投げかける問いがあります。

それは「きみは独立《どくりつ》しているか、日本は独立しているか」という学生諸君には意外な問いです。

十八歳《さい》や十九歳ほどの学生の多くがこう答えます。「それは……私はまだ独立していません。しかし日本は独立しているでしょう」。男子も女子も、当然ではないかという表《ひょう》情《じょう》です。

「いや、きみは独立している。しかし、残念ながら日本はまだ独立していない」とぼくは問題提起《もんだいていき》をします。

学生たちが「私はまだ独立していません」と答えるのは、親がかり、親から学費や生活費の一部を出してもらっている学生が多いからでしょう。

しかし、実はそれは関係ありません。関係あるのなら、たとえば心身に障害《しょうがい》があって誰《だれ》かの支援《しえん》がないと生活できない人は、生涯《しょうがい》、独立できない、一人前《いちにんまえ》ではない人なのでしょうか。

にんげんは生まれ出た瞬間《しゅんかん》から、ひとりの人格《じんかく》として独立しています。これが、人間社会のもっとも大切なことのひとつです。だから、区別も差別もないのです。

生活の状況《じょうきょう》によって独立しているかどうかが左右されるのなら、そこから区別や差別が始まります。ここを間違《まちが》うから、社会が苦しんできました。

どの人もこの人も、代わりはいません。

この書を今、手にしているあなたは、この先に宇宙《うちゅう》が何百億年続こうとも、二度と生まれない。

学校の成績《せいせき》も、人生の成功不成功も、見かけも何もかも関係ない。誰もが、ただ一度切りの代わりのいない存在《そんざい》です。

だから学生諸君も、あなたも、ぼくもみな独立しています。

本題の二

ところが一方で、独立しているはずの日本が独立していません。

たとえば、わたしたちと同じ日本国民が北朝鮮《きたちょうせん》という小さな破綻国家《はたんこっか》に拉致《らち》されたまま、誰も取り返しに行けないからです。

取り返しに行かないのではありません。行けないのです。

たいせつな根本法規《こんぽんほうき》の憲法《けんぽう》の第九条《だいきゅうじょう》に「国の交戦権《こうせんけん》は、これを認《みと》めない」と定めてあるからです。

憲法の解釈《かいしゃく》には、いろいろあることになっています。

学者たちが仕事として複雑《ふくざつ》に解釈することは、そのままにしておきましょう。ほんとうは法は、法学者のためにあるのではなく、常識《じょうしき》に生きる、ふつうの民《たみ》のためにあります。

常識でこの定めを読めば、「日本国にはいかなる場合にも戦う権利《けんり》がない。そのように自分で決めてしまう」としか読めません。

北朝鮮に日本国民を取り返しに行けば、戦いになることもあり得ます。わたしたちは「あり得る」というだけで、囚《とら》われている数多くの同胞、はらからを放《ほ》ったらかしにしているのです。

たとえば新潟県民《にいがたけんみん》の横田《よこた》めぐみさんの場合、十三歳の中学一年のときバドミントン部の練習帰りに自宅《じたく》まであとわずかのふつうの住宅街《じゅうたくがい》で、北朝鮮の工作員に殴《なぐ》られ蹴《け》られて拉致されました。

近畿大学の新入生に「きみたちは若い。若いけれど、もっと若い十三歳の時を思い出してみよう」と問いかけています。この本を手に取っているあなたも、中学一年の頃《ころ》を思い出してみてください。もしもあなたが十三歳より年下なら、中学に入って元気にクラブ活動をしている自分を想像《そうぞう》してみてください。

その日々に突然《とつぜん》、家の近くで殴られ蹴られ、気がついた時は窓《まど》のない真っ暗な船底で、どーん、どんというような、ほんとうは波が当たる音が耳を打ちつつ何が起きたのか、ここがどこなのかまったく分からないまま激《はげ》しい揺《ゆ》れにも苦しめられ「お母さん、お母さん」と叫《さけ》びながら黒い壁《かべ》を引《ひ》っ掻《か》き続け、そしておよそ四十時間あとに北朝鮮の港に入り甲板《かんぱん》へ引きずり出された時には両手の爪《つめ》が剥《は》がれたり剥がれかけたり血で染《そ》まっています。

それから二十五年、三十八歳の時に日本から小泉純一郎総理《こいずみじゅんいちろうそうり》（当時）が平壌《ピョンヤン》にやってきました。

小泉総理や、のちに総理となる安倍晋三官房副長官《あべしんぞうかんぼうふくちょうかん》に向かい合った金正日総書記《キムジョンイルそうしょき》は「そうです。わが共和国（北朝鮮）の国家機関の者が拉致しました」と、数多くの日本国民を暴力《ぼうりょく》や嘘《うそ》で連れ去ったことを認めました。

それでもなお、日本から誰も取り返しに行けないまま西暦《せいれき》二〇一四年十月に、ついに横田めぐみさんは五十歳になりました。二〇一七年には拉致されてから四十年を迎《むか》えてしまいました。二〇一七年十月には五十三歳です。

近畿大学の新入生のみんなに「きみのお母さんより年上になってしまっただろ」と聞くと、多くの学生が、それまでとはまるで違う眼《め》で、真剣《しんけん》な表情で頷《うなず》きます。

拉致事件《らちじけん》という話はずいぶんとニュースで見ているし、横田めぐみさんという名前も聞いたことがある。それなのに「なぜ取り返しに行かないのか」という視点《してん》は政治家《せいじか》からも評論家《ひょうろんか》からも語られず、聞いたことがなく、だから考えたこともなかったからです。

しかも、この学生たちだけではなく、ぼくも、この書を読むあなたも誰もが例外なく、敗戦後の現憲法《げんけんぽう》のもとの日本を「平和国家」と教えられて育ってきたのです。このままだと、これから小学校に入っていく国民もそうなります。

自分たちがたまたま拉致されなかっただけで、同じ日本国民を放ったらかしにすることが平和国家でしょうか。

北朝鮮と日本のあいだには、広くはない日本海《にほんかい》しかありません。同じ隣国《りんごく》でも、もしも拉致被害者《らちひがいしゃ》が中国にいるのなら時差が一時間あります。北朝鮮は近すぎるので、時差もありません。金正恩《キムジョンウン》委員長は無理に三十分の〝時差〟を作りましたが国際社会は認めていません。だからぼくたちが朝昼晩《あさひるばん》、無事にご飯を食べているのとまったく同じ時間帯に、餓死者《がししゃ》を三百万人以上も出した北朝鮮で、きょうも囚われて、豊《ゆた》かなはずもない食事をするのです。

これを考えるときに護憲派《ごけんは》とか改憲派《かいけんは》とか、保守《ほしゅ》とかリベラルとか、与党《よとう》とか野党《やとう》とか、そんなものがあるのですか。護憲派、つまりこの憲法を一字一句《いちじいっく》変《か》えるなと言ってきた日本人なら、この客観的事実もどうでもいいのでしょうか。

国民を分けて分けて分けるのを、もう、やめませんか。

国民を護《まも》る、その全世界共通の国の土台を一緒《いっしょ》に造《つく》り直してから、その上で違う意見を闘《たたか》わせることにしませんか。

横田めぐみさん、そしてぼくと同じ神戸《こうべ》の幼稚園《ようちえん》の卒園生、有本恵子《ありもとけいこ》さんら七十人から百人を超《こ》えている恐れのある拉致被害者のみなさんの人生が報《むく》われるとしたら、日本国民がようやくにしてここに気づくことではないでしょうか。

国連加盟国《こくれんかめいこく》だけで百九十三か国あります（二〇一七年四月現在《げんざい》）。地球には二百を超える主権国家《しゅけんこっか》がありますが、国際法《こくさいほう》によると、その全てに交戦権があります。

そうでないと国民が奪《うば》われたり、危機《きき》に直面した時に護れないからです。

それだけではなく「もしも国民が奪われそうになったり、奪われたりすれば、戦いますよ」という意思を常《つね》に具体的に示《しめ》しておくことによって戦争や危機を未然に防《ふせ》いで、互《たが》いの犠牲《ぎせい》をあらかじめ防止《ぼうし》します。これを抑止力《よくしりょく》と言います。

国民を護ることこそ主権国家の至上《しじょう》の務《つと》めです。それをあらかじめ放棄《ほうき》しているのなら、主権国家ではありません。

主権国家とは、独立して自らの国家意思で国民を護る国のことですから、日本は独立していません。

しかし、あなたは独立しています。失業中でも、こころや身体を病んでいても関係ありません。

そのあなたとぼくと、手を結んで、この美しい日本列島に独立国家を造りませんか。

本題の三

憲法第九条の最後の一行「国の交戦権は、これを認めない」という定めについて、もうすこし考えてみましょう。

敗戦後の日本は、こうやって定めておきながら国内の日本国民に対しては、たとえば罪《つみ》を犯《おか》すと武装《ぶそう》した警官《けいかん》が逮捕《たいほ》します。

もしも犯罪者《はんざいしゃ》の国民が刃物《はもの》や銃《じゅう》で抵抗《ていこう》すれば、警官が発砲《はっぽう》もします。相手が暴力団《ぼうりょくだん》など組織《そしき》であって銃器で武装していたりすれば交戦にもなります。事実、たとえば「連合赤《れんごうせき》軍《ぐん》」という武装組織と警察は山の中で交戦しました。

敗戦後の日本では今、警官はすべて地方自治体に属《ぞく》していて国家の警官はいません。しかし警官がこうして戦うことはすべて、国の定めた法律《ほうりつ》によって正当な行為《こうい》になっています。

正確《せいかく》には、国権《こっけん》の最高機関である国会が、法をつくって、たとえば警官の交戦権を保《ほ》証《しょう》しています。

あれれ。おかしくないですか。

憲法は全ての法の上に立つ最高法規であり、憲法に違反《いはん》する法はつくれません。

その憲法に「国の交戦権は、これを認めない」と明記しているのに、なぜ、警官は戦えるのでしょうか。

それは実は、憲法が定めているのは「相手が外国なら戦ってはいけない。戦わない」ということだからです。

ぼくがこの書でみんなと一緒に考えたいことの最大のひとつは、「すべて繋《つな》がっている」ということです。

相手が中国という外国だから、日本国沖縄県石垣市《おきなわけんいしがきし》の尖閣諸島《せんかくしょとう》の領海《りょうかい》に中国が公船《こうせん》（政府《せいふ》などの船）を侵犯《しんぱん》させても、海上保安庁《かいじょうほあんちょう》の巡視船《じゅんしせん》が警告《けいこく》するだけです。

ぼくは海上保安庁の政策《せいさく》アドバイザーを無償《むしょう》で務めてきました。その立場で知ることをぼくの責任《せきにん》で申せば、ほんとうは「お願いですから出て行ってくれませんか」と頼《たの》んでいるだけです。

相手が中国という外国だから、日本国東京都《とうきょうと》小笠原村《おがさわらむら》の小笠原諸島《おがさわらしょとう》や、東京都八丈町《はちじょうまち》などの伊豆諸島《いずしょとう》の領海あるいはＥＥＺ（排他的経済水域《はいたてきけいざいすいいき》）に中国がサンゴ密漁《みつりょう》の漁船団《ぎょせんだん》を侵入させても、海上保安庁がその漁船を撃沈《げきちん》することはありません。

たまに船長を逮捕《たいほ》しても担保金《たんぽきん》さえ払《はら》えば、船長をあっさり釈放《しゃくほう》するだけではなく船を返し、さらにはなぜか報道《ほうどう》もされませんが盗《と》ったサンゴもそのまま返しているのです。

だから中国の漁民は、目の前に武装した大型の日本の巡視船が現《あらわ》れても平然と笑いながら、特徴《とくちょう》ある青色の珊瑚漁《さんごりょう》の網《あみ》をわたしたちの海に投げ入れては引き上げ、東京都民の漁師《りょうし》のみんなが大切に育《はぐく》んできた赤珊瑚《あかさんご》を徹底的《てっていてき》に壊《こわ》し、奪っていきました。

これに対して、わざわざ中国語で「やめなさい」と拡声器《かくせいき》で呼《よ》びかける日本の巡視船は、強力に武装しています。ぼくはかつてベトナム海軍のひとに「東京湾《とうきょうわん》で立派《りっぱ》な戦闘《せんとう》艦《かん》を見た。日本には海軍があるではないですか」と言われて、話をよく聞くとそれは東京港に係留《けいりゅう》している海上保安庁の巡視船だった経験《けいけん》もあります。海上自衛隊《かいじょうじえいたい》の船を見たわけではなかったのです。

そのように武装していても、世界のなかで日本国の船だけが撃《う》たないことを、中国の漁民も知り尽《つ》くしています。それどころか海が荒《あ》れていると、日本の巡視船はこうした強盗《ごうとう》船《せん》に接舷《せつげん》することもしません。舷側《げんそく》（船の側面）がこすれたりぶつかったりして強盗船が傷《きず》つくことが無いようにせねばならないことになっているからです。

この赤珊瑚の海は、太平洋です。鏡のように海が鎮《しず》まることは滅多《めった》にありません。そのわずかな機会に優秀な日本の巡視船は接舷して、わずか何人かの中国人船長を逮捕しました。しかし数百万円の罰金《ばっきん》を払って、億を超える値打ちのサンゴを持ち帰るだけです。

小笠原諸島や伊豆諸島が侵《おか》され始めたとき、日本のマスメディアは日本の赤珊瑚に高値《たかね》が付くという話ばかりを報《ほう》じました。話を逸《そ》らさないでほしい。

赤い珊瑚に限《かぎ》らず、勝手に取って良いとなると高く売れる産物は、日本には沢山《たくさん》あります。問題は別にある。

それは、この東京都の島々と沖縄県の尖閣諸島が繋がっているということです。

珊瑚密漁を繰《く》り返《かえ》してきた中国漁船は実に一日に二百隻《せき》以上です。そしてこれらが出港してきた中国の漁港と小笠原諸島は二〇〇〇キロ以上、離《はな》れています。往復《おうふく》四〇〇〇キロをこの大船団《だいせんだん》が行き来し、漁を行うためには、凄《すさ》まじい量の燃料《ねんりょう》の準備《じゅんび》が必要です。また船員・人材も二千人以上は不可欠《ふかけつ》でしょう。

それだけの大掛《おおが》かりな準備を、中国の当局に知られず摑《つか》まれずに行うことがいったい可《か》能《のう》でしょうか。

中国の港は、独裁体制《どくさいたいせい》で押《お》さえられています。尖閣諸島へ嫌《いや》がらせの船を一隻だけ出そうとする活動家が、中国共産党政府《ちゅうごくきょうさんとうせいふ》の方針《ほうしん》によって出港できたり、あるいはできなかったり、政府の思うがままです。

日本のように憲法と法が支配《しはい》する法治国家《ほうちこっか》ではなく人治国家《じんちこっか》だからです。独裁政権《どくさいせいけん》がその気になれば法の定めがなくとも好きなように船も船員も港もコントロールできる。

中国の習近平国家主席《しゅうきんぺいこっかしゅせき》の独裁政権は、西暦二〇一四年十一月に北京《ペキン》で行われたAPEC（アジア太平洋経済協力会議《たいへいようけいざいきょうりょくかいぎ》）に合わせて安倍晋三総理と日中首脳会談《にっちゅうしゅのうかいだん》を有利に、初めて開くことができるように圧力《あつりょく》をかけたかった。

それが、赤珊瑚の強奪《ごうだつ》を自国の漁民に許《ゆる》したひとつの目的です。

そして日本の海洋主権《かいようしゅけん》を有名無実化して尖閣諸島を盗《と》りやすくすることがもうひとつ、さらには主権が侵される時に海上自衛隊やアメリカ軍がどう動くかをも見て、自衛隊も日《にち》米安保条約《べいあんぽじょうやく》も無力であることを確認《かくにん》するという複合目的《ふくごうもくてき》のために、漁船団を出したのです。

すなわち中国は、日本の憲法による国際法から外れた制約《せいやく》を良く知り尽くしていて、それをよりうまく利用するために、あの乱暴狼藉《らんぼうろうぜき》を組織化しました。

「中国政府が取り締《し》まりを始める」、あるいは「取り締まりを強化する」といった日本の報道は、中国の手の平で踊《おど》らされているのと同じです。

これを引き起こしたのは、日本自身です。

日本国憲法はかつて、アメリカを中心とした占領軍《せんりょうぐん》が英語という外国語で原案を書いて誕生《たんじょう》したものですが、それを占領時代が終わってもなお、一字一句変えずにいるのは、わたしたち自身です。

一見すると関係ないように見える、拉致と珊瑚、拉致と尖閣諸島、そして竹島《たけしま》や北方《ほっぽう》領土《りょうど》まですべて根っこが繋がっています。

珊瑚に合わせて「漁業」という視点で竹島や北方領土をみれば、島根県隠岐郡隠岐《しまねけんおきぐんおき》の島町の竹島は、隠岐の島の漁師にとって鮑《あわび》をはじめとする豊かな恵《めぐ》みの絶好の漁場でした。

敗戦後の占領時代が終わる直前の一九五二年一月に、韓国《かんこく》が勝手に日本海にラインを引いて「ここからこっちは韓国」と不法に宣言《せんげん》しました。

そのラインの内側に竹島を韓国が何らの根拠《こんきょ》もなく入れてしまってから、ふつうに漁場に入ろうとした日本の漁船は韓国政府の船から好きなように撃たれ、五人が殺され、三十九人が重軽傷《じゅうけいしょう》を負い、四千人近くが不当に囚われ抑留《よくりゅう》されました。

北方領土でも、北海道《ほっかいどう》の漁師らが三十人以上も不当な死を遂《と》げています。昔ではありません。平成の時代にも平成十八年（西暦二〇〇六年）の八月十六日、根室《ねむろ》の漁船、第《だい》三十一吉進丸《さんじゅういちきっしんまる》がロシア国境警備隊《こっきょうけいびたい》の船に銃撃《じゅうげき》され、根室市民の青年が殺されています。

拉致からこれらすべての海の事件まで、日本国民の人生や命が奪われ続けて、ただの一度も日本は反撃《はんげき》したことがありません。

日本の海上自衛隊、航空自衛隊《こうくうじえいたい》、そして海上保安庁はこれら日本国民の人生と命を護る充分《じゅうぶん》な戦力と、高い隊員の士気を持っていますが、ただの一度も発揮《はっき》したことがありません。

複雑な話は一切ないのです。ただ憲法の定めがあるからです。

「外交には複雑な側面があって」などとテレビで解説《かいせつ》している評論家を信じてはいけません。

外交だから、特別な高級な話があるなどということは、ありませぬ。

近畿大学の学生諸君に言っているのは「きみの学生生活の友だちづくりと同じだよ」ということです。

隣《となり》でカンニングをしていれば、「それは違う」と注意してあげる。そうでないと、ほんましてや自国民が殺されても、何もしないでいれば、それが次の自国民の悲劇《ひげき》に直結してしまいます。

竹島で韓国兵に殺され、北方領土でソ連・ロシア兵に殺され、それでも動かなかったから北朝鮮は工作員を送って日本国民を拉致していき、それを取り戻《もど》しに行かないのを見て中国は、沖縄の尖閣諸島、そして首都東京の喉元《のどもと》の小笠原や伊豆に侵入しています。

戦争をせよと言うのではありません。戦争を起こさせないよう、国民を奪われないために抑止力を発揮する。竹島、北方領土、尖閣、小笠原、伊豆、そして全国を現場《げんば》にしての拉致事件、実はこれら小戦争によってすでに国民の犠牲が多く出ているのです。

第二次世界大戦のような、宣戦布告《せんせんふこく》を伴《ともな》う大戦争だけが戦争だと思い込《こ》むのはなぜか。

それは、敗戦後の教育とマスメディアによって、世界のなかで日本国民だけが、こうした安全保障や外交について世界大戦が終わった西暦一九四五年の夏に佇《たたず》んでいるからです。

小戦争も起こさせない、二度と帰らない命を奪われないためには、「日本は独立していない」という冷厳《れいげん》な事実を知ることです。

その事実を知り、立ち向かうためにこそ、わたしたちひとりひとりが生まれながらに独立していて、かけがえのない役割《やくわり》をそれぞれに背負《せお》っていることに誇《ほこ》りを持ちませんか。

余題の一

この書では、本題にかかわる、もうすこし幅《はば》の広い話も「余題《よだい》」として記していきたいと思います。

余題は、ぼくの造語《ぞうご》です。ふつうなら余話《よわ》というところですが、考えるテーマという意味を込《こ》めて「題」の字を選びました。

誰もが一度切りしか世に登場しない存在であることについて「ではクローンが登場すればどうなるのか」といったことを考えるひともいるでしょう。

それについて述べましょう。

仮《かり》に将来《しょうらい》、クローンが生まれても、ほんとうはあなたじゃない。

あなたと同じ経験はできないからです。

時間を遡《さかのぼ》ることだけはできない。光の速度に近づけば、未来への時間旅行はできるでしょう。光速に近い列車をつくって地球を周回させれば、その列車の中の乗客だけは時間がゆっくり進む。

だから降《お》りてみれば、そこは未来の世界です。ふつうに時間の進んだ外の世界は、もはや人類が死滅《しめつ》しているかもしれない。

しかし逆《ぎゃく》はない。

すくなくとも相対性理論《そうたいせいりろん》とそれに続く現代《げんだい》の理論では、将来には行けても過去には行けないから、クローンのあなたも、あなたと同じ体験《たいけん》はできない。したがって、あなたではない。

クローンではなくても、宇宙があまりに長く続けば同じ遺伝子《いでんし》の組み合わせがあって、同じ人間が生まれるかも知れないと興味深《きょうみぶか》く考える人もいるでしょう。

しかし実際《じっさい》には違います。その時に仮に人間が滅亡《めつぼう》していないとしても環境《かんきょう》の変化で人間そのものが進化あるいは退化《たいか》して、現在の人間ではない。

あなたの代わりは永遠《えいえん》にいません。

「科学的に考えるとどんな可能性《かのうせい》があるか分からないから、そうとも言えない」と考える人もいるでしょう。

しかしそれは、人間の科学への誤解《ごかい》です。科学的思考とは可能性を無限《むげん》に想定することではなく可能性を減《へ》らしていくことです。残る、本物の可能性は何かを考えていく。

哲学《てつがく》として考えると、あなたの代わりはいない。それだけではなく科学として考えても、あなたはまさしくかけがえのない唯一絶対《ゆいいつぜったい》の存在です。

二の扉　正憲法

正憲法、せいけんぽうというのはぼくの造語《ぞうご》です。

真ん中から客観事実だけをみれば、日本国憲法《にほんこくけんぽう》は仮憲法《かりけんぽう》であり、日本人の永《なが》い文化、生き方に即《そく》した正憲法をつくろうということは、わくわくする希望の命題です。

本題の一

ではなぜ、日本国憲法は仮憲法なのか。

それは「日本製《にほんせい》」ではないからです。

日本は一九四五年の夏に、建国以来初めて負けるまで、ただの一度も外国に負けて領《りょう》土《ど》を占領《せんりょう》されたことが無く二千年を超《こ》える歴史を刻《きざ》んだ国でした。

これは世界の主な国々で、ただひとつです。

しかし一九四五年八月十五日にアメリカを中心とした連合国に降伏《こうふく》すると、九月二日の降伏文書《こうふくぶんしょ》調印《ちょういん》を経《へ》て一九五二年四月二十八日にサンフランシスコ講和《こうわ》条約《じょうやく》が発効《はっこう》するまで六年半のあいだ、連合国軍に占領されました。

日本は主権《しゅけん》を失い、決定権《けっていけん》はすべて実質的《じっしつてき》にアメリカという他国が握《にぎ》りました。

ではその占領時代の日本で作られたものは何製と呼《よ》ぶのか。日本が失われていたのですから、日本製ではありません。

ぼくはこれを学校で習ったことが無い。多くの人がそうですね。知ったのは、大学を卒業し社会に出て仕事をするなかでアメリカ海軍の情報将校《じょうほうしょうこう》と第二次世界大戦の歴史について議論《ぎろん》したときです。この軍人も自分で経験《けいけん》したのではなく、語り継《つ》がれたことを知っていたのですが、こう言いました（原文は英語）。

「その六年半のあいだは、あの優秀《ゆうしゅう》なメイド・イン・ジャパン（日本製）が世界から姿《すがた》を消したのさ。日本で作られたすべてのものに made in Japan ではなく made in occupied Japan（メイド・イン・オキュパイド・ジャパン）と刻印《こくいん》されたんだよ」

occupy は中学基本単語《ちゅうがくきほんたんご》としてご存《ぞん》じの通り、「占領する」ですね。その受け身形で「占領されている」です。日本製ではなく、被占領国家《ひせんりょうこっか》日本製だったという史実です。

ぼくは帰国後、東京都港区《とうきょうとみなとく》の青山あたりにある「骨董通《こっとうどお》り」で探《さが》してみました。ありました。その歴史を知っている年配の店主さんが居《い》て「あ、それなら、ありますよ」とぼくの手に渡《わた》してくれました。バスのブリキのおもちゃの底部に小さな字だけれどしっかりと、made in occupied Japan　被占領国家日本製と刻印されていました。

では、わたしたちのたいせつな日本国憲法はどうでしょうか。

現憲法ができあがって、日本国民に公布《こうふ》されたのが一九四六年十一月三日です。敗戦の翌年《よくとし》、もちろん占領中です。

そして半年後の一九四七年五月三日に施行《しこう》されました。日本が主権を回復《かいふく》する日の五年近く前のことです。

まったくの占領下に現憲法は成立し、国民に知らされ、そして実際《じっさい》に効力《こうりょく》を発揮《はっき》したのです。

まずは日本の内閣《ないかく》が原案を考え、GHQ（占領軍総司令部《せんりょうぐんそうしれいぶ》）のマッカーサー司令官らが超法規《ちょうほうき》で、すなわち日本の法も国際法《こくさいほう》も無視《むし》してその原案を拒絶《きょぜつ》し、英語で代案を示《しめ》し、日本がそれを受け容《い》れていきました。

その経過《けいか》はすべて日本が国家主権を失っていた時に始まり、進み、あらゆる手続きを終えました。

この「日本製ではない」という事実は、争いようがありません。

日本国憲法の成立過程《せいりつかてい》については、敗戦後の七十年間ずっと学者や評論家《ひょうろんか》たちがさまざまに論争《ろんそう》してきましたが、国家主権が失われていた時代に成立し、使われ始めたという事実だけは論争のしようがありません。

日本の国家主権は、敗戦・占領の時からサンフランシスコ講和条約が発効するまで、失われていた。この事実は決して揺《ゆ》るがないからです。

日本国憲法の底にも、made in occupied Japan　被占領国家日本製とくっきり刻印されているのです。

国論《こくろん》を分けてきた論争があるからこそ、学生や生徒の学ぶ教科書には、論争の余地《よち》のない事実をきちんと記し、それを土台にして、自分で考える機会と力を与《あた》える。

それが教育ではないでしょうか。

主権を回復するまえ、すなわち一人前《いちにんまえ》に戻《もど》る以前に作ったものは仮初《かりそ》めのものです。とりあえずはそれを作っても、一人前に戻ってから本物を作らねばなりません。

それは人間の生き方の基本のひとつです。なぜなら人間は自ら決することが人間たる所以《ゆえん》だからです。

憲法といえども、人間の所業《しょぎょう》です。わたしたち日本国民は、自らの手で本物を作り直さねばなりません。

本物の憲法を作らないから、「一の扉《とびら》」で見たように、主権を自ら否定《ひてい》した憲法のままになり、国民を護《まも》るという、国家のいちばんの基本が遂行《すいこう》できないでいる。そうだから日本はまだ、独立《どくりつ》した主権国家ではない。

この負のサイクルをぐるぐる回っていたのが敗戦後のわたしたちだったのではないでしょうか。

その結果として、拉致被害者《らちひがいしゃ》という名の罪《つみ》なき犠牲者《ぎせいしゃ》を同胞、はらからから出してしまい、竹島《たけしま》と北方領土《ほっぽうりょうど》は奪《うば》われたままであり、尖閣諸島《せんかくしょとう》と沖縄本島《おきなわほんとう》を危機《きき》に晒《さら》し、小笠原《おがさわら》諸島《しょとう》と伊豆諸島《いずしょとう》でみんなが協力して育《はぐく》んできた豊《ゆた》かな珊瑚《さんご》の自然を強奪《ごうだつ》されてしまいました。

ぼくは小学生の頃《ころ》、「日本はどういう憲法であっても、実際に国民が奪われたり、国土を侵略《しんりゃく》されたりすれば、さすがにちゃんと動くんだろう」と勝手に考えていました。

ところが実際には、近隣《きんりん》の国々によってとっくにたくさんの国民を奪われ、侵略もされている。だから小笠原諸島と伊豆諸島でのたった今の危機も起きる。すなわち、これからも起きる。このままでは子々孫々《ししそんそん》にも起きるということです。

何の理由もなく人生を丸ごと奪われた横田《よこた》めぐみさんや有本恵子《ありもとけいこ》さん、その恵子さんと北朝鮮《きたちょうせん》で共に囚《とら》われの身として出逢《であ》った石岡亨《いしおかとおる》さんら拉致被害者の犠牲がどれほどむごい犠牲かを、立場の違《ちが》いを超えてしっかりと自覚しつつ、二千年をはるかに超えて三千年に迫《せま》っていく永い歴史を持つ古い国で、新しい国造《くにづく》りにわたしたちひとりひとりが与《あずか》る、そのかけがえのない歓《よろこ》びを共有しませんか。

本題の二

日本国憲法の中身を具体的に見てみましょう。

まず憲法の前文に「平和を愛する諸国民《しょこくみん》の公正と信義《しんぎ》に信頼《しんらい》して、われらの安全と生存《せいぞん》を保持《ほじ》しようと決意した」という重大な一文があります。

子供《こども》の心で素直《すなお》に読めば、日本国民の安全だけではなく生存、命まで他の国の国民にお願いするとしか読めません。

ぼくは中学と高校を、兵庫県姫路市《ひょうごけんひめじし》の淳心学院中学校《じゅんしんがくいんちゅうがっこう》・高等学校《こうとうがっこう》というミッション・スクール（キリスト教会が運営《うんえい》する学校）に通いました。母方がキリスト教の武家《ぶけ》だったためです。禅宗《ぜんしゅう》の父も「生徒がみずから望む大学に進学できるようにする」という当時の教育内容《きょういくないよう》をみて反対しなかった。

ミッション・スクールの一般的《いっぱんてき》な通例として日教組《にっきょうそ》の先生は居なかった。日教組、正確には日本教職員組合《にほんきょうしょくいんくみあい》という労働組合《ろうどうくみあい》に所属《しょぞく》する先生は必ず、日本国憲法を無条件《むじょうけん》で絶讃《ぜっさん》し、一方で戦前の日本を徹底的《てっていてき》に「悪い国」として教えます。そうした先生は居なくて、ふつうの先生ばかり、さらにキリスト教徒の先生も意外に少なかった。しかしそれでもこの憲法前文を「素晴《すば》らしい文章」と教えられました。日教組をはじめ誰《だれ》かを悪者にしても駄目《だめ》です。敗戦後の日本はずっと、今もなお、きょうの小学一年生も同じ教育なのです。

ぼくは中学一年生の時から不可思議《ふかしぎ》に思いました。ぼくの命も、家族や友だちの命も、自分たちで護るのではなくて、どことも知れない異国《いこく》の「民《たみ》」に守ってもらうのです。

これを不思議に思わないひとが現実《げんじつ》にたった今の日本にもいる、それも沢山《たくさん》いらっしゃるということに、教育の恐《おそ》ろしさを感じます。

憲法前文にある「諸国民」とは、一体どこの国のどんな人たちを指しているのでしょうか。世界中の人？　そんな馬鹿《ばか》な。

世界が簡単《かんたん》に一致《いっち》しないことは子供でも知っています。ましてや世界中の人が「日本人の安全と命を守ってあげる」と一致する？　これをほんとうに子供に説明できる大人《おとな》がいるのでしょうか。

「平和を愛する諸国民」ではなく「平和を愛するアメリカ国民」と憲法前文に書いてあるのなら、まだ分かります。

あぁ、戦争に負け、しかも実態《じったい》としてはアメリカにだけ負けたのだから、アメリカ国民が日本を守ってくださると信じるしかない、そういう状況《じょうきょう》で作られた憲法だという現実が子供にも大人にも分かりますから。

これを「諸国民」という意味不明の定めにしたのはどうしてでしょうか。

本題の三

首都東京にそびえる国会議事堂のすぐ隣《となり》に、国立国会図書館があります。

国会図書館と言うから国会議員しか使えないのかと誤解《ごかい》されがちですが、満十八歳《さい》以上なら誰でも使えます。

そこの憲政《けんせい》資料《しりょう》室《しつ》が所蔵《しょぞう》する資料のなかに、占領下の内閣総理大臣《ないかくそうりだいじん》だった幣原喜重郎《しではらきじゅうろう》さんにGHQから渡されたCONSTITUTION OF JAPAN（日本の憲法）という英文があります。

マッカーサー総司令官《そうしれいかん》ら占領軍が作った、いまの日本国憲法の原案そのものです。この重大な意味を持つ資料は、満十八歳以上なら誰でも国会図書館でそのコピーを手に入れることができます。

そこには、憲法前文の「平和を愛する諸国民の公正と信義に信頼して、われらの安全と生存を保持しようと決意した」に当たる部分がそっくりそのままあります（十六頁《ぺーじ》写真㊱参照）。

ぼくも手にし、そして本書の読者がいま写真で眼《め》にされているように、次の通りです。

we have determined to rely for our security and survival upon the justice and good faith of the peace-loving peoples of the world.

日本国憲法の前文は、このアメリカ製の原案を直訳《ちょくやく》したものだと、あまりにも明白に分かってしまいます。

そのうえで、客観的に言えば誤魔化《ごまか》し、あるいは苦しい工夫《くふう》も日本文には含《ふく》まれています。アメリカ製原文を現代の分かりやすい日本語に訳してみましょう。

「わたしたちの安全（セキュリティ）と生存（サバイバル）は、世界の平和を愛する諸国民の正義《せいぎ》と善意《ぜんい》にお願いすることを、もはや決めてしまいました」

まず「安全」についてアメリカ製原案は safety（セイフティ）ではなく security（セキュリティ）という言葉を選択《せんたく》しています。セキュリティはセイフティよりも安全保障《あんぜんほしょう》上《じょう》の、あるいは軍事的な安全という意味合いになりますから、それを外国の国民に頼《たよ》るということは、日本は自ら武装解除《ぶそうかいじょ》するという意味を含んでいます。

次に「生存」についてサバイバルという単語を選んだために「日本が今後も生き延《の》びたいなら、こうしなさい」というニュアンスがはっきり示《しめ》されています。

さらに、例の「諸国民」のあとに英語原案では「世界の」という言葉がはっきりあるのに日本文では省《はぶ》かれています。

あえて善意に解釈《かいしゃく》すれば「諸国民」にその意味を含めてしまったと言いたいのですが、それは無理筋《むりすじ》です。

なぜなら「諸国民」は英文の peoples（ピープルズ）をそのまま訳しているだけだからです。単数の people（ピープル）ではなく複数《ふくすう》になっています。そこをきちんと訳しているのです。また民度の高い日本国民が「諸国民とはどこの誰なんだ」と考えることは当然、予想されるのに原案にある「世界の」という説明を省くのは極めて不自然です。

peoples と単数ではなく複数にしてある意味をきちんと汲《く》みとって訳しているのに「世界の」はなぜ省いてしまったのでしょうか。

「世界の諸国民に安全もサバイバルもお願いする」ではあんまりだと当時の日本の内閣が考えたと推《お》しはかることが可能《かのう》ではないでしょうか。

次に the justice and good faith という部分です。

justice and good faith を日本国憲法では公正と信義、としていますが、それなら前半は justice（ジャスティス。正義）ではなく fairness（フェアネス。公正さ）でしょう。

しかもアメリカ製原案には justice に定冠詞《ていかんし》 the が付いています。文法的には、うしろに「平和を愛する世界の諸国民の……」という限定《げんてい》があるから定冠詞が付いているのですが、実際には「戦勝国アメリカの正義」という押《お》しつけや勝ち誇《ほこ》りぶりも感じられます。

そこで当時の日本の内閣、なかでも幣原総理は、ひそかな最低限《さいていげん》の抵抗《ていこう》として「正義」ではなく「公正」という中立的な、受け容れやすい表現《ひょうげん》に置《お》き換《か》えたのではないでしょうか。

幣原さんは、英語が堪能《たんのう》な外交官出身でした。ただ英語に通じているだけではなく、英字新聞を自分で和訳し、それだけで終わらずに今度は自分で英訳してみるという修練《しゅうれん》を積んでいたというエピソードを、ぼくは外務省担当記者《がいむしょうたんとうきしゃ》の時代に、現役《げんえき》の外交官から聞いたことがあります。

ぼくが共同通信政治部《きょうどうつうしんせいじぶ》の記者として外務省に詰《つ》めていたのは敗戦から半世紀以上が過《す》ぎた時代のことですから、いかに長く残っている逸話《いつわ》かということです。幣原さんは英語のニュアンスを正確《せいかく》に知っていたと考えられます。

そして幣原さんは外務大臣《がいむだいじん》を五回も歴任《れきにん》して国際社会《こくさいしゃかい》を良く知り、国際協調を掲《かか》げて時の軍部と対決した硬骨漢《こうこつかん》でもありました。

この「幣原レジスタンス」の極めつけは、英語原案にある rely upon という表現の扱《あつか》いです。これは「何々に頼る」という英単語ですが、ニュアンスは「頼り切る」です。

rely と upon の間に、for our security and survival という言葉が入っていますから「わたしたちのセキュリティとサバイバルのために何々に頼り切る」という英文です。

その何々は「世界の諸国民の正義と善意」だというのがアメリカ製原案ですから、これも当時の幣原首相《しゅしょう》らが学者や官僚《かんりょう》らの知恵《ちえ》も借りて「これではあんまりだ」と考え、「諸国民の公正と信義に信頼して、われらの安全と生存を保持しようと決意した」と書くことにしたのではないでしょうか。

依存《いぞん》するという英単語が、「……に信頼して」という差し障《さわ》りの少ない日本語に置き換えられ、さらには「保持しようと」という言葉がさりげなく挿入《そうにゅう》されています。

アメリカ製原案は「安全と生存について諸国民に頼り切ることを決意した」という意味ですから、「決意した」は「頼ることを決意した」のです。

それを「保持しようと決意した」とすれば、「他国に頼って」という日本の武装解除の容認《ようにん》は維持《いじ》しつつ、何か日本人の意思が入っているようなニュアンスを出せます。

日本国憲法の誕生《たんじょう》の時のことには未解明《みかいめい》の部分もいまだ少なくありませんから、推測《すいそく》も交えましたが、いかがでしょうか、日本の内閣の当時の苦労がはっきりと浮《う》かんできませんか。

ぼくは当時の内閣や総理がけしからんことをしたと単純《たんじゅん》に論難《ろんなん》しているのではないのです。

ほんとうは戦争に負けたからといって憲法を外国の指示《しじ》によって変えたりしてはいけません。

人間はほかの動物と違って、殺しの技術《ぎじゅつ》を競《きそ》って大規模《だいきぼ》にお互《たが》いを殺し合ってきました。いまもまったく終わっていません。ほかの動物を見くだすわりに、いちばん無残なことをしているのですが、それだからこそ最低限《さいていげん》のルールだけは作る努力はしてきました。

その血で贖《あがな》った貴重《きちょう》なルールが、国際法です。

日本が一九一一年に批准《ひじゅん》した、ひとつの国際法が「ハーグ陸戦条約《りくせんじょうやく》」です。ハーグはオランダの街で、いま国際司法裁判所《こくさいしほうさいばんしょ》が立地する場所です。この条約には「戦争に勝った国は、勝ったからといって負けた国の法律《ほうりつ》をいじってはならない」という原則《げんそく》が明記されています。

日本は戦争に負ける、実に三十四年も前にこの条約を批准していましたが、その意味するところを、ほんとうには知らなかった。愚《おろ》かだからではなくて、外国に負けて占領された経験のない、例外中の例外の国だったからです。

幣原内閣も本来は、このハーグ陸戦条約を盾《たて》に闘《たたか》って日本の憲法を勝者主導《しょうしゃしゅどう》で変えることに抵抗すべきでした。

本来はそうです。ただ、それが現実に可能だったかどうかは別問題です。五回も外務大臣を経験し、実務者《じつむしゃ》として国際社会のルールを熟知《じゅくち》していた幣原総理といえども占領軍の振《ふ》る舞《ま》いを絶対《ぜったい》とするアメリカの態度《たいど》、そして何よりも、日本社会みずからの「アメリカ様には逆《さか》らえない。下手に逆らうな」という空気を覆《くつがえ》せなかった。

そして幣原総理以下、初体験の占領下でぎりぎりのひそかな抵抗を試みた。

その真意は「これは占領下の仮憲法であるから、国家主権を回復したら本物の自前憲法を日本国民だけの手で制定《せいてい》してくれ」ということにあったのではないでしょうか。

憲法前文に潜《ひそ》む、その抵抗のあとを知るにつれ、過去《かこ》の内閣の責任《せきにん》を追及《ついきゅう》するより、現在《げんざい》のわれら主権者の責任の重さを、ぼくは考えてしまいます。

仮の憲法のもとで、敗戦後ずっと、まるで占領時代が終わっていないかのように生きてきたし今もそのように生きているのが、わたしたちではないでしょうか。

この項《こう》の冒頭《ぼうとう》に記したことを、もう一度思い出してください。

ぼくが考察した、その直接資料《ちょくせつしりょう》、アメリカが書いた日本国憲法の原案そのもののコピーを満十八歳以上なら誰でも手に入れることができるのです。

なぜこれが学校で使われないのでしょうか。教科書に載《の》っていないのでしょうか。

日本国民が中学の頃から、これを教材に自分で考察する訓練をしていれば、憲法はとっくに正憲法になり、正憲法であれば国民が奪われるのを黙《だま》って見ているはずがありません。なぜなら、自国民の救出の権利《けんり》は国際法でしっかり認《みと》められているからです。

子供たちに、中高生に、大学生に、社会人になっても学ぼうとしているみんなに、一刻《いっこく》も早くまさしく公正な資料を手渡す学校教育、社会教育を創《つく》ることを一緒《いっしょ》に急ぎませんか。

本題の四

次に日本国憲法の第九条《だいきゅうじょう》をみましょう。現憲法のなかで最も有名な条文《じょうぶん》です。

これは「第二章　戦争の放棄《ほうき》」に含まれています。と言うより、第二章にはこの九条のただ一条しか無いのです。

日本国憲法のなかで、どれほど重い条文かが覗《うかが》えます。たった一条、十行に満たないこの条文が敗戦後の日本のあり方を現在に至《いた》るまで決定づけています。

第九条
日本国民は、正義と秩序《ちつじょ》を基調《きちょう》とする国際平和を誠実《せいじつ》に希求《ききゅう》し、国権《こっけん》の発動たる戦争と、武力《ぶりょく》による威嚇《いかく》又は武力の行使《こうし》は、国際紛争《こくさいふんそう》を解決《かいけつ》する手段《しゅだん》としては、永久《えいきゅう》にこれを放棄《ほうき》する。
2　前項の目的を達するため、陸海空軍その他の戦力は、これを保持《ほじ》しない。国の交《こう》戦権《せんけん》は、これを認めない。

この九条の後半である第二項を、ぼくは中高から大学に至るすべての学校教育で「戦争に負けたので、帝国陸海軍《ていこくりくかいぐん》のような軍隊は持てなくなった」と教わりました。

さらには「憲法をどう解釈しても、国軍ではなく自衛隊《じえいたい》どまりだ。自衛隊だから海外には行けない」と教わりました。

そして社会に出ると、「自衛隊だから海外で戦えない。海外で戦えないから、拉致被害者の救出には行けない」、「拉致被害者に限らず、すべての日本国民は海外でどんな目に遭《あ》おうとも自衛隊が助けに来ることはない」という現実にぶつかったわけです。

（第三次安倍内閣《だいさんじあべないかく》で成立した安保法制には、やっと「自国民の保護《ほご》」が盛《も》り込《こ》まれました。ところが自衛隊が外国で日本国民を救出《きゅうしゅつ》するには、その国の同意が必要という信じがたい条件が付いています。憲法の制約《せいやく》のためです。だから西暦《せいれき》二〇一七年の朝鮮半島《ちょうせんはんとう》危機《きき》の始まりに、安倍総理はアメリカに拉致被害者の救出をお願いせざるを得ませんでした。

北朝鮮が同意するはずもありませんから。）

ぼくより先輩《せんぱい》の世代でも、逆《ぎゃく》にたった今の中高大学の新入生、あるいは小学校高学年でも同じことを教わっています。敗戦後の日本国民は基本的に同じ教育をずっと受け続けています。

社会に出て仕事をし、海外も回り、まず分かってきたのが「戦争に負けていない国はない」ということです。アメリカをはじめ世界の主要国で戦争に負けていない国はありません。

ところが日本以外に自衛隊はなく、すべて国軍であり、国民が拉致されれば当然、救出に動く。すくなくとも救出作戦の可能性《かのうせい》を練るという客観事実も分かってきました。

戦争に負けたことは、国軍を放棄することの理由にまったくなりません。

同じ戦争で同じ相手に負けたドイツは、どうしたでしょうか。ドイツにも自衛隊はありません。あるのはドイツ連邦軍《れんぽうぐん》です。

ぼくは外交や安全保障、危機管理が仕事のひとつですが、アメリカやイギリス、フランス、中国、韓国《かんこく》などには繰《く》り返《かえ》し出張《しゅっちょう》していてもドイツに出張する機会は意外に遅《おそ》かった。初めて出張で行ったとき、ベルリンで日中の仕事を終えて夜、ビアホールに入りました。

安全保障の実務に関わっている複数のメンバーでの出張だったのですが、ビアホールにはあえてひとりで行きました。これは、できればみなさんにも大人であれば推奨《すいしょう》したいのです。

ひとりで飲んでいると、地元の人から話しかけられます。ふたりでも、まぁ、たまにあります。三人だともう、誰も話しかけてはきません。

普通《ふつう》のひとと話して初めて、その国の理解《りかい》が始まります。

ぼくが海外へ出張するとき、外交官ら政府当局者《せいふとうきょくしゃ》、軍人、学者、専門家《せんもんか》と深い議論を試みます。しかし、たとえば日本を訪《おとず》れた外国人が、日本でそうした人と会っただけで日本を理解しようとしていたら、それは正しくありません。

みなさんも海外でそれぞれの仕事の関係先を訪《たず》ねられ、そして観光地を巡《めぐ》っているとき、夜だけは、安全を確認《かくにん》しつつひとりかふたりで軽く飲みにでも出られると出逢いがあります。

言葉は問題ではありません。そもそもドイツ人やフランス人より、日本人のほうが確実に英語は上手です。しかし、ほんとうは「語るべき何ものかを持っているか」がたいせつです。

未成年のあなたも、大人になった時を愉《たの》しみに、ぼくのこの小さな提案《ていあん》を覚えていてください。

さて、ベルリンのビアホールで巨大《きょだい》なビールジョッキを何杯《なんばい》も空けながら待っているのですが、誰も話しかけてきません。

アメリカのニューヨークやサンフランシスコだと座《すわ》ってすぐ、誰かが話しかけてきて、あっという間ににぎやかな会話になります。しかし隣のカナダでは、なかなか誰も近寄《ちかよ》ってきません。話が飛びますが、スキー場のリフトに乗っている時も同じです。アメリカのスキー場だと、隣り合わせになった見知らぬスキーヤーが必ず、フレンドリーに話しかけてきますがカナダでは、じっと沈黙《ちんもく》しています。カナダのスキーリフトは長いですから、こちらがたまらず話しかけると、聞かれたことだけに答えてくれるのがカナディアン・スキーヤーです。

これがフランスだと、パリの飲み屋でもシャモニーのスキー場でも、ちょうど中間的な感じ、イタリアだとアメリカに似《に》ていて、スイスはカナダにそっくりです。

見事にお国によって分かれますから「ドイツは誰も話しかけてこないんだなぁ」と思っていると、ご老人がふらふらしながらテーブルに寄ってきました。身長はおそらく二メートルと五センチぐらいか、巨大な身体をぼくに向かって屈《かが》めながら、いきなり「おまえは日本人か」と下手くそな英語で聞きました。

来た来た、と思いながら「そうです」と、ちょっと胸《むね》を張《は》って答えました。

するとご老人は「じゃ、なんでここに座って呑《の》んでいるんだ」と詰め寄ってきたのです。

かなり酔《よ》っ払《ぱら》っています。ぼくは、ひょっとして人種差別主義者《じんしゅさべつしゅぎしゃ》かなと内心で警戒《けいかい》しつつ「ドイツビールがおいしいからです」と答えました。ぼくはご老人には必ず、敬意《けいい》を払います。

老人は「俺《おれ》は知ってるぞ」と言います。

何をかな？　という眼になったぼくに「俺は知ってるぞ。日本のすぐ隣の北朝鮮に、日本人がさらわれたままになっているそうじゃないか。なぜ助けに行かない」と問いました。

ぼくは正直、不意を突《つ》かれて息を呑みました。

老人は続けて「日本と北朝鮮の間には、狭《せま》い海しかないそうじゃないか。なぜ勇敢《ゆうかん》な日本人が助けに行かないんだ」と迫ってきます。

ロンドンのパブでかつて、ドイツのケルン出身という老いた人と隣り合わせになったとき、しきりに「おい、今度はイタリア抜《ぬ》きでやろう。わがドイツと日本だけなら勝てる」と酔った眼で繰り返しました。第二次世界大戦のことを言っているのです。日独《にちどく》と組んで開戦したイタリアは戦況《せんきょう》が不利になるといわば寝返《ねがえ》って、イギリス、アメリカなど連合国側になりました。欧州《おうしゅう》ではその記憶《きおく》が今も生きています。ぼくはそれを思い出しながら、学校で習ったままのことが口を突いて出たのです。

「だって日本は連合国に負けましたから」

実際は英語でこう言いました。

Because we were defeated by the allied powers.

そう応《こた》えながら突然《とつぜん》、背中《せなか》がぞっとしたのです。

相手はドイツ人です。同じ戦争で同じ相手に負けたのです。しかし自衛隊じゃない。ドイツ連邦軍です。

辛《つら》いことを言えば、もしも横田めぐみさんが日本国民ではなく東洋系《とうようけい》ドイツ国民だったら、拉致被害者がめぐみさんひとりでもドイツ連邦軍は陸軍特殊部隊《りくぐんとくしゅぶたい》を派遣《はけん》して取り返そうとしたでしょう。陸軍が動くなら空海軍も支援《しえん》します。

だがこれは戦争じゃない。国際法が保証《ほしょう》する、自国民の正当な救出活動です。

ぼくがこのベルリンのビアホールで言っていることはおかしい。

戦争に負けたことは、自国民を助けに行かないことの理由には、何もならない。

学校で教わってきたことは嘘《うそ》だった。さまざまな実感がどっと迫り、ぼくは巨大なドイツ人の老いた青い眼をじっと覗《のぞ》き込《こ》んでいました。

日本は世界に生きなければならない。

現《げん》に生きています。貿易立国《ぼうえきりっこく》です。日本の経済力《けいざいりょく》は大きいだけに、世界のマーケットがなければ生きていけません。

それなのに国民を護るという肝心要《かんじんかなめ》のことについては世界に背を向けて生きてきたのではないか。

日本は社会福祉《しゃかいふくし》を重視《じゅうし》する国です。ところが国民の安全と生存を護るという、最大の福祉については自分の責任を放棄してきたのじゃないか。

そう問えば、憲法の前文の「諸国民の公正と信義に信頼して、われらの安全と生存を保持しようと決意した」という一文と、憲法第九条が深く繋《つな》がっていることも分かり始めます。

本題の五

憲法第九条の第二項に「陸海空軍その他の戦力は、これを保持しない」とあります。

前述《ぜんじゅつ》したように、ぼくはこれを学校教育で「戦争に負けたから軍隊を持てない」と教わりました。

ところが世界を回るうちに、どうもおかしいなと感じ、海外のホテルで実際に憲法をあらためて眺《なが》めてみました。どこの国だったかは覚えていません。まだネットの時代ではなく、使っていた手帳にあった日本国憲法です。

すると陸海空軍を持つなとは書いてありません。「その他の戦力」まで含めて、持つなと書いてあります。

その他の戦力も、となると「その他」の定義《ていぎ》が何も無いだけに、とにかく日本国には国民がどんな目に遭っても戦う手段《しゅだん》が一切無い、軍隊だけではなく何もかも無いということになります。

では一体、日本はどうやって国民を護るのでしょうか。

この素朴《そぼく》にして根本的にして恐ろしい問いへの唯一《ゆいいつ》の答えが、百三条もある憲法のどこにも無くて、本文ではない前文に、どこの誰ともしれない「諸国民」の、それも実態が何ひとつ無い「公正と信義」に頼れとあるだけです。

これがなぜ「平和憲法」でしょうか。人間に公正と信義があると、まるで片思《かたおも》いみたいに一方的に信じて、自分の命だけではなく愛するひとの命、家族の命、友だちの命も守れるのなら、そもそもなぜ日本に警察官《けいさつかん》や海上保安官《かいじょうほあんかん》がいるのでしょうか。

同じ日本国民だけは日本国民を襲う恐《おそ》れがあり、外国人になると、それがいかなる外国人でも日本国民を襲う心配がないから安心していろという、言葉を失うようなことが明記されているのは、平和を目指す憲法ではありません。

なぜか。それで平和は築《きず》けないからです。現に、日本国民が数多く北朝鮮という外国によってさらわれているではないですか。

平和を実現できないことがとっくに、胸《むね》の張《は》り裂《さ》けるような犠牲によって実証《じっしょう》されている憲法を、なぜ平和憲法と呼び続けるのか。

日本国憲法は、平和憲法ではなく、仮に日本を武装解除した憲法です。

日本が国ではなかった占領下に作られ、公布され、施行されたことと、この事実はしっかりと符合《ふごう》しています。

この書でお話ししていることが、すべて響《ひび》き合っていることにお気づきだと思います。

「その他の戦力」も認めないということが、どれほど徹底した武装解除か。

たとえば、ぼくのこの話を書物ではなく今、目の前に立つぼくから聴《き》いているとして、あなたがメモを取っていると考えてください。

メモを取るためにボールペンを使っていれば、そのご自分のボールペンを見てください。メモ取りをしている時は、いわば平和利用だけど、その尖《とが》った先端《せんたん》を利用してぼくの両眼《りょうがん》を突けば一瞬《いっしゅん》で、変わります。ぼくは多少の武道《ぶどう》を学びましたが、両眼を失えば戦えません。すなわち、何でもない日常《にちじょう》の道具が「その他の戦力」に変わってしまいました。

では、ぼく自身の両腕《りょううで》はどうでしょうか。

前述のように、いささか戦える腕ですから、これこそ「その他の戦力」です。だから憲法に従《したが》うのならば、これを保持しないために切り落とさねばなりません。

両足はどうでしょうか。たとえば空手において足は腕や拳《こぶし》よりも強力な武器《ぶき》です。もちろん切り落とさねばなりません。

どうにも戦えない胴体《どうたい》のみになって初めて、ぼくは日本国憲法に合致《がっち》する日本国民になりました。

ぼくがこう話すと、弁護士《べんごし》さんから「あなたの他のすべての話は最高に良かった。しかし、ボールペンと両腕、両足の話はいただけない。憲法はそこまで求めていない」というEメールを頂《いただ》きました。

法理で言えば、もちろんそうなります。そして例えば裁判《さいばん》の判決《はんけつ》というものは、法律に世の常識《じょうしき》も加味して下されますから、仮に裁判であれば「憲法はそこまでは要請《ようせい》していないと思われる」という判決になるでしょう。

しかし、ちょっと待ってください。

次の英文を見てください。

No army, navy, air force, or other war potential will ever be authorized……

これは、すでに登場してもらったマッカーサー司令官らGHQが作成した日本国憲法原案の「戦争の放棄」条項《じょうこう》の一部です。これまで述《の》べてきた「陸海空軍その他の戦力は、これを保持しない」に当たる部分です。

直訳すると「いかなる陸軍、海軍、空軍あるいは潜在的《せんざいてき》な戦力は今後決して、承認《しょうにん》されない」となります。

「その他の戦力」に直接、該当《がいとう》する部分は other war potential（アザー・ウォー・ポテンシャル）です。ポテンシャルとは潜在能力《せんざいのうりょく》であり、ウォー、戦いという言葉と一緒に使われれば、まさしく「表面的には、あるいは普段《ふだん》には戦力と見えなくとも、いざとなれば戦いに使えるもの」を意味します。

ぼくが、あなたのボールペンやわが両腕、両足を使って伝えようとしているのは「この憲法が定めているのは、平和ではなくて、ただただ日本一か国を指差して完全に武装解除することだ」という客観事実です。

そのひとつの証拠《しょうこ》に、アメリカはこの日本国憲法を作ったわずか四年後、すなわち第二次世界大戦がようやく終わってわずか五年後の一九五〇年にもう朝鮮戦争《ちょうせんせんそう》を始め、その朝鮮戦争が休戦となった翌年の一九五四年には、ベトナムにゴ・ディン・ジエム政権《せいけん》をアメリカの傀儡政権《かいらいせいけん》として立て、泥沼《どろぬま》のベトナム戦争への発端《ほったん》を作ってしまい、現代のイラク戦争に至るまでずっと戦争の日々です。

世界を支配《しはい》するために戦争を続けてきたのであり、世界を平和にするために世界の武装解除を目指したのではないのです。

もう一度、ありのままに申しましょう。世界平和を目指した憲法を作ったのではなくて、仮に日本だけを徹底的に武装解除するための憲法を作っただけです。

それは第二次世界大戦を通じて、アメリカがもっとも畏怖《いふ》したのは日本軍だったからです。まず一九四一年十二月の真珠湾攻撃《しんじゅわんこうげき》で、当時の世界では脇役《わきやく》と思われていた航空機を日本は縦横無尽《じゅうおうむじん》に活用して、アメリカ太平洋艦隊《たいへいようかんたい》に史上初めて大打撃《だいだげき》を与《あた》えました。

アメリカ自身も信じ込んでいた巨艦大砲主義《きょかんたいほうしゅぎ》を、遠い地の果ての小国のように思っていた日本が軽々と脱《だっ》して、空母からゼロ・ファイター（零式戦闘機《れいしきせんとうき》）を送り込んできたのですから、その驚《おどろ》きは大きかった。

日本は戦況《せんきょう》が致命的《ちめいてき》に不利になってからもなお、硫黄島《いおうとう》や沖縄《おきなわ》で信じがたいほどの勇気を振《ふ》りしぼり、将軍《しょうぐん》から一兵卒《いっぺいそつ》まで、しかも職業軍人《しょくぎょうぐんじん》ではなく昨日まで一庶民《いちしょみん》だった兵が、みずからの命よりも祖国《そこく》の未来の命を尊《たっと》んで最後の最後まで戦う。

アメリカはまだ若《わか》い、カウボーイの国であり、牧場を戦って守る文化の国であり、別な言葉で言えば軍事国家ですから、この日本に心底、驚嘆《きょうたん》し、恐れ、だからこそいったんは完全に武装を解《と》いてみて、その勇気の秘密《ひみつ》も知りたかったのです。

そのために天皇陛下《てんのうへいか》を戦争犯罪人《せんそうはんざいにん》にせよというアメリカの国内世論《こくないよろん》をマッカーサー総司令官らは退《しりぞ》けました。天皇陛下をないがしろにしたりすれば、日本人はもう一度、戦うということをアメリカ軍は正確に知っていたからです。

そしてマッカーサー総司令官は、日本国憲法が一九四七年五月三日、現在の憲法記念日に施行されてからわずか三年後の一九五〇年に、警察予備隊《けいさつよびたい》を日本に創設《そうせつ》させました。

前述の朝鮮戦争に対応《たいおう》するためですが、名前は「警察の支援」のようでも、部隊編制《ぶたいへんせい》はアメリカ陸軍の歩兵師団《ほへいしだん》をお手本に軽戦車から榴弾砲《りゅうだんほう》、重機関銃《じゅうきかんじゅう》までを装備《そうび》し、とても警察レベルではない。実質的な軍隊です。

まだ占領下ですから、まったくのアメリカの意思によるものであり、英語で原案が書かれた日本国憲法が、真面目《まじめ》な日本人の受け止めとは裏腹《うらはら》に、いかにかりそめに過ぎなかったかという動かぬ歴史上の証拠なのです。

この警察予備隊が、現在の自衛隊につながるのですが、アメリカは明確に「再軍備」すなわち自衛隊ではなくドイツと同じく日本国軍にすることを求めました。

自衛隊の創設は、一九五四年七月一日です。サンフランシスコ講和条約が発効して日本の占領時代が終わって二年余《あま》りが経《た》っていましたから、国軍ではなく自衛隊にとどめて、自国民の救出などを不可能なままにしているのは、まさしく現在のわたしたちを含めた日本国民自身です。

本題の六

ここまで一緒に考えてくれたあなたなら「本題の五」で述べたことに、もうひとつ考えるべきことがあると気づいているのではないでしょうか。

日本国憲法では「陸海空軍その他の戦力は、これを保持しない」と日本が能動的《のうどうてき》に「保持しない」ことになっています。

しかし英語の原案ではどうか。もう一度掲げます。

No army, navy, air force, or other war potential will ever be authorized……

「どんな陸軍も海軍も空軍も、あるいはその他の潜在戦力も」のあとは受け身形で「決してオーソライズされない」、すなわち「決して承認されない」とあります。

つまりアメリカを中心とした戦勝国側に認めてもらえないのです。

憲法前文のところでもじっくり考察したように、これも当時の日本側がせめてもの抵抗として、日本自身が「保持しない」と決めたことにして憲法を定めたのでしょう。事実、当時の衆議院《しゅうぎいん》に「帝国憲法改正小委員会」がつくられ芦田均《あしだひとし》委員長（のちの総理）らがこうした修正《しゅうせい》を行いました。

しかし、客観的な史実として、占領軍には逆らえない、あるいはそう思い込んで逆らわなかったのですから、英文にあるように「日本国民を護るためのいかなる力もアメリカに認めてもらえなかった」のが本当です。

したがって、この条文を七十年もそのままにするのなら「せめてもの抵抗」というより、もはやただの誤魔化しになってしまいます。

これは、ぼくらの責任です。

過去の政治家の責任を追及するより、今を生きるぼくら主権者の任務《にんむ》を考えませんか。

本題の七

この「せめてもの抵抗」をめぐって、護憲派《ごけんは》およびいわゆるリベラル派、そして改憲派《かいけんは》および保守派《ほしゅは》それぞれに、古くから特有の主張《しゅちょう》があります。

護憲派・リベラル派は「英語の原案はあっても、日本なりにそれを変えて、日本の選択《せんたく》として平和国家の道を選び、そのための平和憲法を制定したのだから、占領軍の押し付け憲法とは言えない」という趣旨《しゅし》の主張をさまざまに展開《てんかい》してきました。

しかし、ここまで見てきたように具体的に、ありのままに事実だけを見れば、まず第一に英語のGHQ案とあまりに似すぎていますね。

この英語原案と、実際の日本国憲法が似ていないと思える人が果たしてほんとうに居るでしょうか。

「噂《うわさ》の英語原案」の実物が国立国会図書館に保存《ほぞん》されていますが、そもそもそのコピーを満十八歳以上なら誰でも手にすることができること自体、これまではほとんどの人が知らなかったでしょう。

なぜか。

学校でも教えないし、マスメディアでもまったく語られないからです。学者でもない働く国民や、学校の教科をこなしたり受験勉強に忙殺《ぼうさつ》される生徒、学生が、どうやってこの「動かぬ証拠」の存在《そんざい》を知ることができるでしょうか。

護憲派・リベラル派の先ほどの主張は、学校教育にもマスメディアにも出てくるから、たいへんに馴染《なじ》みがある。

ところが現憲法と英語原案を比較《ひかく》してみる機会は隠《かく》されていたのですから、日本国民が自分の言葉で憲法を創ろうという気運が高まらなかったのも自然なことです。

この書では憲法の前文や第九条を丁寧《ていねい》に、英語原案と比較してきました。

しかし他の部分も基本的に同じです。英語原案に見事にそっくりです。

憲法全体の分量も英語原案とほぼ同じです。つまり削《けず》られたり付け加わったりも、ほとんどないということです。

他の部分を例示《れいじ》しておくと、たとえば、いの一番の第一条です。

天皇は、日本国の象徴《しょうちょう》であり日本国民統合《とうごう》の象徴であつて、この地位は、主権の存《そん》する日本国民の総意《そうい》に基《もと》づく。

これも極めて良く知られた、重要な一文です。日本の根幹《こんかん》に直接、関わる定めです。

英語原案はこうです。

The Emperor shall be the symbol of the state and the unity of the people, deriving his position from the sovereign will of the people, and from no other source.

直訳すると「天皇（皇帝）は国の象徴であり、国民統合の象徴であって、この地位は国民の主権のある意志に由来していて、他のいかなるものにも由来しない」

どうですか。最後の「他のいかなるものにも由来しない」が省かれているだけで、まさしく、そっくりと言うほかありません。

これがイデオロギーや主義主張の違いによっては、そっくりではないとか、大きな違いがあるとかに変わるものでは到底《とうてい》、ありませぬ。

最後の「他のいかなるものにも由来しない」というのは、英語の文章によくある強調の仕方です。硬《かた》い文章として書かれた英文の癖《くせ》のようなものですね。

それを省いたのはむしろ、肝心な中身はまったく手を加えずに日本語、和文の憲法に仕立てていった証拠になっています。

本題の八

一方、改憲派・保守派のなかからは「日本国憲法は無効《むこう》だから、憲法改正よりも無効論で押せ」という声があります。

外国語の英文で憲法原案が書かれたということは、前述したようにハーグ陸戦条約に反しているからですね。

その通り、確立《かくりつ》された国際法に違背《いはい》して制定された憲法ですから、本質的《ほんしつてき》には無効です。

しかし、たとえば拉致事件がこれほど無残に起きていることが周知されてもなお、憲法改正を実現していない日本国民に急に「無効だった」と言って、それが速《すみ》やかに理解され、新憲法制定に実際に動くことになるでしょうか。

また無効憲法の下で作られた法はすべて無効となるのが本質論ですから、その本質論で行くのなら、これまでに下された刑法上《けいほうじょう》、民法上の判決《はんけつ》の正当性も失われますが、死刑《しけい》になった人の命も、服役《ふくえき》した人の時間も取り戻《もど》しようがありません。

日本は本物の法治国家ですから、すべての政策《せいさく》は法の下で遂行されています。現憲法が施行された一九四七年五月三日から現在までの政策は一切《いっさい》が無効になり、日本はほぼ無政府状態《むせいふじょうたい》あるいは歴史に七十年の空白がある国だということになります。

国益《こくえき》に資《し》するとはとても思えません。

さらに、せっかく新憲法を制定しても「合法的、民主的な手続きを踏《ふ》んでいない」と外国がつけ込む隙《すき》を与《あた》えます。「内政干渉《ないせいかんしょう》だ」と反論《はんろん》するのは当然ですが、実際には新憲法の正統性《せいとうせい》をめぐって馬鹿馬鹿しい争いをせねばならないでしょう。

「本質的には無効憲法である」という認識《にんしき》をしっかり持ちつつ、現憲法の改正条項である第九十六条を使って改正し、その改正を重ね、広げて、最終的には全面的な新憲法の誕生にこぎ着けるべきだと、ぼくは考えています。

ぼくらが考えるべきなのは、一時間でも早く実行できる改正と、実現できる新憲法です。それが、どんどん高齢化《こうれいか》していく拉致被害者と家族のために必要不可欠《ひつようふかけつ》です。

ところで護憲派のところで「いわゆるリベラル派」と記したのは、日本社会で言うリベラルが、国際社会のそれと違いすぎるからです。

たとえばアメリカ政治《せいじ》でリベラルと言えば民主党《みんしゅとう》ですが、あのベトナム戦争に踏み込んでいったのはケネディ大統領《だいとうりょう》。民主党をまさしく代表するリベラル派です。そのベトナム戦争をようやく終わらせたのが、共和党《きょうわとう》のニクソン大統領でした。

　リベラルとは何か。政治学の定義はさまざまですが、人間の自由を尊ぶという理念が出発点であることだけは確《たし》かです。

　その原点はフランス革命《かくめい》にあります。フランスで個人《こじん》が自由を獲得《かくとく》したのは、一七八九年に庶民がバスティーユ監獄《かんごく》を襲撃《しゅうげき》して始まったフランス革命からです。

　そのフランスには国家憲兵隊《こっかけんぺいたい》（Gendarmerie／ジャンダルムリ）という組織《そしき》があります。その本部に入るのは敷居《しきい》が高く壁《かべ》も厚《あつ》いのですが、原子力発電所《げんしりょくはつでんしょ》へのテロ対策《たいさく》を議論するために、ぼくはかつてパリの本部へ入りました。

　そこで出逢った将校に、こう聞いたことがあります。

「九・一一同時多発テロの直後でテロ情勢《じょうせい》が緊迫《きんぱく》していた当時、フランスの原子力施設の周りで国家憲兵隊が不審者《ふしんしゃ》を射殺《しゃさつ》したという情報《じょうほう》がありますが事実ですか」

　将校は「事実です」と即答《そくとう》しました。

（ただし民間人のぼくとの非公式《ひこうしき》な議論のなかでの答えですから公式な事実認定《じじつにんてい》ではありません。フランス政府の公式見解《こうしきけんかい》とは異《こと》なる場合があります。）

「それは、どんな法的根拠《ほうてきこんきょ》に基づく射殺ですか」と重ねて聞くと、将校は「われわれはナポレオン三世閣下《さんせいかっか》が確立された組織であるから、現在の第五共和制《だいごきょうわせい》には必ずしも縛《しば》られない」と平然と応えました。

確かに、この国家憲兵隊の古色豊かな本部の廊下《ろうか》にはナポレオン三世の肖像画《しょうぞうが》が飾《かざ》ってありました。

あくまでもこの将校の個人的な、しかも非公式な見解です。

しかし肝心なことは、西欧型《せいおうがた》の民主主義《みんしゅしゅぎ》の元祖《がんそ》であるフランスは、このように場合によっては現行法《げんこうほう》の縛りを飛び越《こ》えて武力を行使しかねない体質《たいしつ》を持つ強烈《きょうれつ》な実力組織をあえて養い、その抑止力《よくしりょく》によってもそのリベラリズム、フランス式民主主義を維持《いじ》しているということです。

フランスは自由の女神像《めがみぞう》をアメリカに贈《おく》り、みずからもその試作品の像やアメリカから返礼で贈られた像をパリ市中に立てています。

試作品は、世界でたぶん一番有名な像である自由の女神の原点ですが、あまり見る人もなく、ぼくはパリを訪れたとき何度か長いあいだ静かに向かい合っていました。

そして日本のお台場にもフランス政府公認《せいふこうにん》のレプリカが立ち、そのほか日本を含め世界中にレプリカが立っています。

しかしこの像は、ほんとうは単に自由を象徴するのではなく、「戦って初めて獲得した自由」こそを象徴する像です。

フランスはアメリカが独立戦争《どくりつせんそう》を戦って自由を獲得してから百年を記念して贈り、アメリカの返礼もフランス革命から百年を記念してのことでした。アメリカは独立戦争の真っ最中の一七七六年に独立宣言《どくりつせんげん》をしています。それはフランス革命のバスティーユ襲撃の十三年前、その意味でも親戚《しんせき》のような話なのです。

日本はどうでしょうか。

日本は戦争でアメリカに負けて、いわばそのおかげで軍国主義《ぐんこくしゅぎ》が終わって民主主義になったと、ぼくも学校で繰り返し教えられました。現在の学校教育もそうですし、放っておけば未来の日本の子供たちもそう教えられます。

これは間違《まちが》いです。

敗戦後の日本のいちばん根本的な間違いと言うべきだと考えます。

日本は、まごうことなき民主主義の国です。しかし民主主義をアメリカに教わったのじゃない。もともとオリジナルの民主主義を持っていました。

（この日本オリジナルの民主主義については「三の扉」で詳《くわ》しく考えます。）

アメリカが占領によって持ち込んだのは西欧型の民主主義であって、敗戦後の日本社会で語られるリベラリズムとは、それに大きく影響《えいきょう》されたものです。

だから現代日本のリベラル派は、占領下でつくられた日本国憲法を一字一句《いちじいっく》変えるなと主張し続け、憲法第九条を外国人によって再確定《さいかくてい》してもらおうとノーベル平和賞の選考に持ち込んだりしているのですね。

そしてこのリベラリズム、敗戦後日本のリベラル派は、まさしく日本国憲法の精神に基づいて「カネや太鼓《たいこ》を鳴らして祈れば平和になる」という行動を取ったりします。

カネや太鼓は鳴らさないという方もいるでしょう。しかし日本国民の漁家のひとびとが前述のとおり現に韓国やソ連・ロシアに殺されていても、女子中学生から働き盛《ざか》りの男女までが北朝鮮にさらわれていても、世界自然遺産にせっかく指定された小笠原諸島の海を壊滅的《かいめつてき》に中国に荒《あ》らされていても、決して戦うな、それだけではなく戦う姿勢も見せるな、そうすればすべて平和になると、間違いなく日常的にずっと主張しています。

世界の人々はこれを聞くと、不可思議に思いつつ「仮に事実としても、あくまで一部の日本人だろう」と受け止めます。ぼくが世界を回りながら話してきた、膨大《ぼうだい》な数の外国人が洋の東西を問わず、すべてそうでした。

とんでもない。

敗戦から七十年を経てなお、テレビ・ラジオ番組でも新聞でも、こうした主張が圧倒的《あっとうてき》多数です。

ことに、テレビに出ることが生活の糧《かて》になるタレント、評論家といった人々はこうした考えをベースにしていないとテレビに出られなくなる恐れがありますから、ほとんど考えることもせず、この立場に立っている人々をぼくは実際にテレビ局で目撃《もくげき》しています。

そして、お気づきでしょうか。

日本にこの世界に稀《まれ》な「空想的リベラリズム」を持ち込んだアメリカは、フランスなどと並《なら》んで「戦うリベラリズム」の拠点《きょてん》であり、だからこそ悲惨《ひさん》なベトナム戦争にアメリカを導《みちび》いたケネディ大統領が今も、民主主義の理想的なリーダーとされているのです。

自由の女神は何を掲げているのか。戦って勝ち取ったからこそ尊い、戦った結果だからこそ根付く、自由のともしびを高く掲げているのです。

このアメリカに民主主義を教えてもらった、その成果こそが日本国憲法だと生徒、学生に教え、マスメディアで主張し、日常的《にちじょうてき》に話したり行動している日本人だけが「戦わないことがリベラリズム」と思っている。

これはカラクリ細工です。

日本をいったん武装解除して無力化することを狙《ねら》った占領軍の残したカラクリ細工です。しかし占領軍はもう居ない。日本が占領時代を終えてから、もう六十年をとっくに超えているのです。西暦二〇二〇年の東京オリンピック・パラリンピックの時で六十八年目です。

わたしたちが何をすべきか、と言うより何をできるかは、もはや立場の違いを超えて、はっきりしていませんか。

本題の九

一方、護憲派・リベラル派でもなく改憲派・保守派でもない人々、と言えばふつうは中立的な立場を標榜《ひょうぼう》する人々ということになるのですが、実際にはそうではなく、たとえば長く政権を担《にな》ってきた自民党《じみんとう》の政治家《せいじか》、それを実質的に支《ささ》えてきた有権者《ゆうけんしゃ》、何と言えばいいのか、現実に敗戦後の日本を引《ひ》っ張《ぱ》ってきた人々が頼《たの》みにしてきたのが、憲法第九条の次のひとことです。

前項の目的を達するため

これは第九条の第二項の冒頭に置いてあります。前述《ぜんじゅつ》した芦田均さんらによる修正で書き加えられました。

第二項をもう一度、フルに記すとこうですね。

2　前項の目的を達するため、陸海空軍その他の戦力は、これを保持しない。国の交戦権は、これを認めない。

中立的な立場の人々は、この「前項の目的を達するため」のたった一言をもって、憲法第九条があっても日本が自衛隊なら持つことができるという根拠にしてきました。

自衛隊なら、と言っても、戦力だけをみれば核兵器《かくへいき》を持たない通常戦力《つうじょうせんりょく》としては世界トップレベルです。

たとえば陸上自衛隊の10式《ひとまる》戦車は世界でもっとも先進的《せんしんてき》な戦車だし、海上自衛隊の潜《せん》水艦《すいかん》は原子力潜水艦を持たないハンディがあっても世界最強クラス、航空自衛隊も含めて、世界の誰がどう見ても立派《りっぱ》な陸海空軍です。

もちろん憲法やその下の自衛隊法、防衛省設置法《ぼうえいしょうせっちほう》などによる「実際は出動できない、使えない」という制約《せいやく》があり、それよりもっと根本的な欠陥《けっかん》を幾《いく》つも抱《かか》えています。

それは、いずれ別巻《べっかん》できちんと見ていきます。

ただ、憲法九条の「陸海空軍その他の戦力は、これを保持しない」という定めとは明らかに矛盾《むじゅん》することは、真《ま》っ直《す》ぐにみれば、あまりに明らかです。

子供の頃、たとえば小学生の高学年で憲法を学び始め、そして自衛隊の基地《きち》見学などにたまたま行った経験のあるひとなら驚いた記憶があるでしょう。

ぼくもそうでした。

憲法にあんなにはっきり書いてあるのに、目の前に陸軍の戦車や空軍の戦闘機《せんとうき》がずらり並んでいて、こころから不思議に思い、基地見学に連れて行ってくれた大人に聞きましたが、なんだかもぐもぐ口籠《くちご》もっただけで答えらしい答えはなく、その大人、親でもなく先生でもなかったその人が誰かは覚えていないのに自信なげなその声だけは今も覚えています。

この明白な矛盾を解決する魔法《まほう》のひとことが、「前項の目的を達するため」だというのです。

では、その前項には何が書いてあるのでしょうか。

日本国民は、正義と秩序を基調とする国際平和を誠実に希求し、国権の発動たる戦争と、武力による威嚇又は武力の行使は、国際紛争を解決する手段としては、永久にこれを放棄する。

日本語として、なんだかガタガタの道をゴムタイヤではなくて無理に木の車輪で往《い》くような文章です。

もちろん、英語の原案そっくりです。

原案はこうです。

War as a sovereign right of nation is abolished. The threat or use of force is forever renounced as a means for settling disputes with any other nation.

現代の日本語でふつうに訳すと「国家の主権としての戦争は撤廃《てっぱい》された。武力の脅《おど》しも使用も、他のいかなる国との紛争を解決する手段としては永遠に放棄された」

日本国憲法と違うのはまず、すべて受け身です。

「日本は国家主権が無くなったのだから、主権のひとつ、戦うこと・戦争も占領軍によって撤廃された。武力も放棄させられた」という趣旨がはっきりと出ています。

幣原総理や芦田さんらは、ここでも抵抗を試みて、日本が能動的に「放棄した」ことにしていますが、もう一度言います。この憲法を七十年もそのままにしているから、これは単に誤魔化しになり、日本国民の目を曇《くも》らせる書き換えになってしまっています。

そして冒頭に、英語原案には無いひとことを加えています。

「日本国民は、正義と秩序を基調とする国際平和を誠実に希求し」ですね。

日本国民が能動的に考えたんだという印象をつくり、ではなぜ戦うことを放棄したんだという理由を説明するために、「正義と秩序を基調とする国際平和を誠実に希求」するんだということを記したのでしょう。

さて、この項の目的を達するため、ということがなぜ自衛隊なら持って良しということになるのでしょうか。

敗戦後の日本政治の主流は「第一項で戦争や武力の放棄をうたったのは、国際紛争を解決する手段としては、という場合に限っているから、国の自衛権は認めているんだ。だから自衛隊という名の戦力はＯＫだ」ということです。

では自衛権というのはいつ、必要になるのですか。

それは国際紛争の時ではないのか。

これも子供の心や、まっすぐ真ん中から考える姿勢や、あるいはごく普通の常識で考えれば、そうとしか考えられません。

もうお気づきの人もいるでしょう。

ここでも見事に響きあっているのです。憲法前文の「諸国民の公正と信義に信頼し」という部分と——。

「世界のどことも知れない国と国民は、国際紛争が起きたときには、相手の国の言い分もちゃんと理解している。だから、そういう時に武力で脅したり、武力で言うことを聞かせてはいけない。自衛権を使うときは、そういう立派な国と国民ではなくて、こちらの言い分も分からない野蛮《やばん》な、特殊《とくしゅ》な、変わった国が相手だから、この憲法第九条の定めるところとは別である。したがって自衛権は認められている」

憲法第九条が自衛権は認めているとする立場を、無理に説明すると、このようになります。しかし実は、その憲法前文はアメリカの独立宣言《どくりつせんげん》やリンカーン大統領のゲティスバーグでの演説《えんぜつ》などをコピー＆ペースト（切り貼《ば》り）したものです。アメリカ軍が日本を占領している間に慌《あわ》てて作ったからです。アメリカ人ならすぐに頭に浮かぶ十八世紀や十九世紀の古い時代の歴史的文書が元です。したがって、こんなテロリストや北朝鮮を想定したような現代的な含意《がんい》などありません。

そして、この無理な解釈の背後《はいご》には、常識《じょうしき》の罠《わな》も潜《ひそ》んでいるのです。

自民党の現役の国防部会長《こくぼうぶかいちょう》（当時）が、記者時代のぼくにこう言ったことがあります。

「青山さん、憲法前文の、諸国民の公正と信義に信頼し……という一節は、まるでおかしいよね。だって北朝鮮に公正や信義があるわけはないもの」

ぼくは「長く与党《よとう》を務《つと》めた政党《せいとう》の、それも国防政策の責任者のあなたが、そのような俗《ぞく》論《ろん》を仰《おっしゃ》るから、憲法をいつまでも変えないで済《す》ませているのです」と応えました。

実際の国際社会では、北朝鮮は、国も国民も自分たちこそ公正で信義があると、こころの底から考えています。

日本国民を拉致《らち》したことも、本気で正しいと思っているのです。日本国内にすら「日本はかつて朝鮮民族を強制連行《きょうせいれんこう》して働かせたりしたんだから拉致されても仕方ない」と主張する人々が沢山います。

同じ日本国民の拉致被害者やその家族を、ちゃんと体温も感じてお顔も思《おも》い浮《う》かべて考えれば、にんげんの心としてそんなことを理屈《りくつ》づけられるはずはない。しかしあなたの隣、あなたの学校、あなたの視《み》ているテレビの中に沢山いるのです。

だから北朝鮮は、拉致事件を引き起こしたことを悪いなどと思っていない。国際紛争は必ず、「自国は正しい」と考えている国同士で引き起こされます。「自国が悪く、他国が正しい」と考えつつ紛争の原因《げんいん》をつくる国など無いのです。

憲法前文の真の問題は、その人間の現実を無視しているところにあります。

したがって自衛権は、いかなる国際紛争にも備《そな》えて確保《かくほ》されねばなりません。

「国際紛争を解決する手段」とは別に自衛権があるのではなく、国家は常《つね》に自衛権を持つことが国際法で明確《めいかく》に認められているから、それが抑止力になってかろうじて、国際紛争を武力で解決することが減《へ》っているのです。

日本国憲法第九条にある「前項の目的を達するため」の「前項の目的」とは、ふつうに文章を読めば、「武力で戦うことを永久に放棄する」ことです。だから第二項で「陸海空軍だけではなく、その他のいかなる戦力も保持しないし、そもそも日本国だけについては他国に対する交戦権を認めない」と定めてあることに繋がります。

敗戦後の日本は、みずからを敗戦国と呼ぶのを避《さ》け「戦後の日本」と呼び、史上初めて外国に降伏した日、一九四五年八月十五日を「敗戦の日」と呼ばずに「終戦記念日」と呼んできました。

占領時代の根幹《こんかん》を脱《だっ》してないという現実からそうやって目を背《そむ》け、敗戦を「終戦」に置き換えて「戦争が終わって民主主義の国になって良かった。だから記念すべき日だ」という感覚をみずからに植え付けてきました。

そのために、「自主憲法の制定」を掲げて発足したはずの自民党が、それどころか憲法の一字一句も変えないままに自衛隊を発足させ維持《いじ》してきて恥《は》じるところがないのです。

日本社会党（当時）をはじめ他の政党も次第に、この憲法解釈を認め、わたしたち主権者も、それをそのまま定着させてきました。

二〇一四年の七月一日に、自民党と公明党《こうめいとう》の連立政権である第二次安倍内閣が集団的《しゅうだんてき》自衛権《じえいけん》の行使容認《こうしようにん》を閣議決定《かくぎけってい》しました。

これを保守派も「憲法を改正しないで解釈変更《かいしゃくへんこう》・解釈改憲だけで済ませるのは良くない」と批判しましたが、解釈改憲は、このようにとっくに行われています。

今さら一体、何を言うのでしょうか。

本題の十

そして日本には内閣法制局《ないかくほうせいきょく》という国家機関があります。憲法の守護神《しゅごしん》のように、官僚《かんりょう》が振る舞っています。

集団的自衛権について、その内閣法制局は長いあいだ国会答弁《こっかいとうべん》などでこう言ってきました。

「国際法では認められているが、日本は憲法で禁《きん》じているから、使えない」

日本国憲法のどこにも「集団的自衛権を禁じる」とは書かれていません。

憲法を都合よく解釈して自衛権は認めていることにしながら、それは日本単独《たんどく》でのことであって、他国と一緒に自衛することは禁じられていることにする。

こんな根拠の薄《うす》いことを公然と主張する役所が「内閣法制局」とは笑止千万《しょうしせんばん》ですが、

この主張がマスメディアや政党によってずっと「良心的な立場」として賞賛《しょうさん》され、支持《しじ》されてきたのです。

善意《ぜんい》で解釈すると、「ほんとうは自衛権の容認にも憲法上、疑義《ぎぎ》があるのだから、せめてそれは日本だけのことにして、他国と一緒に軍事行動をするなんて恐ろしいことは駄目だということにしよう」ということでしょう。

これが法の守護神のするべきことでしょうか。

しかし内閣法制局だけの問題ではありません。

背後には、わたしたち有権者がずっと曖昧《あいまい》にしてきたり、勘違《かんちが》いしてきた深い問題が横たわっています。

まず「国際法で認められているが、日本は憲法で禁じている」というのは、視点を逆にしてみると「日本国憲法は国際法に違背《いはい》している。少なくとも食《く》い違《ちが》っている」ということです。

それでいいのかどうかという議論を、ぼくはこれだけ長く日本に生きてきて、学界の一部を除《のぞ》いて、ろくに目にも耳にもしたことがありません。

前述したように、国際法は、人類の血の歴史からようやく造りあげてきた貴重な、最低限の共通ルールです。

アメリカは世界政府を演《えん》じようとしてきましたが、実際には世界政府はありませんから、国際法はさまざまな条約や慣習《かんしゅう》を積み上げたものであり、解釈や運用はまだ多様すぎます。しかし「国際法から離れて生きる」となると、それは国際社会からの不名誉《ふめいよ》な孤立《りつ》であり、実際に国益に反することになるのは厳然《げんぜん》たる事実です。

そして憲法は、日本にとってもどこの国にとっても、その国の最高法規です。

日本は、安全保障という国の根幹をめぐって、憲法が国際法と違うと公然と認めてきた国なのです。異様《いよう》な歴史と言うほかありません。

しかも憲法前文には、こうあります。

「（前略《ぜんりゃく》）国際社会において、名誉ある地位を占めたいと思ふ。（中略）われらは、いづれの国家も、自国のことのみに専念《せんねん》して他国を無視《むし》してはならないのであつて……」

それで、どうして憲法が国際法と違っていていいのでしょうか。

国と民を護るために国際法はすべての主権国家に集団的自衛権を認めている。しかし日本だけは認められていないと、憲法によってみずからに課す。

これは、どんな真実を意味しているのでしょうか。

日本は戦争に負けたのだ、ほかの国とは違う、身を縮《ちぢ》めるような生き方が必要なんだ、そういう思い込みが日本の国の国民体内深くに浸透《しんとう》していることを、わたしたちは知るべきではないでしょうか。

もうひとつ、そもそもこの集団的自衛権について、わたしたちは学者らからずっとこう言われてきました。

「集団安全保障と集団的自衛権は違う。前者は国連、後者はアメリカと日本の間のそれなど。だから前者はいいけど、後者は認められない」

むしろ集団安全保障と集団的自衛権の「違い」を知っていることが外交通の証拠みたいに言われてきたのです。

いいえ、集団安全保障と集団的自衛権に、いわば技術的《ぎじゅつてき》な違いはあっても本質的な違いなどありませぬ。

もちろん、国連が集団安全保障という考え方に基づいて創られ、動いているのは本当です。だからその行使には原則《げんそく》、国連決議などが必要です。

これに対して集団的自衛権が国連ではなく、個別《こべつ》の国同士、あるいは特定の国のグループで考えられているのも本当です。

しかし「現代において一国では自国を護りきれない。だから集団で護る」という考え方はまったく共通しているのです。ですから、その違いは手続きの違い、すなわち国連の場で決議などが必要なのか、必要としないのかの違いであって「もはや個別的自衛権だけで護ろうとしない」という考え方は同じです。

そして日本は国連に加盟《かめい》しています。それどころか、アメリカを除くと国連の運営資金《うんえいしきん》を世界でもっとも多額《たがく》に負担《ふたん》している国です。

敗戦国ですから、本来的に戦勝国のための組織である国連の安全保障理事会《あんぜんほしょうりじかい》・常任理事国《じょうにんりじこく》にはなれないでいますが、非常任理事国《ひじょうにんりじこく》は何度も務めています。

つまり国連の主要メンバーであることは疑いありません。

その国連の国連憲章《こくれんけんしょう》には、個別的自衛権と集団的自衛権のいずれも正当であることが明記されています（第五十一条）。

さらには国連憲章には「加盟国は空軍の待機部隊を持たねばならない」という趣旨の義務《ぎむ》も明示《めいじ》されています（第四十五条）。

軍事を抑止力あるいは紛争を解決する力に使わなかった、第一次大戦後の国際連盟《こくさいれんめい》が第二次世界大戦を防《ふせ》ぐことができなかったことを人類が自省して、軍事力こそを平和のために使う組織としたのが現在の国連だからです。

空軍の待機部隊というのは、世界のどこで紛争が起きても、加盟国は国連安全保障理事会の要請《ようせい》ですぐに空軍を飛ばし、戦ってでも紛争を鎮《しず》める義務を負っていることを意味します。

ここでも内閣法制局と同じ奇妙《きみょう》な矛盾が露呈《ろてい》しています。

国連の主要加盟国なのに、国連憲章という最高レベルの国際法に違背して、これまでは集団的自衛権を認めず、待機部隊どころか空軍そのものを持たず、航空に限らず自衛隊は一切、海外で戦えないので加盟国の任務をあらかじめ放棄しています。

敗戦後の日本社会は、教育現場《きょういくげんば》もマスメディアも国連を礼賛してきました。

ぼくは近畿大学経済学部《きんきだいがくけいざいがくぶ》の学生諸君《がくせいしょくん》に、国際関係論《こくさいかんけいろん》の講義《こうぎ》で「国連、国際連合《こくさいれんごう》は実在《じつざい》するか」と問うています。

学生諸君は例によってかなりギョッとして「そりゃ、実在するでしょ。中高でずっと国連のことを教わりましたよ」と答えたり、「ニューヨークに実際に国連本部があるじゃないですか」と答えます。

ニューヨークの中心・マンハッタンのイースト川沿いにある、あの有名なビル群は、国際連合ではなくUnited Nations（UN）の本部です。

UNは「連合国」です。だから連合国本部です。戦争に勝った、アメリカなど連合国がその勝利の果実を手にするために創ったのがUNであり、そのためにアメリカのニューヨークに本部があります。

その意味を明確にするために、戦時中の連合国と同じ名前で新組織を創ったのです。それを勝手に国際連合と名前を変えて訳しているのが、日本です。たとえば中国語では正しく聯合国《れんごうこく》と訳しています。

ぼくもあなたも「戦争が終わって、もう敵《てき》も味方もなく一緒に平和を目指しましょうと国連ができました」という美しい話を教わりました。放っておくと、これからも子供たちが教わるでしょう。

しかし、第二次世界大戦に勝ったアメリカでも、ざっと四十万人以上、フランスなら五十万人以上の死者を出しているのです（敗戦国の日本は推定《すいてい》三百万人以上。それぞれ諸《しょ》説《せつ》あり）。その死によってようやく手にした勝利を、戦後の世界で活かそうとしないはずもありません。

それがむしろ戦勝国にとっては国民への義務でしょう。

だからUNの安保理・常任理事国は戦勝国側の五か国（米英仏露中《べいえいふつろちゅう》）で独占《どくせん》し、拒否《きょひ》権《けん》、すなわち自国が嫌《いや》なことは何でも拒否できるという極端《きょくたん》な特権《とっけん》をこの五か国に与え、そのためにUN全体が機能不全《きのうふぜん》に陥《おちい》っているのです。

それを「敵も味方も無くなった」と、ただの偽善話《ぎぜんばなし》にすり替えているのが日本社会です。

偽善というのは強すぎる表現ではありません。五か国に特権を与えるだけではなく、日本やドイツといった敗戦国はいまだに国連憲章のなかで「敵国《てきこく》」として扱われ、日本やドイツなどに対しては例外的に国連決議無くして侵入しても攻撃《こうげき》しても構《かま》わないという趣旨が定めてあります（第五十三条など）。

UNを資金面《しきんめん》では一番支えている日本のような国に、これはあんまりだということで、この敵国条項は、削除《さくじょ》しようということが国連総会ではいったん一九九五年に決議されましたが、実際には削除されないまま今に至っています。

これを敵も味方も無くなったと教えているのは偽善でなくて何でしょうか。

しかし日本ではずっと「国連外交の最重視《さいじゅうし》」が叫《さけ》ばれ続けています。

それならそれで、なぜ国連憲章を守らないのでしょうか。

国の最高法規である憲法が、国連憲章を頂点《ちょうてん》とする国際法と食い違っていいと、公然と政府機関である内閣法制局が言ってきたのです。

集団的自衛権の容認は、この不条理をようやく一部だけ公正にする歩みと言えます。

学者のなかには「たばこを吸《す》う権利はどの大人にもあるが自分は吸わないということと同じで、国連憲章に定めてあっても、日本の憲法だけ集団的自衛権をやめているのは正当」といった議論を展開する人もいます。

学者の議論は多様でなければなりません。だから、こういった議論も展開されて当然です。ただし、さりげなく「たばこを吸う」といった、今は社会で忌避《きひ》されることの多い行為、他人の健康を害する恐れがある行為を持ち出してくるのは、学説というよりプロパガンダ（特定の意図のある宣伝《せんでん》）に近いですね。


一方で、集団的自衛権を「アメリカの軍事作戦に協力するために使う」という本音が、第二次安倍政権を含め日本政府にありありと見えます。

集団的自衛権は、日本がほんとうの独立を目指して、国際社会での責務《せきむ》を真っ当に果たすために認め直すのであって、独立、自立と逆向きに利用してはいけません。

また第二次安倍政権が、連立与党の公明党への妥協《だきょう》の産物として、集団的自衛権の閣議決定のなかに「国民の生命、自由、幸福追求の権利が根底から覆される明白な危険がある」という限定条件《げんていじょうけん》を入れたのも、間違いです。

曖昧ではあっても「根底から覆される明白な危険」がある場合にだけ限定してしまうと、本来の機能である抑止力、すなわち「日本国民の安全と生存が侵されるのなら、日本単独でも、他国と協力してでも、すぐに対応する」という意義が失われてしまいます。

第二次安倍政権が成したのは、あくまで第一歩、仮の一歩であって、これからわたしたち主権者が本物の安全保障の一環《いっかん》として育んでいき、その過程でこそ憲法改正への国民合意もようやく育っていくでしょう。

本題の十一

もう一度、第九条の全体を見てみましょう。

日本国民は、正義と秩序を基調とする国際平和を誠実に希求し、国権の発動たる戦争と、武力による威嚇又は武力の行使は、国際紛争を解決する手段としては、永久にこれを放棄する。
　２　前項の目的を達するため、陸海空軍その他の戦力は、これを保持しない。国の交戦権は、これを認めない。

　第一項は、第一次世界大戦後にパリで結ばれた不戦条約（日本やアメリカが結んだのは一九二八年）に基づいているから改正の必要がないという意見が、改憲派の中にもあります。あると言うよりは、それが多数派です。

　しかし、ぼくは第一項も含め第九条全体、そして最終的には日本国憲法のすべての条文を新しく創り直そうという立場です。

　後者の、新憲法の樹立《じゅりつ》という理念は、「三の扉」で述べます。

　前者の「第一項と不戦条約との関係」について、この「二の扉」の本題の最後にすこし触《ふ》れておきます。

　不戦条約というのは古い条約ですから、曖昧なところもありますが、要は「国同士が揉《も》めたら何でもかんでも戦争で解決するのはもうやめて、なるべく平和的に解決しましょう」という考え方で、これが集団安全保障の貴重な出発点にもなりました。

だから今、国際紛争が起きると国連（ほんとうはＵＮ）の場で話し合うことが多いわけです。

「前項の目的を達するため」があるから第二項も自衛権は否定してないという考え方は、前項、すなわち第一項が実質、パリの不戦条約と同じであり不戦条約は自衛権を否定していないから、ということも根拠にしています。

しかし、第一項も改正は必要です。

まず、自衛権を認めているのなら、それを憲法に明記せねばなりません。

憲法は、わたしたちの根本法規です。それだからこそ国民の誰でも、すなわち学歴や個人的教養の度合いは基本的に関係なく、あるいは年齢《ねんれい》も子供の時代から、まっすぐにありありと分かる明文でなければなりません。

解釈の余地を複雑《ふくざつ》に残して、学者が潤《うるお》うようなことはいけません。時の政権や政治家が勝手に解釈し直すことがあってはいけません。

そして日本語として成立していなければなりません。

第九条を含む現憲法は、丁寧にこれまで見てきたように英文を色濃《いろこ》く反映《はんえい》した疑似《ぎじ》日本文、ニセの日本語です。

さらに第九条第一項で致命的《ちめいてき》なのは「武力による威嚇」も永久に放棄すると定めていることです。

パリ不戦条約は第一次世界大戦を受けて結ばれた古い条約です。そのために第二次世界大戦の悲惨な犠牲をむしろ糧として生まれた考え方を反映していません。

それは抑止力です。

武力によって威嚇する、脅すのは、もちろん良いことではありません。しかし「不当に国民の安全、生命が脅《おびや》かされるのなら、必ず武力で反撃する」という姿勢を明示することこそ、戦争を抑止します。

現在の第一項の書きぶりでは、その抑止力の効用《こうよう》も全否定されてしまっています。

新憲法で、個別、集団を問わない自衛権の存在と、抑止力の活用、善用を誰でも分かるように明示すべきです。

さぁ、ではその新憲法はどのようなものにしましょうか。

それは、日本のオリジナルな民主主義とは何かということを深く考えることによってこそ生まれる新憲法です。

ですから、次の扉、「ジパング・デモクラシー／日本型民主主義」で考えていきます。

余題の二

（読者のみなさん、この余題《よだい》は本題と違って、扉を超えた通し番号にします。）

ドイツはなぜ、自衛隊ではなくドイツ連邦軍なのか。

ドイツ語ではBundeswehr（ブンデスヴェーア）と言います。前半のBundesはサッカーのブンデスリーガで聞《き》き慣《な》れているひとも多いと思います。「連邦の」という意味です。サッカーでは直訳すれば「連邦リーグ」ですね。

後半のwehrは「防衛」という意味です。また「堤防《ていぼう》」といった意味もあります。全体を直訳すれば「連邦の防衛」あるいは「連邦を守る堤防」。

この「連邦を守る堤防」という組織は陸軍、海軍、空軍それに後方支援《こうほうしえん》の戦力基盤軍《せんりょくきばんぐん》、医療部隊《いりょうぶたい》の救護軍《きゅうごぐん》の五軍で構成《こうせい》されていますから、明確に軍隊です。

二〇一一年までは徴兵制《ちょうへいせい》もありました（現在は中止）。

それなのになぜ、軍という言葉を直接には使わなかったか。それは日本のように憲法や法律の制限があるからではなく、ナチスの軍隊と明確に分けたかったからです。「ドイツは日本と違って、戦争責任を明確に認めたから正しい。日本は認めないから駄目だ」と中国、韓国がしきりに宣伝し、アメリカやヨーロッパでもその説がかなり通用し、当のドイツがそれを日本に対して誇る場合もあります。

ぼく自身、安全保障の仕事でドイツを訪れるとドイツ人がこの議論を持ちかけてきた経験が数多くあります。

そうした時、ぼくは真正面からこう答えます。

「あなたのドイツは、戦争責任を全面的に認めたのではない。ヒットラーのナチスを全否定することによって敗戦後を乗り切ってきたのですね」

ヒットラーは、日本の天皇陛下と極めて対照的に、〝成り上がり者〟です。ここに責任を負わせるのはたやすい。

だから敗戦後のドイツは民主主義体制でありながら、ヒットラーやナチスを擁護《ようご》することだけは表現の自由、言論の自由も認めずに罰《ばっ》しています。

戦争責任がそこにあることを巧《たく》みにアピールしているのです。

しかしナチスはクーデターによって政権を奪取《だっしゅ》したのではありません。選挙を通じて、ドイツ国民の広範《こうはん》な支持によって政権の座《ざ》につき、そこから非合法《ひごうほう》の陰謀《いんぼう》や軍事力も用いて独裁体制《どくさいたいせい》を確立しました。

ドイツがどのように先の敗戦を総括《そうかつ》するかはドイツの主権であり、ぼくも干渉しません。問われれば前述のようにぼくの見方をありのままに述べますが、その是非《ぜひ》を言うことは決してありません。

ここで述べなければならないのは中韓の「日本はドイツを見習って反省しろ」という政治宣伝が嘘であるということです。

さらに、その中韓の宣伝を後押《あとお》ししているのが、日本の前述した「偽《にせ》リベラル派」であることを、わたしたちは今こそ知らねばなりません。

朝日新聞が、韓国や中国と連携《れんけい》して進めてきた、いわゆる慰安婦報道《いあんふほうどう》の一部を誤報《ごほう》（ほんとうは意図的な虚報《きょほう》）だと認めた西暦二〇一四年は、日本の報道界にとって歴史的な年になりました。

しかし慰安婦報道だけの問題どころか、外国と連携して日本を貶《おとし》める、信じがたい報道というものは、もっと根が深いのです。

これは、強い立場の戦勝国に迎合《げいごう》して祖国《そこく》を損《そこ》なうという人間の尊厳《そんげん》を見失う行為ですが、韓国と日本はそもそも戦争をしていません。韓国は戦勝国ではなく、日本と対戦した国ですらありません。

日韓併合《にっかんへいごう》の時代は確かにありました。だがそれは、大韓帝国《だいかんていこく》の皇帝《こうてい》ご自身が北のロシア人の脅威《きょうい》から帝国を守るために日本人を頼みとしたいと、日本側の伊藤博文公《いとうひろぶみこう》らの反対を押し切って国際条約を結んで実現した併合です。

これを、西洋が直接の武力侵攻《ぶりょくしんこう》でアジアやアフリカを侵した植民地支配《しょくみんちしはい》と一緒にしては、客観事実に反します。

韓国は第二次世界大戦後すぐ、「戦勝国だということにしてくれ」とアメリカに繰り返し頼み込みましたが「韓国は日本と戦ったことがない」と断《ことわ》られました。

韓国はまた「戦勝国なんだから竹島（韓国は勝手に独島《トクト》と命名）など日本海の島を欲しい」とも頼みましたが、アメリカのラスク国務次官補《こくむじかんほ》（当時）に正式な書簡《しょかん》で「われわれ（アメリカ）の情報によれば、韓国の一部として扱われたことは一度もなく、一九〇五年頃から日本の島根県隠岐島庁《しまねけんおきのしまちょう》の管轄下《かんかつか》にある」とこれも断られました。

そこで韓国は、日本の占領時代が終わる直前、わずか三か月前の一九五二年一月に竹島を自国領とし兵を侵入させ占拠《せんきょ》してしまった史実があります。これが現在の竹島問題のありのままの発端《ほったん》です。

　在日韓国人あるいは在日朝鮮人のひとも、もちろん日本人も、前述のラスク書簡という明確な物証《ぶっしょう》があり、それをネットで読めるのですからどうぞ学んでみてください。ラスクさんは、のちに有名な国務長官となり、冷静な良心派で知られていました。ラスク書簡の原本はアメリカ国立公文書記録管理局（ＮＡＲＡ）にあります。


　さて、こうした韓国による反日と日本のリベラル報道の連携をドイツに関して述べましょう。

　敗戦後のドイツの大統領のひとり、ヴァイツゼッカー（一般的にはワイツゼッカー）さんが一九八五年五月八日に連邦議会で行った演説が「日本と違ってドイツがきちんと戦争責任を認めている名演説」と日本では扱われ、韓国も盛《さか》んにこれを利用しています。

　この演説のなかで「過去に眼を閉《と》ざす者は、そのために未来に対してもまた盲目《もうもく》となる」と述べたのが、名文句《めいもんく》とされているのです。

　この演説の日は、ドイツが日本に先んじて降伏してから四十周年でした。しかしその時は別段《べつだん》、名演説とも何とも言われなかったのです。

なぜか。演説のなかで戦争責任を謝罪《しゃざい》するといった言葉は無いからです。

ところが、日本で朝日新聞がその年の十一月に「名演説」として取りあげ、岩波書店《いわなみしょてん》の雑誌「世界」も同年十一月号で紹介し、岩波書店は翌年にブックレットも出しました。これを韓国がつかまえ「ドイツは反省しているのに日本はしていない」という宣伝に徹底的に利用しています。

実際は、このヴァイツゼッカー演説では「民族《みんぞく》全体に罪があるということではあり得ない」と述べてナチスに戦争責任を押し付ける意志をむしろ明確にしています。

さらには「当時、まだ子供だったり、生まれてもいないドイツ人が罪《つみ》を告白することは不可能だ。自分で手を下すことはできなかったのだから」とも強調しています。

これを日本の総理が、日本民族全体に……とか日本人が……と置き換えて発言したら、不当なことに間違いなく総理辞任《そうりじにん》でしょう。

日本のリベラル報道は「慰安婦《いあんふ》」や「南京大虐殺《なんきんだいぎゃくさつ》」だけではなく、より根深く、日本国民が捏造《ねつぞう》だといまだ気がつかないところでも史実を「反日」のために変えています。

ドイツ自身は大変にしたたかに、冷戦の米ソ対立もうまく利用して一九五五年にドイツ連邦軍を創りました。

ドイツも大戦後、日本と同じように武装解除されたのです。

しかしドイツが分裂《ぶんれつ》し、東ドイツがソ連主導で再軍備に入ったという不幸をむしろ活用します。それを機に、アメリカや、そして大戦時にドイツの隣国《りんごく》として占領され反ドイツ感情の強かったフランス、さらに爆撃《ばくげき》でロンドンを焼かれたイギリスの許しをいずれも得て一九五〇年にはもう、新ドイツ軍の構想《こうそう》を作り始めました。

そして五年を掛《か》けて戦勝国の最終的な許可《きょか》のもと、ドイツ連邦軍を発足させたのです。

そのドイツ連邦陸軍の将官《しょうかん》に、ぼくはベルリンでこう問われました。

「私は、安全保障に民間の立場から携《たずさ》わっている日本人に会うのは、これが初めてだ。これまで会ったのは、国会議員や自衛隊の将軍たちで、彼らは紙に目を落として、それを日本語で読むばかりだったから、私も何も質問《しつもん》しなかった。しかしミスター・アオヤマ、あなたは英語を話し、そして自由な立場だそうだ。紙も持っていない。私の眼を見て話している。だからわたしもあなたに本音《ほんね》の質問をしていいですか」

ぼくが頷《うなづ》くと、「ふたつ聞きたい」と言いました。

「日本人は賢《かしこ》い。それなのになぜ、アメリカの占領下で憲法をつくったのですか。われわれは憲法ではなく基本法にとどめた。だから改正のハードルも低くてみずから改正していける」

「もうひとつ、その憲法があるからこそ、拉致被害者も取り返しに行けないようですね。しかしそれは逆に、憲法改正の明確な動機があるということだ。賢明《けんめい》なる日本人がなぜ、改正しないのですか」

ぼくは胸《むね》のうちで深く溜息《ためいき》もつきながら、丁寧に答えていきました。その時の答えが、この書物の記述に生きています。

しかしドイツ人が賢くて、日本人が愚かということではないのです。ドイツの新幹線《しんかんせん》を駅で待っていると、時刻表《じこくひょう》では先に行ったはずの列車が後からやって来たりする。技術を誇るドイツですら、そうです。日本の新幹線のような知恵《ちえ》の結晶《けっしょう》は世界にない。

ドイツは負けて負けて、たまに勝って、また負けての国です。だから、もう負けたくないと思って普通のドイツ国民がナチスに夢を託《たく》した。

日本は世界の主要国でたったひとつ、二千年をはるかに超えて一度も負けて占領されたことが無かった。

だからドイツを含め世界の国々は、勝った時ではなく負けたときにこそたいせつな伝統《でんとう》をいかに守るかを自然に勉強、訓練、練習してきた。

日本はその機会が無かった。だから初めて負けたときに、勝ったアメリカの言うことをすべて聞かねばならないと思い込んだだけのことです。

それが七十年を経て、今も続いている。

これさえ分かれば、どうでしょう、これまでの立場の違いを乗り越えられるところがきっと出てくるでしょう。

三の扉　ジパング・デモクラシー／日本型民主主義

本題の一

日本はアメリカに負けて民主主義《みんしゅしゅぎ》を教わったのではない。古くからオリジナルな民主主義を持っている。今もそれはみんなの魂《たましい》の底に脈々と生きて、国と社会に甦《よみがえ》る刻《とき》を待っている。

この根っこを掘《ほ》り起こすことが、日本の、そしてアジアのたった今と未来のために一番の力仕事です。

アジアが中国共産党《ちゅうごくきょうさんとう》の独裁主義《どくさいしゅぎ》の下にすっぽりと入るのか、それともアジアン・デモクラシーとともに政治《せいじ》も経済《けいざい》も育っていくのか。

たとえばアメリカもドイツも、それに命運を左右されます。もはや戦勝国、敗戦国の別はありません。アジアは世界の成長センター、世界経済はアジアを抜《ぬ》きにして生きることができないからです。

日本には、本来の民主主義がある。その証拠《しょうこ》の現場《げんば》を誰《だれ》でも訪《たず》ねることができます。

各地を講演《こうえん》でまわり、その地の日本人と眼《め》と眼を合わせて話すとき、ぼくは「それはどこですか」と聞きます。「ヒントは京都です」

そう聞くと、十人に二人ぐらいは「あ、御所《ごしょ》かな」と答えてくれます。

そうです、京都御所。誰でも訪ねられる場所です。今では一年中、「一般公開《いっぱんこうかい》」として中にも入れます。

御所とは固有名詞《こゆうめいし》ではなく、おんところ、その場所と言うだけです。わたしたちの天皇《てんのう》陛下《へいか》の本来のお住まいはここにしか無いからです。ぼくは英米の士官らに話すときにはThe Place, not the Palace（ザ・プレイス、ノット・ザ・パレス）と表現《ひょうげん》しています。「その場所というだけであり、宮殿《きゅうでん》とは呼《よ》ばない」と。

ちなみに、英米をはじめ諸国《しょこく》の将兵《しょうへい》は天皇陛下にまつわる話を次第に身を乗り出して聞き入ります。最後には、とくにアメリカの士官は涙《なみだ》することも珍《めずら》しくありません。

天皇陛下がいまお住まいの東京の皇居《こうきょ》は、周知のとおり、ほんとうは徳川将軍《とくがわしょうぐん》がみずからを守って、守って住んでいた場所です。

だから深い堀《ほり》があり、砦《とりで》として聳《そび》え、中はまったく見えません。

ところが御所はどうでしょうか。お堀もなく、砦としての護《まも》りもなく、それどころか塀《へい》が低すぎて中が見えてしまいます。

なぜか。

天皇陛下の本来のお住まいは、民《たみ》に襲《おそ》われる心配が無いからです。

ぼくは共同通信京都支局《きょうどうつうしんきょうとしきょく》の若《わか》い事件記者《じけんきしゃ》だった時代、御所の隣《となり》にある京都府警本部《きょうとふけいほんぶ》の記者クラブから夜、この御所の玉砂利《たまじゃり》を踏《ふ》んで空手道場へ通っていました。

暴力団取材《ぼうりょくだんしゅざい》が多く、襟首《えりくび》を組員に摑《つか》まれたときなどに対処《たいしょ》が必要だったからです。

その当時は、何気なく道着《どうぎ》を肩《かた》に、御所の穏《おだ》やかな佇《たたず》まいを月明かりの下に見ながら府《ふ》警本部《けいほんぶ》と道場を往復《おうふく》していました。

やがて大阪支社《おおさかししゃ》の経済部《けいざいぶ》へ異動《いどう》し、そして東京本社《とうきょうほんしゃ》の政治部《せいじぶ》へ上がってから海外出《かいがいしゅっ》張《ちょう》の機会にヨーロッパや中国の王城《おうじょう》を見ることがありました。

そして記者であることを辞め、三菱総研《みつびしそうけん》の研究員を経《へ》ていまの立場になりドイツへ出張していたとき、フランクフルトの空港からベルリンやボンに向かって新幹線《しんかんせん》に乗ることが増えました。

この新幹線はライン川に沿《そ》って走ります。ライン川の切り立った崖《がけ》の上に、さまざまな時代の王城が次から次へと姿《すがた》を現《あらわ》します。ふと考えました。

「なぜ日本の御所だけが、何も護りがないのだろう」。座席《ざせき》でドイツビールを呑《の》みながら、月明かりの御所がよみがえります。

そのあとは出張のたびに、積極的に各国の宮殿や王城を見て回りました。共同通信のサラリーマン記者だった時代よりは、独立総合研究所《どくりつそうごうけんきゅうしょ》（独研《どっけん》）の社長であった時代は、秘書室《ひしょしつ》と事前に相談しておけば、ある程度《ていど》の行動の自由はききました。

分かったことは、日本以外のすべての国の王城は、徹底的《てっていてき》に守られているということです。宮殿によっては、そこまで閉《と》じ籠《こ》もらなくてもと思う場所もありました。わたしたちの天皇陛下の本来のお住まいだけが、世界の例外だと知りました。

なぜだろう。やがて自然に気づきました。天皇陛下だけが、民に襲われる心配がまったく無い君主だからです。日本の天皇陛下は、御自《おんみずか》らよりも民のため、わたしたちのためにこそ生きておられるからです。

たとえばエジプトのピラミッドを訪《おとず》れると、あの古代によくぞここまで数学を活用して正確《せいかく》に造営《ぞうえい》したと、何度見ても感嘆《かんたん》します。

しかしそれは、王様とその家族が存命中《ぞんめいちゅう》だけではなく死してからも自分たちこそが幸せでいたいと、民を使って造《つく》った一種の砦なのです。

たとえば秦《しん》の始皇帝《しこうてい》は、広大な中国大陸に初めて統一国家《とういつこっか》をつくった偉大《いだい》な皇帝です。

しかし自分だけは死にたくないと、民を使って不老不死の薬を探《さが》すよう強《し》いました。

エジプトや中国の悪口を言っているのではゆめ、ありません。

むしろ、これらが世界標準《せかいひょうじゅん》なのです。日本の天皇陛下、世界の言葉で言えば皇帝だけが例外中の例外です。

ぼくは神戸《こうべ》生まれです。

一九九五年一月十七日、神戸はあの阪神淡路大震災《はんしんあわじだいしんさい》に襲われました。末っ子で家督《かとく》を継《つ》げないぼくは、東京の大学へ進学すると決めたとき何人もの友だちに「震災が起きる東京へ何で行くのや。こっちにいろ。地震《じしん》は起きないんやから」と言われました。

ところがその神戸が、未曾有《みぞう》の地震に直撃《ちょくげき》され、ふだん明るい神戸っ子たちが瓦礫《がれき》の下で生きたまま焼かれ、あるいは押《お》し潰《つぶ》され、神戸を含めた京阪神《けいはんしん》地区で六千四百三十四人が殺されました。

発生から二日後の一月十九日、村山富市総理《むらやまとみいちそうり》（当時）が立ったまま急ぎ足で被災地《ひさいち》をまわり、被災者は怒《いか》りに震《ふる》えました。

共同通信政治部の総理官邸担当記者《そうりかんていたんとうきしゃ》だったぼくには「おまえ、総理に言ってくれ。えらそうに見下ろして、何様なんだ。怒りで復興《ふっこう》に手が付かない」という声が友だちからも親戚《しんせき》からもやって来ました。

ぼくは村山さんと歴史や中韓《ちゅうかん》・北朝鮮《きたちょうせん》に対する考え方は一八〇度違《ちが》いますが、村山さんは人柄《ひとがら》のいい正直者です。しかし官僚《かんりょう》が「総理、急いでください。日程《にってい》が詰《つ》まっています」と言うのに逆《さか》らえなかったのですね。

ところが、そのあと一月三十一日に天皇皇后両陛下《てんのうこうごうりょうへいか》が神戸とその周辺だけではなく淡路島《あわじしま》にも行幸啓《ぎょうこうけい》され、被災者ひとりひとりの前に屈《かが》まれて眼を合わせてくださり、「頑張《がんば》ってくださいね」と声を掛《か》けられたために、この怒りの声がぴたりと鎮《しず》まったのです。

ぼくは政治記者として昭和天皇《しょうわてんのう》の吐血《とけつ》から崩御《ほうぎょ》に至《いた》るまでを徹底的《てっていてき》に取材しましたから、宮内庁《くないちょう》にも信頼関係《しんらいかんけい》のある人が何人か居《い》ます。その人々から聞いたのは「陛下にお かれては、お膝《ひざ》の痛《いた》みを持っていらっしゃるのに、そんなことはまったくお顔にも出されずに、痛いお膝を曲げられて、皇后陛下とご一緒《いっしょ》に被災者ひとりひとりに屈まれましたよ」ということでした。

両陛下は、ご自分のお体や痛みよりも、あなたが大事です、民こそが大事ですということを身をもって示《しめ》されました。

それがなかったら神戸の復興はきっと遅《おく》れたと、ぼくも地元の友だちらも信じているぐらい、両陛下の民こそを愛されるお気持ちは深くみんなに伝わりました。

それから十六年を経て、今度は東北を大震災が襲いました。西暦《せいれき》二〇一一年三月十一日のことですね。

時の総理、菅直人《かんなおと》さんがまたしても突っ立って被災地をまわりました。

四月二十一日に福島《ふくしま》を訪れた菅さんが、たった一時間の視察《しさつ》を終えて避難所《ひなんじょ》の体育館を出ようとしたとき、ふだん穏やかな東北の庶民《しょみん》が段《だん》ボールの囲いの中から「もう帰るんですか。そんなに急いで、よく私《わたし》たちのことが分かりますね」、「私らを無視《むし》していくんですかっ」という激《はげ》しい怒りを、総理の後ろ姿に浴びせました。

ちょうどテレビカメラが回っていたところだったから、その様子が国民に伝わります。

カメラも意識《いしき》して菅さんが慌《あわ》てて振《ふ》り向いて戻《もど》ると、福島県の葛尾村《かつらおむら》からこの体育館に避難していたご夫婦《ふうふ》の奥《おく》さまが「総理が来るからって言うから、待っていたんですよ。通り過《す》ぎられたらどんな気持ちか分かりますか。信用できないですよ」と涙しました。

菅総理が「ごめんなさい。知らなかったものですから」と言い訳《わけ》したので、ご主人がもっと怒《おこ》って「ここを通りながら、居るのを知らなかったなんて、それはないでしょう」と詰《つ》め寄《よ》ると、菅総理は「いやいや、通り過ぎるつもりはなかったんです」とまた言い訳でした。

このときも、菅総理の翌日《よくじつ》から天皇皇后両陛下が東北・北関東の被災地への行幸啓を始められ、天皇陛下は膝を深々と屈められて、被災者ひとりひとりといつものように眼を合わせて励《はげ》ましてくださった。

宮内庁の知友によれば、お膝はぎりぎりと音を立てるようで胸《むね》が締《し》め付けられたそうです。

そして皇后陛下も、ほんとうは夜におやすみになれないほど首の痛みが悪化されているのに、やはりひとりひとりに首を曲げて目を合わされて話されました。

皇后さまに「怖《こわ》かったでしょう。もう少し頑張ってね」と声を掛けられた初老の女性は「優《やさ》しい言葉を掛けていただきました」と涙されていました。

ぼくは東北を回るたびに痛感《つうかん》するのです。

両陛下の、民こそを大事になさるお振《ふ》る舞《ま》いがなければ、この東北の大地はもっと復興が遅れているだろうと。

この両陛下の示される生き方を、日本のリベラル派《は》だったら「そうした方が総理より良い人だと思ってもらえるからだ」と言うでしょうか。決して、そんなことは言わない。それだけは言わない。リベラル派どころか、国会の開会式を天皇陛下がいらっしゃるという理由で欠席する日本共産党の人々でも、それは言わない。

ここに、日本の本来の根っこがあります。共有できる基礎《きそ》があります。民こそが大事、民が主、それは民主主義そのものです。

そして天皇皇后両陛下も人間でいらっしゃるから、この生き方をなさるのは、わたしたち日本人が二千数百年をかけて造りあげてきた文化の発露《はつろ》です。

自分のことより人のこと、人のために生きる。それを原点にした民主主義です。

今上陛下《きんじょうへいか》と、支《ささ》えてこられた皇后陛下のお人柄もあります。しかし、そのお人柄も、わたしたちの文化に根ざして、そこから滲《にじ》み出ていらっしゃる。古くから続くものです。

だからこそ、天皇陛下の本来のお住まいである御所に、何も護りは要《い》らないのです。

御所は、ジパング・デモクラシーの現場のひとつです。四季で美しく姿を変えます。もう一度、訪ねてみて、ぼくの言っていることが真実かどうか、味わってみてくださいませんか。

本題の二

何をもって民主主義と言うのか。

まず、わたしたちは民主主義が西洋的なるものと思い込《こ》みすぎていませんか。

学校では、民主主義は古代ギリシャ政治から始まったと教わり、さらに戦争で負けたおかげでアメリカによって日本を軍国主義から民主主義に変えていただいたと教わります。だから、西洋から東洋に持ち込まれたのが民主主義だという固定観念が、想像以上《そうぞういじょう》に私たちに浸透《しんとう》してしまっています。

しかし何が民主主義なのかを、もう一度考えてみましょう。

アメリカの駐日大使館《ちゅうにちたいしかん》は、その公式ホームページの「アメリカについて」というところに「民主主義とは何か」と題して見解《けんかい》を掲《かか》げています。

「民主主義（デモクラシー）の語源《ごげん》は、ギリシャ語のデモス（人民）である」と書き出し、「各地のさまざまな民主主義制度《せいど》には微妙《びみょう》な違いがある」としつつも民主主義には「一定の原則《げんそく》と慣行《かんこう》が存在《そんざい》する」と強調して、アメリカの信ずる民主主義とはこれだ、という「民主主義の原則」を打ち出しています。

その「原則」とは十四もあります。

真っ先に「多数決の原理」を掲げ、言論《げんろん》や信教の自由をはじめとする基本的人権《きほんてきじんけん》の擁護《ようご》、自由で公正な選挙の定期実施《ていきじっし》などを挙げています。そして「全権《ぜんけん》が集中する中央政《ちゅうおうせい》府《ふ》を警戒《けいかい》し、政府機能《せいふきのう》を地方や地域《ちいき》に分散させる」と、いかにも連邦制《れんぽうせい》のアメリカらしい原則を重視《じゅうし》しています。

こう記せば、「あぁ、学校で習った民主主義の原則とそっくりだ」と直感するひとは多いでしょう。

その通り、アメリカはあくまでアメリカ風の民主主義を占領下《せんりょうか》の日本に持ち込んだのです。

日本は連邦制ではありませんが、アメリカは「地方自治こそ民主主義の学校だ」として地方分権《ちほうぶんけん》を占領下の日本に指示《しじ》し、現在でも国会議員も首長もしきりに「地方分権の推進《すいしん》」を説いています。

このメイド・イン・アメリカの「民主主義の原則」のなかでは「民主主義諸国のあり方は多様」と一応《いちおう》は指摘《してき》しつつ、「民主主義諸国の基盤《きばん》は（中略《ちゅうりゃく》）基本的な諸原則の上に置かれている」と締めくくり、要は、アメリカの掲げる原則を守りなさいと説いています。

アメリカは建国からまだわずか二百四十年ほどの若い国です。

おのれの国造《くにづく》りこそ正しいと信じ、それをそのまま他国、世界に当てはめようとします。

しかし日本の民主主義には、第一に、十四もの原則が要るかどうか。それは細則《さいそく》と言うべきものであって、ほんとうの原則はより簡潔《かんけつ》なものではないでしょうか。

日本は実に七世紀という古代に、すでに自前の憲法《けんぽう》を持っています。厩戸皇子《うまやどのおうじ》、後世に尊敬《そんけい》を込めて贈《おく》られた名では聖徳太子《しょうとくたいし》がおつくりになった十七条憲法《じゅうしちじょうけんぽう》です。この成立の時期、いきさつには異説《いせつ》もあり、また当然ながら近代憲法《きんだいけんぽう》とは性格《せいかく》が違います。

ただ、たいへん古い時代にすでに、政、まつりごとを為政者《いせいしゃ》が恣意的《しいてき》に行うのではなく誰もが得心《とくしん》できるルールによって行うという意志《いし》を、日本はこの十七条憲法によって世界にはっきり示しています。

東洋のオリジナルな民主主義の、それは出発点と言っていいでしょう。

ギリシャ型民主主義の「市民」が主役を演《えん》じているのではありません。敗戦後の日本社会は「市民」という言葉が大好きですが、アメリカから持ち込まれた西洋オリジナルの民主主義だけが民主主義と信じ込ませる教育の結果です。

アメリカが英語で原案を書いた日本国憲法は百三条もありますが、十七条憲法はその名の通り、よりシンプルです。

そこで、ひとつの問題提起《もんだいていき》として東洋・アジアの一員、日本では、民主主義とは何かの原則をただふたつに絞《しぼ》ってみることを提案《ていあん》します。

それは「誰をいちばん大事にするか」、そして「物事をどうやって決するか」のふたつだけです。

民主主義でなければ、いちばん大事にされるのは王であったり、独裁者になる。ものごとはその王や独裁者が決める。

逆《ぎゃく》に民がいちばん大事であり、決めるのも民が主導《しゅどう》して決めるのなら、東洋も西洋もなく、それは民を主とする主義です。

本題の三

ひとつ目の「誰がいちばん大事か」ということをめぐって日本型の民主主義がいかに古くから始まっていたか、それがありあり分かる逸話《いつわ》を残された天皇陛下がいらっしゃいます。

それは仁徳天皇《にんとくてんのう》です。

仁徳天皇と言えば、ぼくらはお墓《はか》の話ばかりを教わりました。仁徳天皇陵《にんとくてんのうりょう》（別名や異説もあります）、大阪《おおさか》の堺《さかい》にあるこれが世界最大級の墓だということですね。

それも大切な文化の遺産《いさん》です。しかし、もっとも大切なのは仁徳天皇が生きて、その信ずるところを行われた治世です。

仁徳天皇には「民《たみ》のかまど」という、本来は有名すぎるほど有名だったお話がありま す。ところが現在の教育では、ほとんど教えません。ぼくも学校では一度も教わらなかった。講演会《こうえんかい》で聴衆《ちょうしゅう》のみなさんに聞いてみても「学校で教えてもらった」という人はもはや例外です。

敗戦後の学校教育は、現代史を教えることを避《さ》けていると、よく指摘されますが、実は古代史などにも重大な欠落が生じているのです。

さて、「民のかまど」です。

かまどとは竈《かまど》、今で言えばコンロですね。古代ですから食事をつくるときに木や涸《かわ》かした人糞《じんぷん》などを燃《も》やして火を使います。だから夕食時には竈から煙《けむり》が上がるはずです。

ところが仁徳天皇が、難波高津宮《なにわのたかつのみや》（いまの大阪市内）という都の宮殿から庶民《しょみん》の町並《まちな》みをご覧《らん》になると、夕食時にもその煙が上がらない。

そこで「税《ぜい》が重すぎて、食事がろくにつくれないのだ」と気づかれ、税を取ることを中止された。そのために、御自らの食事が粗末《そまつ》になり、宮殿の屋根の茅《かや》を葺《ふ》き替《か》えることもなさらずに雨漏《あまも》りがするようになり、皇后陛下が仁徳天皇に困窮《こんきゅう》を訴《うった》えられるまでになった。

それでも仁徳天皇は税を徴収《ちょうしゅう》されず、やがてやっと、民の竈から煙が再《ふたた》びいつも上がるようになるのをご覧になって初めて、税を元に戻され、御自らの食事も屋根の葺き替えも、次第に元通りにされた。

これが「民のかまど」です。

ぼくは高校生のとき、この逸話を知って一驚《いっきょう》しました。

なぜなら仁徳天皇は古代の方です。古代に、みずからのお暮《く》らしよりも民衆《みんしゅう》の生活を最優先《さいゆうせん》にされた王や皇帝は、世界のどこにも居なかったはずです。

仁徳天皇は西暦で言えばおそらく五世紀ごろの天皇陛下です。同時代の世界の君主には、たとえば宋《そう》の武帝《ぶてい》や東ローマ帝国《ていこく》のゼノン帝らがいますが、史伝によればおのれの権《けん》力闘争《りょくとうそう》や、おのれが栄華《えいが》を極めようと渇望《かつぼう》することに忙《いそが》しく、仁徳天皇のように無条件《むじょうけん》に民のためにみずからをも犠牲《ぎせい》にされる皇帝や王は、いわばごく自然のこととして見当たりません。

民を優先する賢帝《けんてい》が現れるのは、たとえば立憲君主制《りっけんくんしゅせい》が成立したり、ずっと後の時代のことです。

前述《ぜんじゅつ》のゼノン帝は民の人気を掻《か》き集めようとすることには熱心で、今で言う「ばら撒《ま》き」の施《ほどこ》しなどにも執着《しゅうちゃく》しました。ところが、その底意《そこい》、すなわちほんとうには民のことなど愛していなくて自分が可愛《かわい》いがための保身《ほしん》であることを見抜《みぬ》かれていて、棺《ひつぎ》に納《おさ》められたあとに闇《やみ》の中で息を吹《ふ》き返《かえ》し「余《よ》を許《ゆる》してくれ」と外にありあり聞こえる大声で叫《さけ》び始め、それが三日三晩《みっかみばん》続いたにもかかわらず、民衆がゼノンを憎悪《ぞうお》しそのまま土中に葬《ほうむ》られたという恐《おそ》ろしい伝承《でんしょう》まで残っています。

仁徳天皇はまことに対照的に、民に深く愛されたから崩御されたあと「仁徳」という諡《おくりな》となられました。

日本の天皇陛下はその治世のあいだはすべて今上陛下です。現在の陛下におかれても同じです。先帝も崩御されてから昭和天皇となられました。

仁徳天皇の「民のかまど」が、民衆の支持《しじ》を集めてみずからを有利にされるためではなく、むしろみずからの幸《さち》をお捨てになって民に尽《つ》くされようとしたから、仁と徳の字が選ばれたのです。

こう記しているうち、ぼくの魂《たましい》の奥《おく》にも身震《みぶる》いするかのような改まる気持ち、澄《す》んだ水のような気持ちが湧《わ》きあがってきます。

お気づきですよね？

阪神と淡路の震災現場で、東北の被災地で今上陛下が美智子皇后陛下《みちここうごうへいか》とともにお示しになった、民を主として生きる姿勢《しせい》とまったくと言っていいほど同じです。

現代日本《げんだいにっぽん》の偽《にせ》リベラリズムに染《そ》まったひとでも、あるいは天皇のご存在を否定《ひてい》する共産党員でも、ここだけは違いは乗り越えて両陛下のお振る舞いを「ご自分を有利になさるためではない」と分かっています。

仁徳天皇は第十六代天皇、西暦ではおそらく五世紀のかた、今上陛下は第百二十五代、今は二十一世紀です。

気の遠くなるような時空を超《こ》えて、生きる志《こころざし》を繋《つな》げておられます。その志は、わたしたち日本の民が永《なが》い時間をかけて築《きず》いてきた高い志です。

ただ一度の敗戦で、否定されるものでは到底《とうてい》ありません。

敗戦後と敗戦前を分けるのが、われらの本来の歴史でもありません。

沖縄戦《おきなわせん》で少年少女も自決し、原爆《げんばく》を投下されみんながどろどろに溶かされた酷《ひど》い敗戦をも貫《つらぬ》く、まっすぐな背骨《せぼね》を知ることが、日本の歴史を学ぶことの柱の一本です。

にんげんの歴史ですから、日本にも困《こま》ったこと、間違《まちが》ったことは沢山《たくさん》あります。しかし、それは「民のかまど」を教えない理由には何らなりません。

イギリスの国旗ユニオンジャック、アメリカの星条旗《せいじょうき》、フランスの自由、平等、友愛を表す三色旗。いずれも血塗《ちぬ》られた惨《さん》たる歴史を持っています。しかし誇《ほこ》りを持って空に掲げられ、それぞれの民主主義に生きる国民はその国旗を仰《あお》ぎ見て、胸に手を添《そ》え、国歌を歌いあげます。

一度戦いに敗れたからといって国旗を拒《こば》み、国歌を生徒に歌うなと求める教師《きょうし》がいる国は、この広い世界のどこにも日本以外には存在していません。

さぁ、「民のかまど」を歴史の教科書に入れませんか。子供《こども》を持つ親の力と、目覚めた教師の志で、それを日本中の学校で実現しませんか。

本題の四

著名《ちょめい》な国立大学の先生から一度、手紙を頂《いただ》いたことがあります。

「あなたを信頼《しんらい》して講演を聴《き》きに行ったのに、伝承に過ぎない『民のかまど』の話を聞かされた。仁徳天皇自体、実在《じつざい》しないと思われる。神話ではないが神話に近いような伝承をなぜ真実味を込めて熱心に話すのか」という趣旨《しゅし》が書かれてありました。

ぼくはまず、わざわざ手紙を頂いたことに、こころから感謝《かんしゃ》しました。

そして、こう返したのです。

「仰《おっしゃ》るとおり、仁徳天皇はおふたりの天皇陛下を合わせて創《つく》られた天皇像《てんのうぞう》だという学説が、播磨国風土記《はりまのくにふどき》などを頼《たよ》りに出されていたり、諸説《しょせつ》あります。『民のかまど』も、記紀《きき》（『古事記《こじき》』と『日本書紀《にほんしょき》』）による創作《そうさく》だという説もあります。ぼくは、ぼくなりに資料《しりょう》を読み込んで仁徳天皇は実在され、たとえば皇后陛下にとってはすこし頭の痛いところのあった、いわば人間的なお方だと考えていますし、『民のかまど』もまさしく実話だと判断《はんだん》しています。しかし、このお返事の肝《きも》はそこにはないのです。僭越《せんえつ》ながら、仰っていることは、話が逆《さか》さまだと考えます」

「もしも仁徳天皇の人間像も、『民のかまど』の逸話もみな創作で、神話に近いものだとするのなら、それは実在された天皇陛下の実話であるよりも、もっと凄《すご》い。はるかに強烈《きょうれつ》な日本の誇りです。われらアジアでいかに成すべきかを考えるための、より大切な宝物《たからもの》になります」

「なぜなら、創作であればあるほど、記紀が編纂《へんさん》された奈良時代《ならじだい》という古い時に、民こそが主である、おのれの欲《よく》を超えて民に尽くすことこそが指導者《しどうしゃ》であるという現代の民主主義のもっとも高い理念を、すでに持っていたことになります」

「これこそ誠《まこと》に失礼ながら、お手紙から覗《うかが》えるのは、神話であるのなら、それは駄目《だめ》だという観念《かんねん》ではないでしょうか。ギリシャ神話ならなぜロマンで、日本の神話ならなぜ右翼《うよく》的《てき》な話なのですか」

「神話や伝承は、洋の東西を超えて、その民族《みんぞく》や国民の理念、哲学《てつがく》そして本音を表すものです。神話や伝承に、オリジナルな日本型民主主義の根本哲学が盛り込まれているのなら、そこにこそわたしたちは学び、活《い》かすべきを活かして、敗戦から今日《こんにち》まで日本国民を分けて分けて分けてきた日々を乗り越えていく力にすべきではないでしょうか」……教《きょう》授《じゅ》からの返信は、ついにありませんでした。

それでもぼくは今も感謝しています。

たった一通づつの手紙のやり取りであっても、こうした議論を通して、ぼくもささやかな哲学を整理できる。

ぼくは逆転《ぎゃくてん》の思想を説いているのではありません。

逆転の発想は、とても効果的《こうかてき》な刺激《しげき》です。ものごとを考えぬくために、頭の中で逆転に逆転を重ねて視点《してん》を変えることは、きわめて有効《ゆうこう》です。

しかし最後には、逆転に頼ってはいけません。逆転を最後まで続けると、哲学や思想を文字によって定着するときに、レトリック（修辞《しゅうじ》／言葉と文章の意外な使い方で思想を飾《かざ》る技法《ぎほう》）に走ることになるからです。

思想に過剰《かじょう》なレトリックがあってはならないと考えています。マルクスの「資本論《しほんろん》」は、レトリックの塊《かたまり》です。ある説を提示《ていじ》すると、必ずその後に逆説を置く。ドイツの思想書にはその傾向《けいこう》が全般的にあるようにも思います。ドイツ語の言葉としての特徴《とくちょう》でもあるのでしょう。しかし「資本論」のそれは、あまりに過大《かだい》です。だから、社会改革の書なのにリアリズムから逸《そ》れていったのだと考えています。

もはや右でも左でもなく、まっすぐ順当に考えてみる。

それをこの書を通じて、さらに一緒に試みていきます。

本題の五

さぁ、次は「物事をどうやって決するか」をめぐってジパング・デモクラシー、日本型民主主義の根っこを考えます。

これも古代に重大な手掛《てが》かりがあります。

十七条憲法です。

学校でこの名前を聞かなかった人は、ほとんど居ないでしょう。一方で真の意味を教わった人も、ぼく自身を含《ふく》めてほとんど居ないのではないかと危惧《きぐ》します。

前述のように西暦で言えば七世紀の初め頃《ごろ》に成立したのではないかとされ、創られたのは、後に聖徳太子と呼ばれた厩戸皇子です。

例によって異説があり、江戸時代《えどじだい》から「後世の偽作《ぎさく》だ」と主張《しゅちょう》する学者もいます。

しかし、古ければ推古天皇《すいこてんのう》の御代《みよ》の七世紀に、新しくとも奈良時代の八世紀にこうした「規範《きはん》をもって集団統治《しゅうだんとうち》する」という考え方が明確《めいかく》に登場していたことは、日本の本来の政治のあり方を物語ります。

その十七条憲法のいのいちばん、冒頭《ぼうとう》にこうあります。

一曰。以和爲貴

この漢文を読み下すと、こうなります。

一に曰《いわ》く。和《わ》を以《もっ》て貴《たっと》しと為《な》し
そして現代語に訳すと有名な一文になります。

第一条　和をもって尊《とうと》しとなし

和をもっとも尊重《そんちょう》しなさい、とは何を述《の》べているのか。これは、事の決め方を簡素《かんそ》な表現で定めています。
すなわち、物事を決めるときに多数決で押《お》し切ったり、権力者が独裁的に決めるのではなく、違いを残したまま和合するというやり方を尊重する。
そしてこの第一条は、終わりの第十七条と呼応《こおう》しています。

十七曰。夫事不可独断。必與衆宜論。少事是輕。不可必衆。唯逮論大事。若疑有失。
故與衆相辨。辞則得理。

読み下し文は略して、現代文だけを書いてみると――

第十七条　ものごとはひとりで判断してはいけません。必ずみなで論議《ろんぎ》して判断しなさい。些細《ささい》なことであれば必ずしもみなで論議《ぎろん》せずともよい。ただ重大事を議論するときには、誤《あやま》った判断になるおそれを知り、みなで考えれば、理にかなう結論《けつろん》を得られるだろう。

どうでしょうか。

衆議《しゅうぎ》に決する。それが民主的な決定プロセスの肝です。それを実に丁寧《ていねい》に分かりやすく説いて、定めています。

背景《はいけい》には、個人それぞれの意見や考え方、生き方の違いを尊重する姿勢のあることが、はっきり伝わってくる、とても柔《やわ》らかな定めです。

近現代《きんげんだい》の日本社会では、横並《よこなら》びが求められがちです。社会の実像《じつぞう》を映《うつ》すのは、ひとつにはマスメディアです。日本のマスメディアは個性《こせい》ある報道《ほうどう》よりも、せっかく幾《いく》つも報道機関があるのに、似《に》たような記事やニュースの作成が記者やディレクターに常《つね》に求められます。

ぼくは、およそ二十年の記者生活のあいだ「特オチ」を恐《おそ》れるデスクらを多く見てきます。

した。テレビドラマや映画《えいが》ではいつも「特ダネ」を追う記者ばかりが出てきます。しかし実際には、日本の報道機関の幹部は、他社にないニュースを発掘《はっくつ》する「特ダネ」を待望するよりも他社がどこもやっているニュースを自分のところはやっていないという「特オチ」こそを強く恐れるのです。

こうした現象《げんしょう》は、日本以外には世界のどこの国のマスメディアにもありません。

大学キャンパスに就職活動《しゅうしょくかつどう》をする学生の姿が目立つ季節になると、ぼくは近畿大学《きんきだいがく》の学生諸君《がくせいしょくん》にこう問いかけます。

「なぜ、女も男もみんな同じダーク系《けい》のスーツ、同じ髪型《かみがた》になるんだ。社会に出るときこそ個性をアピールして、自分のやりたい仕事に就《つ》けるよう挑戦《ちょうせん》すべきだろう。やっていることが逆さまじゃないか?」

「そうは言っても、個性なんか発揮《はっき》したら就職できないと、きみは思っているね。しかし現実に、もしもぼくが個性を隠《かく》していたら就職できなかった。ぼくは慶應義塾大学《けいおうぎじゅくだいがく》を中《ちゅう》退《たい》し早稲田大学《わせだだいがく》を卒業して、就職の時もう二十六歳《さい》になっていた。それを共同通信の人事部の採用担当の人に、あぁ駄目、駄目、年齢制限《ねんれいせいげん》を超えた学生は入社試験を受けさせないと言われて、そのおかげでおのれの持てる個性をようやく発揮して、どうにか入社した。

評論家《ひょうろんか》みたいなことを言っているんじゃない。不利な条件で就職にチャレンジせざるを得なかった苦しい経験《けいけん》に基《もと》づいて、きみたちに話しているんだよ」

個性を隠す日本社会の特徴は、「過剰な同調を求める社会」と表現することもできます。

しかし日本のオリジナルな憲法である十七条憲法の始まりと終わり、第一条と第十七条をもう一度、見てください。

そこにあるのは違う個性を尊重するからこそ独善的《どくぜんてき》な決定を排《はい》し、衆議による和を求めるという哲学です。

民主主義とは、個《こ》の自由をとことん大事にする理念でもあります。にんげんそれぞれの違いを認《みと》めるということは、まさしく自由を確保《かくほ》することです。

日本の古代のオリジナル憲法は、西洋から東洋・アジアに近代的な科学技術《かがくぎじゅつ》や軍事力が押《お》し寄《よ》せ、それとともに西洋型の民主主義が持ち込まれるより遙《はる》かに早く、およそ一千二百年ほども以前に、とっくに個の尊重を打ち出しています。

本題の六

この十七条憲法は、現代の日本ではふつう、「古代に行政《ぎょうせい》の実務《じつむ》に当たっていた貴族《きぞく》、そして官僚に道徳《どうとく》の規範を提示したものであって、国民が政府に規律《きりつ》を求める近現代の憲法とは違う」と解釈《かいしゃく》されています。

そこには、十七条憲法を、西洋発祥《せいようはっしょう》の憲法に劣《おと》る、ただの古めかしいものだという底意が隠されています。

こうやってわたしたちが刷り込まれてきたことは、極めて根源的な誤り、思い込みです。

現在の憲法をどうするかという、たった今の論議にも、この自覚なき事実誤認《じじつごにん》が深く影《かげ》を落としています。

憲法学者らが基本的に主張しているのは「憲法とは、市民が自由を求め、勝ち取ってきた歴史的経緯《けいい》から生まれたものだから、政府が国民を縛《しば》るものではなく、国民が政府を縛るものだ。したがって憲法を仮《かり》に改正するにしても、日本人の生き方のようなことを盛り込んではいけない」ということです。

これは立憲主義と言われるものです。

憲法学者といっても立ち位置はさまざまで、そうでないと学者は生きていけません。論《ろん》文《ぶん》に多少なりとも新味を出したり、違いを出したりして初めて博士論文《はくしろんぶん》の審査《しんさ》も通るし、大学に職も得られます。

しかし憲法をめぐっては共通している視線《しせん》があります。

それは「ふつうの庶民から有識者《ゆうしきしゃ》、国会議員に至るまで勘違《かんちが》いしている。憲法は政府が国民に指示するものじゃない。国民が政府に指示するものだ。そこを分かっていないから、多くの憲法改正論議が間違っている。分かっているわれわれこそが、それを正してあげねばならないね」という本音《ほんね》です。

ちょっと待ってください。

それはほんとうは、西洋の憲法の歴史に依拠《いきょ》しているのであって、日本オリジナルの視点がすっぽりと抜《ぬ》け落《お》ちています。

そもそもドイツ語なら Verfassung、英語でいえば Constitution（国家の基本的な仕組みを決める規約）と呼ばれる、まさしく西洋的なものを、明治維新《めいじいしん》で日本に持ち込んだときに「憲法」と訳したのが正しかったのかという問題にも繋がると考えます。

明治の世になって十五年目の西暦一八八二年、参議だった伊藤博文《いとうひろぶみ》さんらがヨーロッパに入って、立憲主義の勉強を始めました。そして七年後の一八八九年、明治二十二年に発布《はっぷ》され翌年から施行《しこう》されたのが大日本帝国憲法《だいにっぽんていこくけんぽう》でした。

アジアでは実質的《じっしつてき》に初めての近代憲法でしたから、明治国家の隆盛《りゅうせい》を裏打《うらう》ちし、アジアで唯一《ゆいいつ》、欧米《おうべい》の列強に侵《おか》されない国を造りあげた原動力のひとつになったと言っていいでしょう。

しかし、それだけに「西洋思想による最高法規《さいこうほうき》を、日本国の頂点に据《す》えていいのか」という問題は置き去りにされました。

日本はまず十七条憲法を創り、それからおよそ百年後（異説あり）の文武天皇《もんむてんのう》の時代に、大宝律令《たいほうりつりょう》を定めました。

律は刑法《けいほう》、令はそれ以外の民法《みんぽう》、行政法《ぎょうせいほう》などを指します。ここに古代にして日本は成文法による明確な法体系《ほうたいけい》を定めました。

この先駆性《せんくせい》には驚嘆《きょうたん》するほかありません。

「いや唐《とう》（中国）を真似《まね》しただけだ」と学者からの声が聞こえるようですが、それは違います。

律と令をこしらえるという考え方は確かに当初、唐から伝わっていますが、中国はその後、皇帝たちの私利私欲《しりしよく》によって革命《かくめい》が近現代に至るまで続き、そのために中国には律令制という言葉自体がありません。

しかし日本は、その古代から現在に至るまでずっと「法に基づいて国家を運営《うんえい》する」という哲学とそれの実践《じっせん》が貫かれています。

わたしたちの日常生活《にちじょうせいかつ》にも、この大宝律令は残っています。たとえば日本という国号は、大宝律令で確定《かくてい》しましたし、はんこを押すという何気《なにげ》ない行為も大宝律令で定められたことです。印鑑《いんかん》をきちんと押した文書で官も民も約束を交わし、正確に実行するという文化をつくり、それを今に至るまで続けているのです。

そうすると本当は、根本が異《こと》なるふたつの系統《けいとう》が存在しているのです。

十七条憲法、大宝律令を原点とする、日常生活にまで実は深く浸透している日本オリジナルの法体系と、列強に負けない近代国家の建設を急いだために西洋から持ち込んだ大日本帝国憲法、それをアメリカ軍によって全転換《ぜんてんかん》させられた日本国憲法による法体系、そのふたつです。

後者はもともと、ヨーロッパにおいて皇帝や王があまりにも貴族や国民に対して勝手気ままに私利私欲を発揮して乱暴狼藉《らんぼうろうぜき》を働くから、ついにまず貴族が立ち上がり、そして庶民・国民も立ち上がって革命を起こしていった。その歴史から「国民の側から政府・為政者を縛る」という立憲主義による憲法が生まれたという経緯《けいい》の法体系です。

日本には革命はありません。

中国とも欧米とも違って革命はないのです。

日本社会で安易に「何々革命」という中国語を使うのは、この根本を見失っているからです。

なぜ革命がないか。天皇陛下が、中国や欧米の皇帝、王たちとまことに対照的に民のために私利私欲を抑《おさ》えられることを生きる原則とされてきたからです。

天皇陛下も人間でいらっしゃいますから、さまざまな天皇がいらっしゃった。しかし根っこは、仁徳天皇や今上陛下がお体をもって示されているように「民が主である。民のために天皇も一身を捧《ささ》げ尽《つ》くす。天皇は私利私欲を追わない」という思想が時空を超えて続いているのが日本です。

そしてもう一度言いましょう。その文化を天皇陛下と共に築いてきたのは、民であるわたしたちふつうの日本人自身です。

前述の通り、だから御所に守りはありません。今上陛下と美智子皇后陛下の質素《しっそ》なお暮らしぶりも、両陛下のお人柄だけではなく、日本の深い歴史の裏打ちがあるからこそ、あれほどごく自然に実践されています。

何も力まれずに、被災者のまえで痛むお膝を屈せられ、あなたこそ、民こそ大事です、だから頑張って復興してくださいねとお気持ちを伝えてくださいます。

民を寄せ付けない砦に住む西洋の皇帝や王たちと民のあいだに作られた憲法をなぜ、真似しなければならないのですか。

あくまで西洋の立憲主義に拠《よ》って憲法を考えろという多くの憲法学者、政治学者、評論家、有識者、そして一部の国会議員の視点、主張は誤りです。

ここで提案があります。

日本国憲法を全面改正していき、やがて新憲法が生まれるとき、十七条憲法にならってごく簡素な憲法に生まれ変わることを目指しませんか。

新憲法の最初はまだ、長くてもいい。しかし新憲法といえども、さらに改正をして、最終的には簡潔な憲法を定めませんか。

日本は大日本帝国憲法も一度も改正しませんでした。

一度決めたら、なかなか見直せないという日本の癖《くせ》は改めねばなりません。

日本の古くからの体質《たいしつ》を何もかも良いと思ってはいけません。貫き通すべき、維持《いじ》し続けるべき伝統と、社会と国家の癖のようなもの、あるいは病とは峻別《しゅんべつ》すべきです。

西暦二〇一四年十一月、時の総理の安倍晋三《あべしんぞう》さんが消費税《しょうひぜい》の再増税《さいぞうぜい》の延期《えんき》を決断《けつだん》したとき、大きな役割《やくわり》を果たしたブレーン、内閣官房参与《ないかくかんぼうさんよ》の本田悦朗《ほんだえつろう》さん（静岡県立大学教授）がぼくにこう語られたことがあります。

「消費税増税問題だけにとどまらず、わが国の弱点、即《すなわ》ち、『一度権威《けんい》のあるものが決めたことは、いかに現実離《げんじつばな》れしていても、それを変えてはいけないという空気』が支配してしまうという根本的な問題があると思います。いわゆる『戦後レジーム』（敗戦からずっと続く日本の政治・社会の構造《こうぞう》）が変わらないのも、GHQの作った基本構造は変えてはいけないのだという空気が呪縛《じゅばく》としてわが国を支配しているからだと思えてなりません」

この本田さんは、もともとは大蔵省《おおくらしょう》（現《げん》・財務省《ざいむしょう》）の高級官僚だったのに、水面下で消費再増税を安倍総理にやらせるために凄《すさ》まじい工作までしていた財務省とぶつかって、「民のために、日本のために」という信念を貫いて「ここで増税してはいけません」と総理に進言なさいました。

ぼくはいずれ、ごく簡素な条文に絞り切った新憲法の試案を、国民に僭越ながらお示ししたいと考えています。

本題の七

これまで日本の独創性《どくそうせい》、オリジナリティを中心に丹念《たんねん》に見てきました。

読者のなかには「やはり日本の文化は特異《とくい》なのか」と考えた人もいるでしょう。

これもずっと、わたしたちが教え込まれてきたことですね。「日本文化は普遍性《ふへんせい》がない。世界に出してみると孤立《こりつ》した文化に過ぎない」。その刷《す》り込《こ》みです。

「だから、日本文化の古来の良さを強調しすぎると右翼的だと思われる」と考えて警戒している人もいます。特《とく》にテレビに出たい学者、芸能《げいのう》プロダクションと裏《うら》で契約《けいやく》しているジャーナリスト、評論家、有識者らにそういう人が多いのを、ぼくは長いあいだメディアの現場で目撃《もくげき》してきました。

しかし日本の文化の真実は違います。その根幹《こんかん》で、世界に通じる深い普遍性を持っています。

その証拠、あるいは象徴《しょうちょう》である書物の話をしましょう。

それは「葉隠」です。

これを正しく「はがくれ」と読めずに「はがくし」などと読んでしまう学生や社会人が増《ふ》えていることに、いくらか驚《おどろ》きます。学校でまったく教えることがないから、こうなるのですね。

「葉隠」は、この書名からもその奥深《おくぶか》さ、精神《せいしん》の静まり具合を感じさせる書物です。はがくしと読まれては、すこしだけ笑ってしまいつつ内心で落胆《らくたん》します。

それでもご承知《しょうち》の方も多いと思いますが、「葉隠」は江戸時代中期、西暦で言えば一七一六年ごろに武士《ぶし》の著《あらわ》した一冊《いっさつ》の書です。

アメリカの独立宣言（一七七六年）やフランス革命（一七八九年）と同じ十八世紀ですね。西洋型民主主義が、現在の世界支配に至るその端緒《たんしょ》を摑む頃に、日本のひとりの武士が何を考えていたのか。

九州《きゅうしゅう》は佐賀《さが》鍋島藩《なべしまはん》の藩士《はんし》だった山本常朝《やまもとじょうちょう》さんは主君の鍋島光茂公《なべしまみつしげこう》が病死したために引退《いんたい》し、寂《さび》しい場所に庵《いおり》をつくって隠棲《いんせい》しました。そこに後輩《こうはい》の若手武士《わかてぶし》が訪ねてきます。田代陣基《たしろつらもと》さんです。

この田代さんに聞かれるまま、山本常朝さんが武士の生き方について語り、それを田代さんが書き取って一冊の書にしたのが、「葉隠」です。

だから正しくは、「葉隠聞書《はがくれききがき》」と言います。実に七年近い歳月《さいげつ》をかけて、ふたりの武士が問答を重ね、ようやくに完成しました。

ところが完成直後に、山本常朝さんは「この書は藩から禁書《きんしょ》を言《い》い渡《わた》されるであろうから焼いてしまえ」と田代さんに命じ、その通り田代さんは火に入れてすべて灰《はい》にしてしまいました。

現代にある「葉隠」は、その内容が口伝《くでん》で何種類かのバージョンに分かれて残っているものです。

ぼくは子供の頃、武士の孫娘《まごむすめ》であった母に「これは読んではいけない」と言われました。なぜなのか理由は教えてくれません。禁書として焼かれたらしいとは知っていましたから、ぼくも尋《たず》ねませんでした。

同時にぼくは「おまえは末っ子だから家督を継げない。お兄《にい》ちゃんは長男だから家を継ぎ、お姉《ねえ》ちゃんは親の決めた人と結婚《けっこん》する。おまえだけは勝手にひとりで、自力で生きていきなさい」と物心がつくかつかないかの頃から父母にずっと言われていましたから、家に居るあいだは禁書を読まずにいて、家を出ればすぐに読んでやろうと考えていました。

東京の大学に進学してひとり暮らしを始めると「葉隠」を書店に探しに行きました。大きな書店で簡単《かんたん》に見つかりましたが、思ったより長い。

ぼくの手にした版《はん》で、上中下に分かれていて、しかも退屈《たいくつ》です。

たとえば「城《しろ》の中の会議は、つまらない。だから、ついあくびが出るだろう。そのとき手で額《ひたい》を撫《な》であげろ。または舌《した》で唇《くちびる》をなめよ。そうすると気づかれずに、あくびを止められる」などという趣旨《しゅし》が書いてあります。江戸時代の武士の真面目《まじめ》な暮らしぶりは分かるけれど、それがどうした、という感じです。

これがなぜ禁書などという大袈裟《おおげさ》なことになるのか、さっぱり分かりません。

「葉隠」は、第二次世界大戦のとき軍部によって「葉隠抄《はがくれしょう》」となり、当時の小学校である国民学校で配布《はいふ》されました。「抄」の字の通り、長い「葉隠」のごく一部だけを切り取ったものです。

その「葉隠抄」の中心の言葉であり、「葉隠」全巻《ぜんかん》を通じても最も有名なひとことがあります。


武士道《ぶしどう》といふは死ぬことと見付けたり。

日本の伝統精神である武士道は、死ぬことだと書いてある。だから戦場で死んでこい。そのように軍は、「葉隠」を小学校教育に利用しました。

しかしぼくが母に「葉隠」を読むことを禁じられたのは、これとは関係ありません。母は戦時中のことを数多くぼくに語って聞かせ、実弟が海軍航空隊の戦闘機《せんとうき》乗りとして死したことがいかに誇りかを繰《く》り返《かえ》し、語りました。

戦闘機のプロペラの前に飛行服で立つ弟のたった一枚《いちまい》の茶色い写真を何度もぼくら兄弟に見せ、「これがトモちゃんや」と話しました。

母はその厳《きび》しい家庭教育で、ぼくの背骨を造ったひとです。父は、ありのままに申せば元の領主《りょうしゅ》の家を継いだ家長として、そのおおらかな振る舞いでぼくを教育しました。

ぼくは、その家から放り出されることを宿命として育ちました。いわば武士道の主流《しゅりゅう》派《は》からみれば「葉隠」に何か困る点があるのだろう、軍部うんぬんとは関係ないと、若くても察していました。

「葉隠」はその冗長《じょうちょう》とも言える長さから、「葉隠抄」を配布した軍部の将軍《しょうぐん》のなかで実際に読み通した人はそうは居なかったのではないかという見方もあります。

ぼくも、ずっと「葉隠」を放り出していた時期もありました。

しかし二十歳《はたち》の頃に、おのれの存在を根っこから問うような苦しいこころの時代があり、好きだった慶應義塾大学を、だからこそ勝手に中退してしまい、早稲田大学を一から受験し直すという回り道にも踏み込みました。

禁書の理由が分からないままに手元に置いていた「葉隠」を自然に読み直していました。

と言っても、ぼくの本の読み方は、初めて読む本でも最後のページから前へ猛速《もうそく》で逆に読んでいったりします。その方が全体を摑みやすいからです。だから「葉隠」も、気が向いたページを開いて、その前にも後ろにもどんどん飛んでいって、次第に全体を読み直していくというようなことをしているうちに、やはり、この一節に突《つ》きあたります。


武士道といふは死ぬことと見付けたり。

本題の八

まず、この短い簡素な一節の、凄みすら漂《ただよ》う緊張感《きんちょうかん》と完成度の高さに打たれます。

何も書いてないのに、すべてが書かれてある。

江戸の中期は戦いが何も無くなった時代です。なのに武士はみな長短の重い刀を二本、腰《こし》に差している。いったい何のための刀かと、心のなかでは分からなくなっています。武士はもはや、もののふではなく、朝に城へ登り夕に降《お》りるだけのサラリーマンとなり、あまり意義《いぎ》もない会議が延々《えんえん》と城内《じょうない》で開かれます。武士は何を志《こころざ》して、何をこころの頼《たの》みに生きればいいのか、分からなくなっている。

その情況《じょうきょう》が、何も書かれていないのに「見付けたり」のひとことだけで浮かんできます。

「武士道といふは」の言葉と響《ひび》き合って、「戦いのない時代に、もののふは如何《いか》に生きればいいのか」と悩《なや》んで考えてきたという事実が無言のうちに、それだからこそ尋常《じんじょう》ではない説得力で迫《せま》ってきます。

そして、その間に「死ぬことと」の重大なひとことが静謐《せいひつ》に、置かれています。

これを声高《こわだか》に言われれば「死ぬことと」がただの大言壮語《たいげんそうご》にも感じられるでしょうが、さらりと述べられているから本物の死ぬ覚悟《かくご》がありありと伝わります。

日本はやはり、俳句《はいく》や短歌の邦《くに》であることをも思い起こします。

悩んで悩んで考えた結果、武士道というものは、死ぬことだと最後に分かりました。

現代語で言えば、そう書かれている一節を折に触《ふ》れ眺《なが》めるうち、そうかと気づく刻《とき》がやって来ました。

重大な言葉が省かれているのです。

そのために禁書にもなったのです。山本常朝さんは、それを自覚していたのでしょう。

「死ぬことと」の前に、必ずあるべき言葉が、省かれているのです。

「主君のために」の言葉がありません。

武士という階級が存在していた江戸時代において、武士の任務は主君のために死ぬことです。そして「葉隠」は江戸時代ど真ん中の書物です。

だからほんとうは「武士道といふは主君のために死ぬことと見付けたり」でなければなりません。

実際に戦いは無くとも、建前上は必ず、そう言わねばなりません。平和な時代だから、武士がサラリーマン化している時代だからこそ、余計《よけい》に「主君のために、いつでも死ぬ用意ができていることが武士道である」と言わねばならない。

「いま平和に見えても、いつ、いくさになるかも分からない。だから武士はそれに備《そな》えるという崇高《すうこう》な任務《にんむ》がある」と言って初めて、平和になった時代にもなお、武士だけが帯刀という武装《ぶそう》を許され、町人（都市の住民）、百姓《ひゃくしょう》（農業従事者《じゅうじしゃ》に限《かぎ》らず農村に住む民のすべて）より上位に立って支配《しはい》することができるのです。

ところが山本常朝さんは、肝心《かんじん》な「主君のために」を言わなかった。

なぜか。

山本常朝さんは「死ね」と言っているのではないからです。

相手が誰であっても良い。自分以外の誰かのために死ぬ用意すらできている。そこで初めて人生が愉《たの》しくなる。生きろ。

そう言っているのです。

「葉隠」には、次の一節もあります。

恋《こい》の至極《しごく》は忍恋《しのぶこい》と見立て申し候《そうろう》。逢《あ》ひてからは恋のたけが低し。一生忍びて思ひ死《じ》にすることそ、恋の本意なれ。

現代語に訳してみれば、こうです。

究極の恋、極致《きょくち》に達した恋とは何だろう。それは忍ぶ恋だと、私は見立てていると申しあげよう。逢って思いを遂《と》げてしまうと、恋の熱情《ねつじょう》が冷めてしまう。一生、相手に告白しないまま忍んで、恋しく思ったまま死ぬことこそ、恋のほんとうの境地《きょうち》である。

これを、江戸時代に流行した衆道《しゅどう》（男色《だんしょく》）の話だという学者もいます。ぼくはそうではなくて異性愛《いせいあい》も同性愛《どうせいあい》も区別していないだけだと思いますが、何より、衆道だから忍ぶ恋だとしてしまうと、肝心なことが見えなくなってしまいます。

山本常朝さんは「告白するな」と言っているのです。

恋を告白してしまうと、相手を自分のものにしたいということになり、真に相手のためになりたい、幸せにしたいと言うより、自分の欲を満たしたい、自分が幸せになりたいになる、これを言っているのです。

「武士道といふは死ぬことと見付けたり」の一節と通じていますね。

だからぼくは、この部分を「恋の至極は忍ぶ恋と見付けたり」とあえて短く言《い》い換《か》えることもあります。

この恋の話は、「死ぬことと見付けたり」の一節の真意を見抜《みぬ》く重要な手掛《てが》かりになります。

もう一度申しましょう、山本常朝さんは死ねとは決して言っていない。生きよ、生きて恋の至極も味わえと言っているのです。ここがいちばん肝心です。

これを踏まえつつ、この一節の全体を通してぼくの解釈を述べるなら、次の通りです。

もはや必要も無いのに刀を差しているように、人生はつまらないことが多い。もしも自分のことだけを考えて生きるのなら、人生はもっと空《むな》しい。保身《ほしん》を図《はか》り、たとえば出世もして、うまくやっても最期《さいご》はひとりで死ぬだけである。しかし誰かのために、誰でもいい、恋する人でも、友だちでも誰でも自分ではない人のために死ぬことのできる人生を生きるのなら、初めて人生は空しいものではなくなる。生きよ、若きも老いも生きよ、ただ人のために生きよ。

本題の九

山本常朝さんは、主流派の武士道を「上方風《かみがたふう》のつけあがりたる武士道」と手厳《てきび》しく批判《ひはん》しました。

赤穂浪士《あこうろうし》の討《う》ち入《い》りすら、この、つけあがって謙虚《けんきょ》さを失っている邪道《じゃどう》の武士道に過ぎないと言い切っています。本物の武士道なら、主君が切腹《せっぷく》した後すぐに前後を顧《かえり》みず、損《そん》得《とく》を一切、考えずに仇討《あだう》ちに決起《けっき》すべきだったと論《ろん》じています。

常朝さんは「武士道は死狂《しぐる》ひなり」という言葉も「葉隠」に遺《のこ》しています。

死狂い。

なんという凄絶《せいぜつ》な観念でしょうか。偽善《ぎぜん》を排し、思いあがらず、格好《かっこう》をつけず、無心に行動せよ。それが武士の本分だと、たった三文字で閃光《せんこう》が発するように表現しています。

哲学と行動の美学が、これほどまでに一致《いっち》する言葉を平和の時代に遺すというのは、山本常朝という、江戸や京の賑《にぎ》わいからすれば田舎《いなか》の武士に過ぎなかったひとりの男児が、尋常ではない思索《しさく》の人であったことを物語っています。

一方で、ぼくの父と母を含め主流の、あるいはふつうの武家文化からすれば「上方風のつけあがり」と言われて気分の良いはずはありません。

上方とは、蛇足《だそく》ですが、爛熟《らんじゅく》していた京都や大坂の文化や経済を指しますから、いわば反都市宣言《はんとしせんげん》です。このあたりは時代すら飛び越えて現代の、あるいは現代の先にすら通じる新しさをも感じさせます。その狂いぶりは、なかなか理解《りかい》されなかったでしょう。

しかし、それだけでは禁書にまではなりません。

やはり「武士は主君のために死ね」という建前を軽々と飛び越えて、「おのれを捨《す》て、誰でも良い、人のために生きよ。それでやっと人生は面白《おもしろ》くなる。空《むな》しくなくなる」という境地《きょうち》を説いていることが、破戒的《はかいてき》だったのだろうと考えます。破壊ではなく破戒です。武士道を説きつつ、武士の戒《いまし》めを破ってしまっているのです。

そしてこれが世界の何に通じているでしょうか。

ぼくはイスラエルのエルサレムに入った時に、イエス・キリスト、ぼくのふだんの言葉遣《づか》いで言えば主イエスが十字架《じゅうじか》を背負《せお》われて歩まれた石畳《いしだたみ》の長い坂道を登りました。

ぼくはキリスト教を含めた、いかなる宗教《しゅうきょう》にも入信《にゅうしん》していませんし、今後もすることはありません。ただ、母が日本キリスト改革派教会《かいかくはきょうかい》のクリスチャンでもあったために聖書《せいしょ》に馴染《なじ》んで育ちました。

そこに現れる奇蹟《きせき》、たとえばキリストが十字架に掛けられ落命されて大きな石で封《ふう》じられた墓に葬られたあと、蘇られて、人々の前に生前の姿のまま現れたということは事実であったと、その現地を歩きに歩いて確信《かくしん》しています。

クリスチャンでも、死後の蘇りはなかなかに信じがたいところがあるようです。実際、ぼくの母は長年、教会に通い、牧師《ぼくし》を深く信頼《しんらい》していたにもかかわらず、このキリスト教の根幹をなす奇蹟を、ほんとうは信じてはいませんでした。

しかしクリスチャンならざるぼくは、信じています。だから、ただイエス・キリストと呼ぶのではなく、主イエスとどうしても呼んでしまいます。

主イエスが史実としても生きられたエルサレムの地をまわると、十字架の上で死に至られたことが、人々に何のための命か、命とは何かを教え伝えるためであったということが、まざまざと迫ってくるからです。

迷《まよ》える子羊であるわたしたち人間に、人類に、より分かりやすいように主イエスは生死を超えた姿を、墓の巨石《きょせき》の蓋《ふた》を通り越して現されたのだろうと、自然に感じるのです。

こうした現場は旧エルサレム市街の城壁《じょうへき》で護られています。城壁も昔のままで、ユダヤ教徒が救世主を今も待っている開《あ》かずの門が、城壁の中ほどにあります。

その城壁の外、小高い禿《は》げ山が重なるあたりに涙の形をした小ぶりな教会があります。主イエスが十字架を背負われる前に、涙された場所です。

主イエスは、他人のためにわたしたちひとりひとりのために、すべての人間の罪を背負って贖《あがな》うために、あえて捕《と》らわれ磔《はりつけ》になることを選ばれました。

主イエスが十字架を背負われて歩かれた坂道は、石造りですから二千年の時を経ても、当時の道をほぼそのまま残しています。イエス・キリストをメサイヤ（救世主）と認めるかどうかは宗教観《しゅうきょうかん》で変わりますが実在の人物であることは客観事実《きゃっかんじじつ》ですから、まさしくキリストの裸足《はだし》が踏みしめた石畳であると科学的にも考えられています。

上へ上へと辿《たど》っていくと、最後に、聖書にあるゴルゴダの丘《おか》に着きました。

主イエスの肩から降《お》ろした十字架の上に、主イエスの身体を載《の》せ、広げさせた両手の、その手の平を長い釘《くぎ》で貫いて打ち付け、両足は重ねて甲《こう》の上から長い釘で打ち付け、そして十字架を立てて風と陽に晒《さら》した場所です。

ところが驚いたことに、そのように十字架を立てた穴《あな》がそのまま残っているのです。

左右には、本物の罪人《ざいにん》を磔にした十字架を立てました。主イエスが罪人であるかのように見せかけるためですね。その左右の穴まで、そのまま残っています。

ゴルゴダの丘は、そのとおり丘であろうと思っていましたが、現場を訪れてみると、それは単なる丘ではなく巨大《きょだい》な岩石なのです。土ではなく岩です。だから穴が残っています。フェイク、偽の穴ではなく、現実に十字架を立てるために穿《うが》った穴そのものです。

ぼくはそこに立ち、そして死せる主イエスを最初に降ろした場所を触《さわ》り、葬った墓の中に入ってそこに座《すわ》り、確信したのです。

山本常朝さんのこころも、不肖《ふしょう》ぼくと共に、ここにいると。

自分のためではなく、人のために生きよ。それをできる人だけが、この空しい人生を幸福に生きることができるであろう。

その「葉隠」の精神と、主イエスがゴルゴダの丘で、すべての人間の罪をみずから背負って磔になられた精神と、深く、まっすぐ繋がっています。

ぼくはこの感覚と考えを、以来ずっと、アメリカ、イギリス、フランス、ドイツ、スウェーデン、フィンランド、デンマーク、スイス、イタリア、スペイン、ポーランドなどのキリスト教世界の軍人たち、若い士官から年配の将軍まで安全保障《あんぜんほしょう》の仕事で会ったとき、食事やお酒の時間に話してきました。

最初は、「クリスチャンでもないミスター青山から何の話かな」と首を傾《かし》げている彼らが、やがてじっと聴き入り、そして首を垂《た》れて祈《いの》るような姿勢になり、涙をこぼすのを見てきました。

日本の武士道こそ、世界への類《たぐ》い希《まれ》な普遍性を持っています。

聖書は世界でもっとも読まれた書物です。その聖書の根幹と、日本では学校でも教えられず多くの人に忘れられている「葉隠」が、時間も空間も超えて結ばれています。

巻頭《かんとう》に、この全十一巻はすべて火にくべよと記されている「葉隠」が成立したのは、主イエスが磔になられてから千七百年ほどのちの西暦一七一六年、享保《きょうほう》元年（異説あり）のことでした。

山本常朝さんはそれからたった三年後に、六十一歳で死にました。隠棲してから二十年近くが過ぎていました。

死んだ翌日、常朝さんは庵の前で野焼きにされ、骨《ほね》を風に晒しました。

この武士の文学的才能の高さを物語る辞世《じせい》の句《く》を二句、遺しています。うち一句。

重く煩《わずら》ひて今はと思ふころ　尋入《たずねい》る深山《みやま》の奥の奥よりも静なるへき苔《こけ》の下庵

常朝

その庵の場所をぼくは訪ねてみました（十六頁《ページ》写真㊲参照）。

庵の跡《あと》も何もなく、ただ竹藪《たけやぶ》を風が騒《さわ》がせるだけです。

ぼくはゴルゴダの丘を訪ねたときと同じくらいに魂に響きました。それはまさしく常朝さんにふさわしい、見事に何物もない場所でありました。

常朝さんは「葉隠」も焼いてしまいました。しかし口伝《くでん》で、のちの世の日本人に伝わることは、さらりと知っていたでしょう。

父は六十七歳の現役社長《げんえきしゃちょう》のまま、ある国立病院の医師《いし》の油断《ゆだん》とミスによって突然《とつぜん》に、窒息死《ちっそくし》をして骨となりました。ぜんそくで生涯《しょうがい》、苦しんだ父の喉仏《のどぼとけ》を、若い政治記者になったばかりのぼくは手に取りました。

死に目に会えなかった父を諦《あきら》めきれずに、ぼくは耳の上の遺髪《いはつ》を切り取り自室に置き、お水を捧げてきました。父にとって迷惑《めいわく》であったでしょうが、父は夕暮れの青い時間に寂《さび》しがるような人でもありました。

父の死から四半世紀ほどを経て、母は九十一歳で大きな腎癌《じんがん》を抱《かか》えて死にました。

ぼくは母の棺に父の遺髪を入れ、一緒に焼きました。骨となった母を、神戸のキリスト教共同墓地の石に穿った小さな穴に入れるとき、骨はこぼれて薄《うす》きものは風に舞いました。

刀はおのれのためには抜くな。

しかし人のためには抜け。


これが、わが父母の家庭教育の神髄《しんずい》でありました。

その魂をうちに秘《ひ》めて、ぼくは世界を回ってきました。戦地にも入りました。貧困《ひんこん》と歪《ゆが》んだ富にも直面しました。歳月と経験がぼくに確信を生み落としました。

民を主とする、すなわち互いに他人のために生きようとする日本の理念は、世界を助けるだろう。戦争にただ一度負けたことによって「もはや日本国は理念を持ってはならない」と思い込んで来たことを脱《だっ》し、アジアと世界のために、日本は立たねばならない。

アジアの人々と共に、東洋の民主主義を育むために。

余題の三

ぼくは現場主義をずっと掲げてきました。それは自分だけが現場に行けばいいということではありません。

イラク戦争、旧ユーゴ戦争の戦場をぼくは丸腰《まるごし》で歩きましたが、こうした現場は訓練を経ていないと行ってはなりませぬ。イラクでは、短パンをはいているというだけで若い日本の男性が首を切り落とされました。肌《はだ》を出してはいけないのは女性であって男性はその限りではないという先入観があったのでしょう。

同じムスリム（イスラーム教徒）でも世俗派《せぞくは》から原理主義者《げんりしゅぎしゃ》までとても幅が広く、後者は男女の区別なく肌を出すことがアッラーへの冒瀆《ぼうとく》と受け止めることもあります。

話を戻すと、ぼくは書物でも講演でもラジオでもテレビでも、実はずっと「誰でも行ける現場」を提示しています。

ひとつひとつに「行きましょう」とは申しませんが、胸のなかではいつも「あなたの行く現場がここにもあります」と呼びかけています。

ぼくはテレビタレントでも評論家でも職業的コメンテーターでもありません。仕事はひとりの物書きであることと、たとえば原発テロを実際に防いだり、日本が初めて抱擁《ほうよう》している自前資源《じまえしげん》メタンハイドレートの実物を海底から採り出してくる実務者です。後者は正確に言えば、実務だけを遂行《すいこう》するシンクタンク、独研《どっけん》（独立総合研究所《どくりつそうごうけんきゅうしょ》）の社長および首席研究員として務めました。

講演やラジオ・テレビにビジネスはありません。すべて問題提起です。

ぼくの話はきっかけに過ぎません。あとは日本の唯一の主人公、主権者《しゅけんしゃ》それぞれの個性を活かして考えてほしいと、それをいつも願っています。

講演やラジオ・テレビに二度と呼んでもらわなくて結構《けっこう》なのです。敗戦後の日本、現在の日本社会では特にラジオ・テレビの番組へは「なんちゃってリベラル」でいると、いちばん呼ばれます。

にんげんが、うまくやれば永遠《えいえん》に生きられるのなら、その「なんちゃってリベラル」を演じて芸能プロダクションとも契約し、高額《こうがく》なギャラを得て、例えばテレビ番組に出る人もそれでいいでしょう。

しかしわずか百年経《た》ったら誰もいません。今の赤ちゃんの誰かが仮に生き残っていても、そこからたったの十年か二十年すれば、確実に誰ひとりも居なくなります。

現在のマスメディア、それもむしろ報道系《ほうどうけい》の番組にみられる人間像ほど、ジパング・デモクラシー、日本型民主主義とほど遠いものはないとテレビ局やラジオ局のなかで感じることがあります。

テレビ・ラジオの報道に接《せっ》している主権者や生徒、子供たちよりも、まずご自分のことが第一のようです。受けているかどうか、良い人と思ってもらえているかどうか、いい話をしていると受け取ってもらえているか、そして次も出演《しゅつえん》のオファーが出ますようにと、これが頭のかなりの部分を占めている様子が、隣で番組に参加しているとありありと伝わってくることがあります。

ではは主権者はどうやって、こういう番組出演者によって「なんちゃってリベラル」に誘《ゆう》導《どう》されないようにするのか。

そのひとつが、みずから行くことのできる現場に行くことだと考えます。

観光や仕事のついでで、いいのです。この書物に記した京都御所でもいいですし、たとえばぼくが長年、取り組んでいる沖縄戦をめぐっては、沖縄県民からも忘《わす》れられていた少女たちの自決壕《じけつごう》のある「白梅《しらうめ》の塔《とう》」を訪ねてみてください。

沖縄県民を被害者、本土の日本国民を加害者として分けてきた敗戦後の偽リベラリズムがどれほど酷いことをしているかを知り、沖縄戦をご自分の頭で考えてくださるきっかけにもなり、そして何より、まだ恋も知らない少女で自決なさった沖縄県立第二高等女学校の生徒さんたちが、後世の日本国民の姿を確《たし》かめることができて、やっと報《むく》われます。

そして、もうひとつ「現場」をめぐって、ちいさな提案があります。

それは書物の現場です。

現場とは、身体を動かして歩く現場だけとは限りません。資料や本もまた、現場になることがあります。

こうした「もうひとつの現場」を歩くとき、あえて入門書、解説書の類いは一切読まないこともあっていいと、かねてから考えています。

この「三の扉《とびら》」で取りあげた「葉隠」には、あの超弩級《ちょうどきゅう》の天才であり国士でもある三島由紀夫《みしまゆきお》さんの「葉隠入門」があります。

まことに有名な書ですから、ぼくも二十歳の頃に買い求めました。しかし一度も開くことはありませんでした。

見知らぬ険《けわ》しい山を歩くときには、良いガイドを付けることが基本動作です。だから良い入門書を読んでから、古典に接するのは本来は正しいことです。たとえば「葉隠」は江戸時代ですから、永い日本文学の歴史からすれば古典と呼ぶのをためらうぐらい近い時代の書です。けれども現代の日本語ではありませんから、入門書や解説書はきっと有効《ゆうこう》でしょう。

ただ、ここぞという書の中にある、もうひとつの現場。想像力《そうぞうりょく》を自在《じざい》に駆使《くし》できる現場。そこを訪ねる時には、たまにはガイドを付けずに分け入ってみることも、よろしいかと思います。

「三の扉」に記した「葉隠」の解釈は、ぼくなりに「葉隠」の奥に分け入ってみた解釈です。一般的な諸説とは違うこともあるでしょう。

それは、ぼくが解説の類いを書くつもりはないということにも関係します。

不肖ぼくが試みているのは、ここでも、ひとつの問題提起です。

余題の四

この「三の扉」に、江戸時代のことが出てきます。武士階級が町民と百姓の上に立ち、という趣旨のことを記し、百姓という言葉には（農業従事者に限らず農村に住む民のすべて）という但し書きを付けました。

そのとき、ぼくは近畿大学経済学部《きんきだいがくけいざいがくぶ》のキャンパスにいて、国際関係論《こくさいかんけいろん》を講《こう》じる授業前《じゅぎょうまえ》の控《ひか》え室で、その原稿《げんこう》を書いていました。

机《つくえ》の向こうに、常にぼくに同行するのが任務《にんむ》の秘書《ひしょ》がいました。独研（独立総合研究所）総務部《そうむぶ》秘書室第二課（社長同行担当《たんとう》）の清水麻未《しみずまみ》秘書です。

二十五歳の彼女《かのじょ》に、ふと聞いてみました。「士農工商《しのうこうしょう》という言葉を知ってる?」

ぼくの世代、あるいは敗戦後の多くの世代は「江戸時代には士農工商という階級制《かいきゅうせい》があり、武士の下に農民、その下に職人《しょくにん》、さらにその下に商人がいて、差別の温床《おんしょう》にもなっていた」と学校で教わりました。

ところがこの話が真《ま》っ赤《か》な嘘《うそ》だと次第に分かってきて、現在の学校教育ではもう教えていないはずだし、マスメディアでは差別を助長する用語として使われなくなっているから、若い清水秘書は「士農工商」という言葉をもう知らないかなと思ったのです。

ちなみに、その士農工商をしきりに教えていた頃は、百姓という言葉は農民に対してだけ使う言葉であり、しかも見下すニュアンスのある言葉だと教わりましたね。

これも嘘です。

江戸時代には、士農工商などという身分制《みぶんせい》はなく、あったのは武士と町民、百姓の違いだけで、それも町民は要は都市に住んでいるという意味しかなく、そのなかに工も商もいたわけです。百姓も同じで、農村に住んでいるというだけですから、農だけではなく工（村の職人）も商（村の商人）もそれなりに居たのです。

清水秘書は答えました。

「え？　もちろん、知ってますよ。江戸時代の身分制です」

彼女は有名な進学校を経て国立大学の法学系を卒業しています。ついでにいえば体育会《たいいくかい》馬術部《ばじゅつぶ》の選手だったから、激しいぼくの日程《にってい》にちゃんと付いてこれます。

ぼくは驚きました。

「きみの時代にまだ、そうやって教えていたのか。それは嘘なんだよ」

彼女はもっと驚きました。

「え、え？　そんな話、これまで学校でもメディアでも、どんな勉強会でも聞いたことがありません」

清水秘書は休日に、とても積極的に歴史の勉強会に参加しています。


士農工商は、前述した革命などと同じようにもともと中国語です。身分を固定することを狙《ねら》ってつくられた宗教的な思想体系である儒教《じゅきょう》でも使われた言葉です。ただし中国語での「士」とは武士ではなく、官僚のことです。

これを江戸時代の身分制のように言い始めたのは、明治維新後《めいじいしんご》が最初です。

江戸時代を野蛮《やばん》な過去の遺物《いぶつ》にし、維新を強調する狙いがあったとぼくは考えています。

これがさらに教育現場で一般化《いっぱんか》してしまい社会常識にもなったのは、敗戦後に共産主義・社会主義、さらに反日を掲げる教師がどっと日本の学校に溢《あふ》れてからです。

江戸時代は、士農工商で人間を分けてしまった悲惨《ひさん》な時代であり、階級闘争《かいきゅうとうそう》によってその日本の特質《とくしつ》を打破《だは》せねばならないと学校でふつうに教えていったのです。

これを修正《しゅうせい》したのは、最近、史学者がイデオロギーよりも江戸時代の第一次資料という「現場」に立ち戻るようになったためです。

しかし、この「士農工商という嘘」は反日教師を排除《はいじょ》して済《す》む話ではないのです。

反日教師を抱えているのは日教組《にっきょうそ》（日本教職員組合《にほんきょうしょくいんくみあい》）という組織ですが、その日教組を排撃《はいげき》するだけでは日本は良くなりません。日本国民をまたしても分断《ぶんだん》していくのではなく、連帯《れんたい》すべきを、あるいは連帯できることを連帯することからやり直すべきです。

話を戻すと、士農工商という嘘は、明治以来ずっと続いてきた「江戸時代は野蛮な封建《ほうけん》時代《じだい》だったことにする」という日本の歴史の自己否定《じこひてい》に根ざしています。

明治にはもちろん、日教組はありません。

ぼくらは今、独立講演会という自主開催の講演会を毎月一回、開いています。ふつうの講演会は時間がごく限られていて、質問もほぼお受けできません。そこで時間を無制限に近く用意し（現在は聴講者《ちょうこうしゃ》の健康を考え、原則四時間半）、またありとあらゆる質問にぼくがその場でお答えするのが目的です。

こうした志を掲げている講演会ですから、会場選びにも意を砕《くだ》きます。その会場のひとつは、東京・お台場《だいば》の海が見える会場です。

ぼくは集まられた数多い聴衆《ちょうしゅう》のみなさんに「この海を見て、ぼくらの受けた学校の歴史教育が間違いだったということが、またひとつ分かりますね。何でしょうか」と問いかけます。

みんな、一生懸命《いっしょうけんめい》に考えてくださいます。

今は観光地のお台場は、時代が幕末《ばくまつ》に差しかかる西暦一八五三年にアメリカのペリー艦《かん》隊《たい》が東京湾外《とうきょうわんがい》に姿を現したとき、それを迎《むか》え撃《う》つ砲台《ほうだい》を据《す》えるために湾内に造った「台場」です。

このあたりの時代を教わるとき、みな次の狂歌《きょうか》を習いましたね。

泰平《たいへい》の眠《ねむ》りを覚ます上喜撰《じょうきせん》たつた四杯《しはい》で夜も眠れず

上喜撰というのは、当時の高級なお茶のブランドです。高級で刺激も強いからたった四《よん》杯《はい》飲んだだけでも眠れないだろうということに引っ掛けて、ペリー艦隊の四隻《よんせき》の「黒船《くろふね》」で幕府《ばくふ》が大慌てしていることを皮肉っています。

この狂歌から、ぼくらは学校教育でこう習いましたね。

「日本はわずか四隻の外国船で混迷《こんめい》するような国だった」、「それは江戸期の日本が、鎖国《さこく》によって世界から遅れた国だったからだ」

要は「日本は恥《は》ずかしい歴史を持っている」という教育の一環《いっかん》として、教え込まれました。

しかしぼくは世界の現場を歩いて、話がまったく逆であると、ごく自然に目が覚めていったのです。

江戸時代の日本は、幕末の時代を除《のぞ》いておよそ二百五十年もまったく戦争、内乱《ないらん》いずれも無く、経済も安定して、文化は絢爛豪華《けんらんごうか》に花開き、長きも長い世界史でもほとんど例がないような奇跡《きせき》の時代です。

それなのに、たった四隻の外国船がやって来ただけで、その時代が終わると気がつき、終わらせないと列強に侵されて日本が日本でなくなるとしっかり、官から民まで広く理解しました。

そして、お台場の造営《ぞうえい》から始まって幕末の志士《しし》の「命も要らぬ、金も要らぬ、虚名も要らぬ、地位も要らぬ」という無私《むし》の戦いまで、官民を問わず凄まじい努力と知恵《ちえ》を発揮して、あっという間に明治国家を建設《けんせつ》し、アジアで唯一、列強に支配されない国を打ち立てたのです。

前掲《ぜんけい》の狂歌は、幕府への皮肉ではあっても、根っこにあるその庶民のたくましさ、世をよく見ている知恵、それらもちゃんと受け止めるべきであって、日本の恥《はじ》の歴史のまさしく真逆、世界にない誇りの歴史を表すひとつです。

もうひとつ例示《れいじ》しましょう。

その幕末に、薩英戦争《さつえいせんそう》がありました。ぼくも学校でこう教わりました。前述したように日教組の先生はひとりも居ないミッション・スクールの中高でした。

「大英帝国《だいえいていこく》を相手に、たかが薩摩藩一藩《さつまはんいっぱん》で無謀《むぼう》な戦いをしたために街を焼かれ、兵も市民も殺され、惨敗《ざんぱい》した。日本の野蛮を象徴する戦いだ」

ところが安全保障の仕事をするようになり、相手のイギリスを訪れると、その大英帝国の見方はまったく違うことを知りました。

「日本は、ローカルな薩摩と戦ってみただけで、とても全土は支配できない国だと分かった」

「軍備《ぐんび》は幕末の当時、近代化しておらず、日本全体が相手でもないからわが英国が薩摩藩に砲火《ほうか》の力で楽に勝った。ところがそのあと、もう負けているのに武士は凄まじい切れ味の刀で最後まで抵抗《ていこう》し、市民は、あれほど無残に殺され焼かれているのに最低限《さいていげん》の秩序《ちつじょ》を最後まで維持しようとする。あの日本刀を持った武士が全国《ぜんこく》津々浦々《つつうらうら》にいて、それをこの市民らが支《ささ》えるのでは、恐ろしくて身震《みぶる》いする。支配など考えずに、開国をさせて交易《こうえき》で英国を潤《うるお》そうと考えた。そのきっかけがまさしく薩摩とわがイギリスの戦争だったんだよ」

これが士官学校で戦史を学んだ大英帝国の将軍から若い士官までの原則的《げんそくてき》な認識《にんしき》なのです。

そしてこの情報は、他の列強にも及《およ》んでいき、それが日本が支配、占領されることを防ぎました。

薩英戦争が無かったならば、日本がもう無くなっていたかも知れないのです。

ぼくは、たとえばスイス・レマン湖の古城《こじょう》に並《なら》ぶ刀をはじめヨーロッパの武器《ぶき》を見て驚きました。

あれは刀じゃない。力任《ちからまか》せに人を押し潰し叩《たた》き割《わ》るだけの、まさしく野蛮な代物です。

日本刀は、肩に置かれるだけですっぱり切れてしまいそうな切れ味を至高《しこう》の技術で実現しています。近代砲《きんだいほう》で武装したイギリス兵をも畏怖《いふ》させるのも実は当然です。

日本で教えているのと、世界の常識《じょうしき》はむしろ真逆です。

日教組の先生だけが反日なのじゃない。実は無自覚な反日先生が、広範《こうはん》に存在し、今日《きょう》も明日も子供たちを染めていくことこそ、わたしたちが克服《こくふく》する課題です。

四の扉　光の道

ぼくのささやかな信念のひとつは、天はすべてを見ているということです。

嘘《うそ》やお世辞《せじ》を言っても意味がない。天はすべてをご覧《らん》になっていて、最後には必ず帳《ちょう》尻《じり》を合わせてこられます。嘘やお世辞で乗り切ってきたひとにも、正直に生きてきたひとにも、分《わ》け隔《へだ》てのない帳尻合わせが待っています。

こうやって裁《さば》きもなさる天ですが、一方で、とてもいたずら好きです。だから人の世には、まさかという偶然《ぐうぜん》の出来事や驚《おどろ》きの出逢《であ》いがあります。

天とは何か。

ぼくは主《しゅ》イエスも、アッラーも、お釈迦《しゃか》さまもみな大好きです。こう僭越《せんえつ》にも記すと、それぞれの宗教《しゅうきょう》の信者から叱《しか》られそうです。しかしぼくは多神教《たしんきょう》の邦《くに》、にほんの男児です。どうぞ許《ゆる》してください。草木に宿るという名も無き神さまも、天照大神《あまてらすおおみかみ》も、主イエス、アッラー、お釈迦さま、わたしたちを超《こ》えた存在《そんざい》をすべて合わせて、天と呼《よ》んでいます。

たいせつなことは、われら人間の振《ふ》る舞《ま》いを一天《いってん》の下に晒《さら》し、すべて謙虚《けんきょ》でいることではないでしょうか。

生きる醍醐味《だいごみ》は、大胆《だいたん》でいることです。大胆でいるためにこそ、謙虚でなければなりません。

ぼくはこれをごく簡潔《かんけつ》な英文にして、こう海外の人に話しています。

Modesty to Dare

前者の単語は「謙虚さ」、後者は「大胆であること」です。大胆に生きるためにこそ謙虚でいる。

仕事で日中、議論《ぎろん》した海外の政府当局者《せいふとうきょくしゃ》や軍人と夜にごはんを食べるとき、これを言うと、ふーんという顔になります。そこから天の話になると、一神教の信者が多い彼《かれ》らは多神教文化の考え方に、興味津々《きょうみしんしん》になります。

中国の人々は宗教観《しゅうきょうかん》を語ることがほぼありませんが、ほかは、かつて宗教を否定《ひてい》するソ連だったロシアも含《ふく》めて、さまざまに宗教を語ります。無神論者《むしんろんしゃ》であっても、なぜそうなのかの話がむしろ充分《じゅうぶん》に、そのひとの宗教観を伝えます。

宗教の話もする危機管理《ききかんり》・安全保障《あんぜんほしょう》の実務家《じつむか》はいくらか珍《めずら》しいようで、そのあと、むしろ信頼関係《しんらいかんけい》は深まることがあります。

次に会ったとき、ふだん難《むずか》しい顔の相手が急に笑顔になって「この仕事のあと呑《の》みに行って、またこないだみたいな興味深《きょうみぶか》い話をしよう」と誘《さそ》われることも起きます。

ぼくはこころから喜んで応《おう》じて、たとえば一転、ドライビングの話をしたりします。特にイギリス、フランス、ドイツなどヨーロッパの人は車の話がまた、大好きです。

自動車の運転は人生によく似《に》ていると思います。運転を通じて生きる歓《よろこ》びを掴《つか》むためにも、いざというとき安全を確保《かくほ》して人を傷《きず》つけたりおのれが死したりしないためにも、実は大胆な操作《そうさ》がいちばん有効《ゆうこう》です。

しかしそのためには、どんな時にも謙虚でいないとなりません。自分が路上やサーキットの何かを見落としているかも知れないし、自動車、あるいはレーシングマシンが突然《とつぜん》の不調に見舞《みま》われているかも知れません。

ぼくは下手なレーシングドライバーでもあります。

父は、明治維新《めいじいしん》の直後に創業《そうぎょう》された古い繊維会社《せんいがいしゃ》を経営《けいえい》する、何代目かの社長でした。

前述《ぜんじゅつ》したようにぼくは末っ子で「おまえは家督《かとく》を継《つ》げない。おまえだけは何も受け取れない。自分ひとりで生きていけ」と父母から徹底《てってい》して叩《たた》き込《こ》まれましたから、おかげで多少の自立心が育ち、いまの独立総合研究所《どくりつそうごうけんきゅうしょ》、どことも利害関係を持たず補助金《ほじょきん》の類《たぐ》いも受け取らず、自立、独立《どくりつ》して祖国《そこく》に尽《つ》くすというシンクタンクの創立《そうりつ》にも、小さな試みに過《す》ぎませんが、繋《つな》がっています。

話を戻《もど》すと、綿工連《めんこうれん》（日本綿《にほんめん》スフ織物工業組合連合会《おりものこうぎょうくみあいれんごうかい》）の幹部《かんぶ》も務《つと》めていた父はかつて繊維不況《せんいふきょう》を見て、「日本は沖縄返還《おきなわへんかん》の代わりに、アメリカに繊維産業を売《う》り渡《わた》した」と判断《はんだん》して、工場のうちふたつを潰《つぶ》し自動車教習所に転換《てんかん》しました。

当時まだ草創期《そうそうき》だった教習所は、学生が通うような時代ではなく日曜が休みでした。父は子供《こども》だったぼくに、そこで運転を教えてくれました。閉鎖空間《へいさくうかん》ですから、もちろん合法です。おかげでぼくは十八歳《さい》で運転免許《うんてんめんきょ》を取り、まもなくＡ級ライセンスを取得しレースにいくらか関わっていきました。

しかし「世の中を良くする仕事をしたい」と考えたのと、おのれの当時の未熟《みじゅく》なレーシングスタイルを考えて「これはまもなく死ぬな」と思い、レース活動から遠ざかりました。五十歳を過ぎてから突然、「あのサーキットの空気に戻りたい」と考え、とっくに失効《しっこう》していたＡ級ライセンスを取り直し、今いくらか走っています。ＪＡＦ（日本自動車連盟《れんめい》）の公認《こうにん》レースに参戦したりもします。

サーキットには、まごうことなき死に神もいます。その鎌《かま》の横をかいくぐって走ります。母は入院先のベッドの上で、顔をしかめて「やめとき」と言いました。ぼくは、運転を教えてくれた父の顔を思《おも》い浮《う》かべて、ただにっこりしていました。母は溜息《ためいき》をついて、諦《あきら》めてくれました。

どの父と母から生まれるのかも天の差配《さはい》です。そこから何を受け取って、どのように生きるかは、おのれの自立した考えです。しかしその先に、天は先回りして、さまざまな生きる試練と歓びを用意しています。

宗教観は、第一義的《だいいちぎてき》には死と生をどう見るか、死生観から生まれます。同時に、どのような生きる歓びを見出しているかも大きく影響《えいきょう》するのではないでしょうか。生と死は一体です。死が無ければ生の自覚はありません。人馬一体という運転の愉《たの》しさ、機械と人間の面白い関係、それらを知るきっかけをくれた亡《な》き父に感謝《かんしゃ》しつつ、父母との出逢いを最初として、次から次へと出逢う人との繋がりが、やはりいちばん大きな生きる歓びです。

だからこそ、自分のためよりも人のために生きることが死を超克《ちょうこく》することに、繋がっていきます。

この書は、「ぼくらの祖国」という書の続編《ぞくへん》として書き始め、そして続編というより正編だと思い定めました。

すると、信じられないような出逢いがやって来たのです。

本題の一

「ぼくらの祖国」の冒頭《ぼうとう》に「明けの星の章」と題した章があります。

そこにこのような一文があります。出逢いを語るためにどうしても欠かせないので、やや長くなっても引用します。なお、一部を新しいデータなどに基《もと》づき手を入れたうえでの引用です。

この本（著者注・「ぼくらの祖国」）を書いているとき、ぼくは沖縄《おきなわ》の琉球大学《りゅうきゅうだいがく》の学生からＥメールをもらった。

彼は、きょう卒業して、あすから沖縄県警《おきなわけんけい》の警察官《けいさつかん》になるというその日に、ぼくにＥメールを送ってくれた。

そのなかに、こう書いてある。

「思春期のころから、夢《ゆめ》のない無気力人間だったぼく」

この青年が、ただの無気力なひとだったとは、ぼくには思えない。彼は「夢のない無気力人間」と書いている。そのとおり、何が目標か分からなくて人生に夢を持てなければ、だれでも気力は出ない。ぼくだって受験生のとき、なにを目指して受験するのかが分からなくて、ベッドで突《つ》っ伏《ぷ》しているだけの時間が長く続いた。

彼は、たまたまぼくの話をインターネット上の動画で視聴《しちょう》し、そのあと、こう考えるようになったという。

「自分の欲求《よっきゅう》、私利私欲《しりしよく》だけを追求し続けて死にたくない。人のために生きたい。人のため、社会のため、公《おおやけ》のために、生きたい。人のためになら、たった一度の人生を頑張《がんば》れる、克己《こっき》できる。そう思いました」

この青年にも、無気力だと思うほかない生活が、きっと現実にあったのだろう。それがなぜ、「人のために生きるのなら、気力が奮《ふる》い立《た》つ」と考えるようになったのか。

考えるだけではなく、現実にひとりの警察官として、人のために危険《きけん》な任務《にんむ》にもつこうとしている。それはなぜか。

この青年は「思春期から無気力だった」とみずからを振《ふ》り返《かえ》りながら、それでも沖縄の名門、琉球大学に合格《ごうかく》している。まわりから見れば、やることをやっているひとなのだろう。だけども彼の胸のなかでは、なんのために受験勉強をしているのか、生きているのか分からないところが、あったのではないだろうか。

たとえば名門大学に入れたのだから就職《しゅうしょく》には困《こま》らないというように、そこで思索《しさく》を止めずに、おのれを問いつづける謙虚な姿勢《しせい》があったから突き抜ける日がやってきたのだ。

彼がたまたまネットで視聴したぼくの動画は、まさしく祖国を考える話ではあった。その動画で、ぼくらが長く忘れていた硫黄島《いおうとう》の戦いについて話した。外交・安全保障の専門家《せんもんか》の端《はし》くれであるぼくも、まさしく忘れていたのであり、それは、ぼくにとって、おのれ自身をも問う動画になった。

第二次世界大戦の末期、日本は永い歴史で初めて、自国の領土《りょうど》を外国の軍隊に完全に占領された。それが東京都小笠原村《とうきょうとおがさわらむら》の硫黄島だ。アメリカ軍がこの島を拠点《きょてん》にして東京をはじめ日本の街を爆撃《ばくげき》、攻撃《こうげき》し女性や子供を殺害するのを防《ふせ》ごうと、硫黄島で二万人を超えるかたがたが戦死した。ところが、そのうちざっと半数ほどしか、遺骨《いこつ》となって故郷《ふるさと》に帰っていない。およそ一万二千人ちかいひとが、日本国民から忘れられたまま、島に取り残されている（西暦《せいれき》二〇一七年三月現在）。

その二万人を超えるひとのなかで、たったひとりも、自分の利益《りえき》のために、私利私欲のために戦ったひとはいなかった。考えや年齢《ねんれい》、仕事の違うだれもが、ただただ人のために、祖国、本土の女性と子供のために、そこから育つ次世代のために戦った。その次世代がぼくら自身だ。そのぼくらが、硫黄島を忘れ去ってきたのだ。

ぼくは立ち入り禁止となっている硫黄島に、長い交渉《こうしょう》の末に入り、島で何を見たか、何に触《さわ》ったかを、みんなに伝えた。その動画だ。

しかしこの動画は、ひとつの問題提起、ひとつのきっかけに過ぎない。

琉球大学に学んでいたひとりの青年が生き方を一変させたのは、彼が自分の頭で考えたからだ。

自分の頭で考えたとき、その自分のためだけに生きるのでは救われないと気づくのはなぜか。

そこに祖国が立ち現《あらわ》れる。

「ぼくらの祖国」からの引用はここまでです。

その続編いや正編の本書（編集者注：「ぼくらの真実」）を書き始めたとき、驚きのメールがやって来ました。

メールには本名が書かれています。「ぼくらの真実」ではZさんという匿名《とくめい》にしましたが、ご本人が実名の公開も含めてすべて明らかにすることを快諾《かいだく》してくれましたから、ここでは明かします。自由民主党《じゆうみんしゅとう》の沖縄県那覇市議団《なはしぎだん》のまだ三十歳代前半の若手《わかて》、奥間亮《おくまりょう》さんです。

当の彼に政治宣伝をしたい意図はカケラもありません。それは以下のメールを読んでいただければどなたにも伝わると思います。

那覇市議会議員の奥間亮と申します。

突然のメッセージ、失礼いたします。

「ぼくらの祖国」に書いて頂《いただ》いた、元琉球大学生、元沖縄県警察官で、現在《げんざい》、那覇市議会議員をさせて頂いております。

お礼が申し上げたくメッセージをいたしました。

私《わたくし》が警察官だった時、「ぼくらの祖国」を拝読《はいどく》させて頂き、まさか私のことが書かれていて、感動を通り越して震《ふる》えました。

本当に手が震えました。

私は、警察官として公のために働き社会人としての修業《しゅぎょう》を積んでから、議員に立候《りっこう》補《ほ》しようと心に決めていたので最初から三年で辞職《じしょく》しようと考えていました。

しかし、警察官という仕事は本当にやりがいがあり、多くの沖縄の若者《わかもの》が求めている、いわゆる「安定した収入《しゅうにゅう》」が得られ、その間、私は結婚《けっこん》しこどもが生まれ、簡単《かんたん》に辞職できない状況《じょうきょう》になっていました。

というより、「政治家として世のため人のために働きたい」という夢をあきらめるか、迷っていました。

そんな時、「ぼくらの祖国」に青山《あおやま》さんが私のことを書いて頂き、それを読んで涙がでて震えるほど感動し、天に「夢をあきらめるな。警察官としてではなく政治家、議員として世のために生きよ」と言われているような気がしました。勝手にそう思い込みました。

そして一念発起して、警察官を退職《たいしょく》し、家族や親戚《しんせき》の大反対を押し切って立候補し、那覇市議会議員選挙において、初当選させて頂きました。

ぼくも、この思いがけないメールを読んで驚きました。沢山《たくさん》の出逢いを経験《けいけん》してきましたが、おのれの書いた本の中から突然、若者がむっくりと起き上がって挨拶《あいさつ》をされるような凄《すご》い経験は、ありませんでした。

この最初のメールの終わり近くには、このように書いてありました。

たかが地方議員のはしくれですが、わが国の救国者である青山さんに、少しでもご協力したいと、強く思っています。

私の次の夢は、青山さんと握手《あくしゅ》することと、次の大きな夢は、私が沖縄の若者をたくさん集めて青山さんに講演《こうえん》して頂く、その企画《きかく》をすることです。

本当に、今の私があるのは、青山繁晴《あおやましげはる》さんのおかげです。市議へ立候補する勇気《ゆうき》も、青山さんに頂いたのです。

ぼくはこう返信しました。

奥間亮さん

天の計らいというものを常《つね》に感じつつ、ささやかに仕事をしていますが、奥間さんのメッセージを拝読し、あらためて、ありありと感じました。

ちょうど「ぼくらの祖国」の続編を起稿《きこう》し、そのために「ぼくらの祖国」をみずから再読《さいどく》し、警察官を志《こころざ》す琉球大のこのひとは今、どうされているのかと深く考えたところだったからです。

いつでも握手しましょう。遠いですが、自主開催の「独立講演会」を毎月、東京と関西で交互《こうご》に開催《かいさい》しています。

そして、沖縄タイムスの招《まね》き、あるいは沖縄県庁の要請《ようせい》で沖縄で講演したこともあります。きっと沖縄の若者への講演も実現《じつげん》するでしょう。

政治家に不信が集まっているなか、奥間さんのような動機と志で政治の道を歩み始めたひとは、かけがえのない存在です。

連帯していきましょう。

青山繁晴　拝《はい》

こうやって、ちいさな交信が始まり、そしてそのたった六日後のことです。

このメールがやって来ました。


那覇市議会議員の奥間です。

青山さんに、お伝えしたいことがあります。

実は、昨日の早朝、長女ひなたが、亡くなりました。

生後五か月でした。

原因《げんいん》は不明ですが、乳幼児《にゅうようじ》突然《とつぜん》死《し》症候群《しょうこうぐん》という病《やまい》の可能性《かのうせい》があるそうです。

ついさっきまで元気でしたが、気がついた時には、亡くなっていました。

持病もなく健康で元気でしたが、なんの前触《まえぶ》れもなく、突然亡くなってしまいました。私は、気付いてからすぐに人工呼吸《じんこうこきゅう》と心臓《しんぞう》マッサージをして、その間、救急隊が来るのを待ち、その後に搬送《はんそう》しましたが、息を吹《ふ》き返《かえ》すことはありませんでした。

私は警察官でしたから、娘《むすめ》の顔をみた瞬間《しゅんかん》、もう亡くなっていることは経験から分かりましたが、娘の名前を泣《な》き叫《さけ》びながら、取《と》り乱《みだ》しながらも、心臓マッサージを続けました。お腹《なか》が少しだけ、温かかったので、諦めませんでした。

最後のお医者さんの判断は、お家《うち》ですでに亡くなっていたという判断でしたが、私は初めて、警察官をやっていて良かったと思いました。娘に人工呼吸と心臓マッサージをすることができたからです。できなければ、今頃《いまごろ》、もっと後悔《こうかい》していたでしょう。

しかし、悔《く》やんでも悔やみきれません。

なぜなら、

娘は、私の寝ているすぐ横で、亡くなったからです。

私がもっと早く気づいていれば助けられたかもしれない。

私は娘をまもるどころか、娘が苦しんで、亡くなっているのに、それに気付かず、寝《ね》ていたのです。

一生、悔やみます。

しかし、頑張《がんば》らなくてはいけません。

時間は巻《ま》き戻《もど》せませんから、私がやることは、妻と二歳の長男を幸せにすること、そして自分の仕事を全力でやることです。

私の第一子、いま二歳の長男は、悠（はる）といいます。

名前の由来は、沖縄の晴れ晴れとした空と、そしてもうひとつは、私が尊敬《そんけい》する、夢も希望もない大学生の私に「人のために生きる」という夢と希望を与えてくれた青山繁晴さんの「はる」を頂き、「はる」という名前をつけました。

本当は漢字も同じ「晴」にしたかったのですが、姓名判断《せいめいはんだん》で字画がよくないということで、一番運勢《うんせい》がいい「悠」という漢字をあてました。

そして、亡くなった第二子、長女「ひなた」は、長男の「悠（はる）」のように、暖《あたた》かい名前にしようと思い、みんなを暖かくしてくれるような子に育ってほしいと願い、「ひなた」と名付けました。

五か月間という短い人生でしたが、名前通り、その世界一かわいい笑顔で、みんなを暖かく、幸せにしてくれました。

私は仕事が忙しく、妻《つま》に任《まか》せることが多く、ひなたと過《す》ごす時間は少なかったのにもかかわらず、私が抱《だ》っこすると、誰が抱っこしたときよりも、笑って、嬉《うれ》しそうにしてくれました。妻も「ひなたはパパが一番好きみたいね」と言ってくれるほどでした。

こんなに、つらく、苦しいことはありません。

私は、隣《となり》でひなたが亡くなっていることに気付かなかった。

最愛の娘を、たった五か月でなくしてしまった。

もっともっと、遊びたかった。

娘の成長を見届《みとど》けたかった。

しかし、頑張るしかありません。

いつか私が天にいったとき、
娘に「パパよく頑張ったね」と褒《ほ》めてもらえるように。

明日は、火葬《かそう》して、告別式《こくべつしき》です。

今日はお通夜《つや》、今晩《こんばん》は、家族で過ごす最後の夜です。

思いっきり泣いて、ひなたを愛します。

今晩だけじゃありません、
ずっとずっと、これからも、
永遠に、私はひなたを愛します。

生まれてきてくれてありがとうと伝えます。

長文になりましたが、青山さんに伝えたく、メッセージを送りました。今の私があるのは、青山さんのおかげです。

青山さん、

私はこれからも、市議会議員として、頑張って参ります。これからも、よろしくお願いいたします。いつか、私の妻も、長男のはるも、そして、ひなたの遺影《いえい》にも会ってほしいです。

こんなメッセージを送ってしまって、私事《わたくしごと》で本当にすみません。


二日経《た》って、ぼくはこうお応《こた》えしました。

奥間亮さん
あまりのことに、返信を書くことも、しばらくできませんでした。

ひなたちゃんは、短くとも、幸せいっぱいの人生を送られました。

生きとし生けるもの、短くとも長くとも命の終わりを迎《むか》えます。長さよりも、限《かぎ》られた命のなかでどんな幸せにめぐり逢えたかだけがすべてです。

お父さんの腕《うで》に抱かれる時に、そんなに幸せだったのだから、幸福な一生でいらしたと思います。

奥間さん、悔いることはありません。命はもともと天のもの、どこで亡くなるかをお決めになるのは天です。ひなたちゃんは、世界で一番好きなお父さんの横から、天に帰られました。いちばん安心して帰れる場所だったと思います。

奥さまと、はるくんと、市会議員・奥間亮さんの健康を祈《いの》ります。


人生は誰だって、驚きの連続です。こころが摩耗《まもう》しているときは、その驚きにも気づかないけれど、ほんとうは小さくとも驚きの連続です。

しかし、このようなことがあるのか。

ぼくは、やっとのことで返信を絞《しぼ》り出しましたが、奥間さんから果たして返信が来るかどうか分からないとも思いました。

ぼくもふたりの男の子の父です。若手《わかて》の記者の時代に、こどもが自分の枕元《まくらもと》で亡くなっていれば、仕事は記者の使命感で黙々《もくもく》と続けたでしょうが、ほかのひとに胸《むね》のうちを伝えることはできなかったと思います。

けれども奥間さんはわずか二日後に返信をくれました。


昨日、無事に、気を保ったまま、告別式を終えました。

家に帰っても、娘との思い出がつまった小さなアパートの一室、遺品《いひん》のおしゃぶり、娘が亡くなった寝室《しんしつ》で寝るのは、本当に辛《つら》く、寝ても覚めても、何をしていても悲しみがおそってきます。

しかし、青山さんからくださった「命はもともと天のもの、どこで亡くなるかをお決めになるのは天です」というお言葉や、メッセージ全文を読んで、気持ちが楽になりました。

妻には、大学生の時から青山さんの話をしていたので、妻と一緒《いっしょ》に、青山さんがくださったメッセージを読んで、泣きました。

ひなたのためにも、頑張ろうと思います。

胸や心を引《ひ》き裂《さ》かれるような悲しみが、なにをしていても襲《おそ》ってきますが、残った家族三人、天に昇《のぼ》ったひなたも一緒に四人で頑張っていきます。

青山さんから温かいメッセージを頂き、気持ちが落ち着きました。本当にありがとうございました。今後ともよろしくお願いいたします。

全てのこどもたちが幸せになれるように、私は自分の仕事をしっかりと頑張ります！

本題の二

このさなかに、奥間さんの地元の沖縄で、普天間《ふてんま》（宜野湾市《ぎのわんし》）のアメリカ海兵隊基地《かいへいたいきち》の移転をめぐって新しい紛争《ふんそう》が起きました。

この基地は周りに次第に住宅《じゅうたく》が増《ふ》えていき、今ではアメリカのラムズフェルド国防長官《こくぼうちょうかん》（ブッシュ政権当時）自身がヘリコプターで上空を飛んだとき「もし事故《じこ》があったら悲惨《ひさん》だ。一日も早く移転せねば」と明言した、リスクの高い軍事基地のひとつになっています。

保守派《ほしゅは》の一部からは「軍事基地のリスク、あるいは官民を問わず航空機の発着リスクはどこでも同じだ」という主張《しゅちょう》も聞こえます。日本のマスメディアに決して出てこない冷徹《れいてつ》な視点《してん》を提供《ていきょう》する意義《いぎ》はあります。ただ、事実としては違《ちが》います。

アメリカ海兵隊は、まさしく先兵として真《ま》っ先駆《さきが》けて敵地に侵入《しんにゅう》する戦闘集団《せんとうしゅうだん》です。だから、その基地での訓練も極限状況《きょくげんじょうたい》を想定してほんとうは行うし、いざ戦争になれば大部隊が極めて短時間で出撃《しゅつげき》していきます。

海兵隊に存在意義があるかどうかは、アメリカ国防総省《こくぼうそうしょう》の内部からも「もはや無い」という意見をぼくも聞くことがあります。しかし基本的《きほんてき》には強い抑止力《よくしりょく》を持ちます。それだけにリスクも高くなります。

そのリスクは、住民の命にかかわるとともに、住宅密集地《じゅうたくみっしゅうち》で万一、事故があれば日米《にちべい》同盟《どうめい》が揺《ゆ》らぐという外交・安全保障上の高リスクでもあります。

日米は「住宅地の真ん中にこれ以上、置いてはおけない」と一致《いっち》し、橋本龍太郎総理《はしもとりゅうたろうそうり》とモンデール駐日《ちゅうにち》アメリカ大使（いずれも当時）のあいだで移転に正式合意しました。一九九六年のことです。

翌年《よくとし》には、現在より北の沖縄県名護市辺野古《なごしへのこ》に移転することでも日米が実質合意し、いったんは当時の名護市長や市議会は地域を振興させることを条件に同意、さらに稲嶺恵一《いなみねけいいち》沖縄県知事（当時）も「いずれ日本へ返還《へんかん》、民間空港にする」という条件付きで沖縄県内に海兵隊基地を移転し建設《けんせつ》することを容認したこともあります。

ところが日本政府は、要は反対運動のために移転を未《いま》だに実行できていません。民主党《みんしゅとう》政権《せいけん》で総理になった鳩山由紀夫《はとやまゆきお》さんが「国外に移転する。最低でも県外」とカラ約束をして、それで総選挙に勝って政権に就《つ》き、そのあと実質的に撤回《てっかい》したり、撤回したことを撤回したり迷走《めいそう》を極めたために沖縄県民には反対論がさらに強まりました。

ぼくは専門家の端くれとして辺野古に数え切れないぐらい通い続けてきましたが、この移転計画に賛成《さんせい》したことがありません。なぜなら仮《かり》に沖縄県内に移設《いせつ》するにしても、辺野古が最適地《さいてきち》とは思えないからです。

辺野古になったのは、そこにアメリカ軍のキャンプ・シュワブという基地がすでにあることが大きな理由のひとつです。例えばそこの海岸は日本でありながら日本国民は泳ぐこともできず、アメリカ軍人とその家族の専用《せんよう》ビーチになっています。日本であって日本ではない、そのビーチを眺《なが》め、キャンプ・シュワブからの米軍ヘリの動きなどを見ていると、アメリカの利便を最優先《さいゆうせん》に考えて決めた移転地だと実感します。

辺野古は実際、美しい海です。日本の海です。そこを埋《う》め立《た》てるのなら、辺野古でなければいけないという、日本国民にとっての理由が明示《めいじ》されるべきです。しかし、それは明示されない、というよりできないのです。

ぼくは環境《かんきょう》破壊《はかい》のことだけを言っているのではありません。いかなる環境も変えてはならないのであれば、人間の文明そのものも展開《てんかい》できないし、国民の安全を保障するための施設《しせつ》も造《つく》れません。

そうではなく、地域《ちいき》の人間の活動と、そこの自然をほどよく一致させ環境を活用できる可能性のある場所は特に、その環境に外国の軍事力も入れて大きく変えるには「そこでないといけない」という理由が必要です。

沖縄には、本島以外にも島があり、やんばる（山原）もあります。そのどこにも豊《ゆた》かな自然と、地域の利害がありますから、簡単に「適地はここだ」と決めつけることはできません。しかし少なくとも辺野古が最適地とは思えない。

それでもぼくは仲井眞弘多《なかいまひろかず》・沖縄県知事（当時）と何度もふたり切りでお会いして、「辺野古の埋め立て許可《きょか》のはんこを押《お》すべきです」と勝手な意見を申しました。

なぜか。

民間の専門家だからと言って、個人《こじん》の意見を押し通すべきだとは考えません。それをやると結局、民間は意見を言いっ放しで官僚《かんりょう》の方針《ほうしん》通りになるだけです。官民が、自由な激論《げきろん》を経《へ》たうえで連携《れんけい》すべきを連携するのが民主主義国家の政策決定《せいさくけってい》です。

辺野古が最適地とは思えないぼくの意見は意見として、国家の現実としてはまず、日米合意という国家間の約束をしておきながら国内に反対があるという理由だけで、その約束を履行《りこう》しないのなら、それは国際社会《こくさいしゃかい》で言う「国家」ではありません。

そして長い経緯《けいい》から、とにもかくにも受《う》け容《い》れる態勢《たいせい》が市役所や市議会でいったんは作られたのは、辺野古のある名護市だけです。

もうこれ以上、引き延《ひの》ばすと、引き延ばした分だけ現・普天間基地のリスクを高めるだけですし、日本の国家としての信用が失われて日米同盟がその意味から動揺《どうよう》し、沖縄を狙《ねら》っている中国などを利するだけです。

そして仲井眞知事は、ぼくの意見を聴《き》かれたということはありませんが、国益《こくえき》と沖縄県民の利益《りえき》をきちんとみずから考えられて、はんこを押されました。

軍事やアメリカに絡《から》み沖縄県内に反対論の強いことについて、県内で総スカンを食うのを承知《しょうち》で正々堂々《せいせいどうどう》と行動された知事は初めてです。

ところが、この仲井眞知事の行動をめぐって、この項《こう》の冒頭に記した「新しい紛争」が起きました。

本題の三

その新しい紛争とは何なのか。

先ほどの那覇市議会のとても若い議員、奥間亮さんのメールで見てみましょう。

無事に娘の初七日《しょなのか》も終え、ほんの少しずつ、妻と肩《かた》を支え合いながら前を向いて頑張っているところです。

何をしていても、ふとした瞬間に、亡くなっている娘に心臓マッサージをしている自分の状況が、思い出され、そのトラウマのようなものに苦しみ、悲しみます。

しかし、妻と長男と、天にいった娘と四人家族でこれからも頑張っていきます。

そんななか普天間基地の移設の問題で、自民党《じみんとう》沖縄県連と那覇市議会がごちゃごちゃになっており、妻に寄《よ》り添《そ》う時間が削《けず》られ、さらに私たちを苦しませています。

すでに青山さんのお耳に入っていると思いますが、自民党県連は、以前から内々で辺野古容認を決定しています。ですから今やっている県連の協議は、一種の茶番であるといえます。

また（元は自民党沖縄県連の幹事長《かんじちょう》だった）翁長雄志《おながたけし》・那覇市長（その後に沖縄県知事）は、自民党沖縄県連が「辺野古移転の容認《ようにん》」に方針転換すれば、反対を掲《かか》げている自分がひとりぼっちになってしまうのを恐《おそ》れ、那覇市議会から、「辺野古移設反対」の意見書を改めて決議させようとしています。（中略《ちゅうりゃく》）

翁長那覇市長は、自分がひとりぼっちにならないよう、そして次の沖縄県知事選に立候補して勝つために、意見書を再《ふた》び決議させようと考えています。

私は、普天間基地の危険性《きけんせい》を一刻《いっこく》も早く除去《じょきょ》するため、辺野古への移設が最も早い、betterな手段だと考えます。

私の持論《じろん》は、辺野古への移設の容認です。

しかし、いま辺野古移設を容認すれば、那覇市議会から実質的《じっしつてき》に除外《じょがい》されてしまい、これからやりたい議会活動や、那覇市への恩返しができなくなる心配があります。

早くも政治家としての葛藤《かっとう》があり、非常《ひじょう》に苦しんでいます。

しかしこれ以上、普天間の問題で県民を苦しめたくありません。（中略）

私は、那覇市のために働きたいのに、翁長那覇市長は、普天間問題を次回の県知事選のための「政局《せいきょく》」にして、本当に、うんざりです。

私の勇気のある分だけ、抵抗《ていこう》しようと考えています。

もし私の考えや判断が間違《まちが》っていれば、ぜひ青山さんにご指導《しどう》を賜《たまわ》りたいです。


ぼくはこのメールを、沖縄の清新な風として読みました。

辺野古への移設を容認したはずの沖縄自民党の最高幹部だった人が、そのためのはんこを押した仲井眞知事を倒して知事になろうという話ですから、また新しい揉《も》め事《ごと》が起きたと言うほかないのですが、そのさなかに悲しみを抱《かか》えながらもあえて苦闘《くとう》を試みようとしている若い市議がいる。

その現実感《げんじつかん》と勇気をうれしく思いました。

そこで、次のような返信を出しました。

奥間亮さん
メッセージを何度か読み直しました。

ひなたちゃんの魂《たましい》とともに、那覇市議としての任務《にんむ》を全《まっと》うされようとしていること、強く支持《しじ》します。

ほんらいの政治家は、信念と志がすべてです。

みずからの信ずるところを、いちばん大切になさってください。

奥《おく》さまと家族のために、たとえば市議会からも電話されたりしていると思います。一緒に居《い》るだけがすべてではありません。こころが一緒にあることが実感できれば、それが家族ですね。

ぼくも社会人になってすぐ、すなわち共同通信に入社してすぐ、なかなか家に帰れない生活になりましたが、むしろ家族の絆《きずな》は深くなったと思います。
家族思いの奥間さん、ひなたちゃんとも、奥さま、ご長男とも、絆を深めてください
ね。

原発テロ防止《ぼうし》のために福井県《ふくいけん》へ向かう特急の車内にて

青山繁晴　拝

本題の四

このあと那覇市議会で「普天間基地の辺野古移設に反対する意見書」が全会一致で決議されたのです。

奥間亮市議は退場《たいじょう》しました。

「辺野古移設反対を言ってしまった影響で、もし普天間基地がこれ以上固定化されることになってしまえば、私は宜野湾市民の方々に、顔向けできません。先輩方《せんぱいがた》の議会運営《うんえい》に対しては、怒《いか》りを通《とお》り越《こ》して悲しい思いです」というメールが来ました。

しかし奥間さんは自分に厳《きび》しく、「なぜ反対ではなく中途半端《ちゅうとはんぱ》な退場だったか」と自省

して、その次に那覇市議会が仲井眞知事への抗議《こうぎ》決議《けつぎ》を採択《さいたく》するときには、「私は、明確《めいかく》に反対をします。退場はしません」とメールをくれて、その通り行動しました。

ぼくは彼に、次のようなメールを送りました。西暦二〇一四年の一月五日のことです。

奥間さんの決断に、こころから敬意《けいい》を表します。
わたしは今、海外出張《かいがいしゅっちょう》でパリに居ます。夜明け前です。ドゴール将軍《しょうぐん》は、暗殺されようとしたとき、亡き娘の遺影《いえい》を常に抱《いだ》いていて、その額縁《がくぶち》に銃弾《じゅうだん》が止まって救われました。お嬢《じょう》さんがずっとずっと、奥間さんを見守ってくれるでしょう。
ご家族とともに、新しい年を信念と共に生きられるよう、お祈《いの》りしています。
青山繁晴　拝

すぐ翌日に返信が来ました。

青山さん、いつもありがとうございます。

ドゴール将軍のお話、心にしみました。ありがとうございます。

いつも娘の笑顔が頭に浮かび、もう一度抱いて、ミルクをあげたい。寂《さび》しいです。

娘のためにも、一回しかない人生を懸命《けんめい》に生きるのみです。頑張ります。

……仲井眞知事に対する抗議の意見書に、反対票を投じた代償《だいしょう》は大きなものでしたが、評価《ひょうか》して下さる方が非常に多く、自分の信念を貫《つらぬ》いてよかったなと、振《ふ》り返《かえ》っています。

そして、「ザ・ボイス」（著者注・ニッポン放送のラジオ報道番組《ほうどうばんぐみ》。木曜にぼくが参加していました）を拝聴《はいちょう》させて頂きました。すこし私のことを話して頂いて、嬉しさを隠《かく》しきれませんでした。すぐに妻に報告《ほうこく》しました。

青山さんの本（ぼくらの祖国）に書いて頂いたこともそうですが、夢も希望もない怠《たい》惰《だ》な大学生だった私に、生きる意味を気付かせてくれた尊敬する青山さんに、自分の名前を、「奥間亮さん」と声に出してよんで頂けるなんて、夢のようです。

信じられないくらい、嬉しかったです。

ぼくもすぐ返しました。


あなたは、まさしく沖縄の新しい希望です。

沖縄に、敗戦後日本の思い込み、仕組みを乗り越える動きが出れば、それはどんなに祖国全体にとって大きなことか。

天は、奥間亮さんに、その任務を与えています。

青山繁晴　拝

そして、この年の十一月、沖縄県知事選挙が行われ、前の那覇市長の翁長さんが勝って新知事になり、現職知事だった仲井眞さんは十万票もの大差をつけられる完敗でした。

奥間亮さんから、こんな驚きのメールが届きました。


今回の沖縄県知事選挙の投票日、十一月十六日は、長女ひなたの命日でした。一周《いっしゅう》忌《き》でした。

ですから選対事務所でみなが必死で電話作戦をしている投票日、私は自宅《じたく》で、お坊さんに来て頂いて、一周忌法要をしていました。

知事選挙が十一月十六日だと初めて聞いた時は、なんという偶然かと思いました。「父ちゃん頑張れ！」と天国にいる娘に言われているようで、必死で頑張りましたが、仲井眞知事、そして自民党推薦《すいせん》の那覇市長候補《こうほ》も敗れてしまいました。

長女を失った悲しみと、まっすぐ向き合いながら、この一年間、折れそうな自分の心と闘ってきました。

沖縄では、疑心暗鬼《ぎしんあんき》、人間不信になりそうな政治状況が続いておりますが（中略）離《り》党《とう》はしていません。自民党の那覇市議として現在もずっと活動しております。

私は会派《かいは》には入らず、那覇市議会においては「無所属《むしょぞく》」となりました。

自民党の先輩方は、翁長さんにそのままついていきました。そして共産党《きょうさんとう》や社民党《しゃみんとう》の議員たちと一緒になって、県知事選挙を戦っていました。本当にショックでした。

命日と知事選が重なるとは、これが小説に書いたのであれば「作りすぎだ」と笑われるでしょう。

「天のご意思を感じます」とぼくは彼に短い返信を出しました。

本題の五

この奥間亮さんとの交信が始まった頃、ぼくは「ご承知《しょうち》かも知れませんが、ぼくにとって沖縄はライフワークです」という短いメッセージを送りました。

ぼくは社交辞令《しゃこうじれい》は言いません。ウチナンチュ（沖縄県民）の奥間亮さんだからこう言ったのでは、ありません。

奥間さんが那覇市議に初当選したのとちょうど同じ二十六歳の春に、共同通信に入社し、新米の事件記者《じけんきしゃ》となりました。初めての夏休みに沖縄へ行き、沖縄戦の戦跡《せんせき》をひたすら巡《めぐ》っていました。すると個人タクシーの運転手さんに「あなた、記者なのか。じゃあ、行くところが違うんだよ」と連れていかれたのが「白梅《しらうめ》の塔《とう》」だったのです。

沖縄では多くの戦跡が観光地にされています。この運転手さんと、有名な「ひめゆりの塔」に行くと、入口でもう大声で花や土産品《みやげ》を買うように迫《せま》られました。その後に運転手さんはぼくが記者だと知ったのです。

ひめゆりの塔は、学徒看護隊《がくとかんごたい》の少女たちが自決した場所です。アメリカ軍は硫黄島を落としたあと、沖縄に殺到《さっとう》しました。そのとき全国から、普通のサラリーマンや学校の先生、農漁民などなどの日本国民が兵士となって沖縄に入り、アメリカ軍の侵略《しんりゃく》を食い止めようとしました。

昔話ではありません。ぼくで言うと父と母、近畿大学で教えている若い学生たちでもまだ曾祖父《そうそふ》、曾祖母《そうそぼ》の世代まで行かない身近なおじいさん、おばあさんの時代のことです。

頭が割《わ》れ、はらわたが飛び出たぼくらの先輩のために、アメリカ軍の爆撃《ばくげき》、艦砲射撃《かんぽうしゃげき》の鉄の雨のなかを水や薬を探《さが》して這《は》いずり回り、切断された足や腕を持って走り、命を賭《と》して看護してくださったのは十五歳から十七歳ほどの沖縄の女学生たちです。

当時ですからまだ恋も知りません。外国旅行も知りません。

その女学生たちが、今の言葉で言えば学徒看護隊ですが、ひめゆり隊だけではなく全部で九つあったのです。

ひめゆり隊は、沖縄県立第一高等女学校（一高女）と沖縄師範《しはん》学校女子部のいわばエリート女学生の隊だったから、何度も映画化《えいがか》され、皇太子殿下《こうたいしでんか》ご夫妻《ふさい》（当時）も行啓《ぎょうけい》されたからウチナンチュ（沖縄県民）、ヤマトンチュ（本土の日本国民）のいずれにも記憶《きおく》され観光地になった。

ところが残りの八つ、二高女、三高女、そして私立の女学校や農業専門の女学校の学徒看護隊はウチナンチュからもヤマトンチュからも忘《わす》れ去《さ》られたのです。

そうであっても、ひめゆり隊の献身《けんしん》と悲劇《ひげき》に何ら変わるところはありません。ただ、ウチナンチュだけが沖縄戦をすべて知っていると言い切れるでしょうか。

沖縄本島の摩文仁《まぶに》の丘《おか》あたり一帯に都道府県それぞれの痛切《つうせつ》な鎮魂《ちんこん》の碑《ひ》があります。すなわちヤマトンチュからも家族のあるふつうの国民が沖縄戦に行きました。

ウチナンチュもヤマトンチュもない、みな同じ日本国民として一緒に沖縄県、そして祖国を護《まも》ろうとしたのではありませんか。少女たちは軍国主義に騙《だま》されたのではなくて、それを肌《はだ》で感じていたから若すぎる命も的にして献身したのではありませんか。

それが神戸《こうべ》生まれのヤマトンチュ、ぼくの問題提起《もんだいていき》の一つです。

そうすると普天間をはじめ沖縄の米軍基地をめぐっても、沖縄自身の姿勢《しせい》がこれで良いのだろうかという問題があります。

たとえば沖縄の自治体、市民団体《しみんだんたい》らが常に強調する数字があります。「日本の米軍基地の実に七五％が沖縄に集中している」という数字です。これを聞いて「それはひどい。なぜ沖縄にだけ負担《ふたん》を押しつけるのか」と思わない国民はほとんど居ないでしょう。ぼく自身、学生時代に報道で繰《く》り返《かえ》しそれをみて、憤激《ふんげき》していたのです。

しかしこれは「嘘ではないと言えなくもないが、本当でもない」という数字です。米軍だけがいる基地のうち、七五％（正確《せいかく》には七三・九％）が沖縄ということであり、自衛隊と米軍が一緒にいる基地でみると一気に二二・六％に急落します。

そしてみなさんはご自分の知っている基地を思い浮かべてください。青森県の三沢《みさわ》基地、神奈川県《かながわけん》の横須賀《よこすか》基地、東京都の横田《よこた》基地、山口県《やまぐちけん》の岩国《いわくに》基地、長崎県《ながさきけん》の佐世保《させぼ》基地、つまり名前を聞いたことがあるような主な基地はその大半が、日米共同使用、自衛隊もアメリカ軍もいる基地です。

そりゃそうですよね。それが日米安保体制《にちべいあんぽたいせい》の眼目《がんもく》なんですから。

自己《じこ》の主張に都合のよい数字だけを出して、そうではない数字は一切、出さない。それが象徴《しょうちょう》する姿勢はウチナンチュ、日本国沖縄県民の生き方そのものを、どうしても歪《ゆが》めてしまいます。

先ほど述べましたように仲井眞知事にはんこを押してくださいと勝手に意見を申しあげるために沖縄入りしたとき、白梅の塔にいつものようにお参りしました。

白梅はこの頃すっかり変わりました。信じられないぐらい明るくなったのです。

ぼくが三十六年前に、お参りを始めた頃は、辺りが晴れていても白梅の広い敷地《しきち》だけはまるで小雨《こさめ》が降るかのように暗かったのです。

それが今では逆《ぎゃく》に、雨の日なのに不思議な白い光が射《さ》していたりします。

ところが自決の壕《ごう》の奥へ降りていくと、恐《おそ》ろしい底の軟《やわ》らかな土の上に、ふたりの少女だけがまだ残っているのが、わけも無く分かりました。

そして「きっと、ご家族も親族もひとり残らず沖縄戦で喪《うしな》われていて、誰もお参りに来てくれないからだ」と気づきました。もちろん、いずれも根拠《こんきょ》はありません。だからそれだけで終わったのなら、ここに記しません。

一緒に居てくださった生き残りのかつての少女たち、白梅同窓会《しらうめどうそうかい》の会長、中山きくさんらは、ぼくのその話をまともに受け止めてくださいました。ふつうなら、ご自分たちの同級生のことなんですから、そんなにまっすぐ聞いてはもらえないと思います。

しかし、きくさんたちは、すぐにあらためて調べてくださって、実際にふたりの同級生がそうであり、お名前も分かりました。

ヤマトンチュ、ウチナンチュとは仰《おっしゃ》らずに、だから沖縄戦の加害者の側、被害者《ひがいしゃ》の側もなく、そのまま静かに、温かなこころで聞いてくださいました。

その後、ごく最近にお参りされた方、しかも神主《かんぬし》さんから「雰囲気《ふんいき》がさらに、もの凄く明るくなっていてびっくりした」というメールを頂いたので、ひょっとして、最後のふたりの少女も天に帰れたのかもしれません。

この白梅同窓会のようなフェアな、自然な姿勢でいてくだされば、そしてわたしたちが謙虚な姿勢を貫けば、沖縄に外国の侵略の手など近づくこともできません。

那覇市議の奥間亮さん、あなたはその希望の時代の若きも若いシンボルのひとつです。

ひなたちゃんは、魂になったからこそ永遠に、いつだって、お嫁《よめ》にも行かずにあなたのそばに居てくれる。

あなたが謙虚で大胆でいる限り、天はひなたちゃんと一緒に、味方になってくれます。

五の扉　あとがきに代えて

東日本大震災《ひがしにほんだいしんさい》からまもなくのこと、「ぼくらの祖国《そこく》」という、ささやかな書物を世に問いました。世代や年齢《ねんれい》を超《こ》えて、根本を共に考えるためです。じりじりと長い時間をかけて、読者が思いがけなく増《ふ》え続け、いまは世に言うロングセラーとなっています。

その「ぼくらの祖国」、読者がくださった愛称《あいしょう》で申せば「赤本」の続編《ぞくへん》を書こうと苦吟《くぎん》するうち、おのれのなかで「いや、その後どうなったかではなく、もっとさらに根源《こんげん》に降《お》りていく正編を書こう」という転換《てんかん》がありました。

そうすると筆が進み始めたのです。

ところが、実務《じつむ》の日程《にってい》が、どこにも隙間《すきま》がありません。いかなる日程も変えずに遂行《すいこう》しつつ、最後は十日余《あま》りをほぼ寝《ね》ずに書き、「四の扉《とびら》」になると、東京は有楽町《ゆうらくちょう》のニッポン放送で報道番組《ほうどうばんぐみ》の「ザ・ボイス　そこまで言うか！木曜版」の生放送に参加しながら、交通情報《じょうほう》や天気予報《よほう》の時間に書き進め、ついにはマイクに向かって、ニュースを分析《ぶんせき》し問題提起《ていき》をしながら、パソコンのキーボードを飯田浩司《いいだこうじ》アナウンサーの前で叩《たた》き、その音が放送に入ってしまいました。

優《やさ》しい飯田アナ、こうちゃんは「かえって臨場感《りんじょうかん》があって良かった」と言ってくれましたが、リスナーのみなさん、申《もう》し訳《わけ》ない。

そうやって世に生まれた、この「ぼくらの真実」は哲学篇《てつがくへん》です。

そして西暦《せいれき》二〇一五年、平成二十七年、わたしたちのオリジナル・カレンダー皇紀《こうき》で申せば紀元二六七五年には「ぼくらの真実　実践篇《じっせんへん》」を届《とど》けます。

（この出版計画はその後に変わり、哲学篇をさらに深めるものとして「ぼくらの哲学」を出版しました。実践篇はいずれ、憲法私案とともに世に問うことを考えています。西暦二〇一七年五月十二日、記。）

哲学のなかに実践があり、実践のなかに哲学がある。

この「哲学篇」は哲学を語るからこそ、こどもたちにも読みやすいように「ですます文体」で書きました。

「実践篇」ではどうするか、それはゆっくり考えつつ書いていきます。

この書での、英語をはじめ外国語の邦訳《ほうやく》、江戸《えど》時代《じだい》などの文章の現代語訳はすべて青山《あおやま》繁晴《しげはる》によります。

一般的《いっぱんてき》な訳や、通説とは異《こと》なる訳出《やくしゅつ》もあります。

そうした訳出にもしも個性《こせい》が発揮《はっき》できていれば、違《ちが》いをお許しください。一緒《いっしょ》に愉《たの》しんでください。

青山繁晴　拝《はい》

六の扉　危機を生きる

〔その後のぼくら〕——新書としての再生に寄せて

1

危機《きき》とはそもそも何だろう。

やられることか、やられそうになることか。

それとも、やられていることにすら気づかないことか。


西暦《せいれき》二〇一七年の早春から一気に緊迫《きんぱく》していった朝鮮半島《ちょうせんはんとう》危機でいえば、アメリカ軍が北朝鮮《きたちょうせん》の核《かく》ミサイル基地《きち》やら金正恩《キムジョンウン》・朝鮮労働党《ちょうせんろうどうとう》委員長《いいんちょう》の棲《す》む地下シェルターやらを攻撃《こうげき》するのか、そのとき北朝鮮は日本や韓国《かんこく》に反撃《はんげき》の弾道《だんどう》ミサイルを撃《う》ち込《こ》むのか、それが危機だと一般《いっぱん》に考えられています。


しかし、そうでしょうか。

危《あぶ》ないことをされそうなのが危機なら、わたしたちはそれに備《そな》えて、いつも受け身だ。受け身でいなければならない。

真の危機とは、すでに侵《おか》されていることに気づかないことです。

気づかないでいるから、さらに深く致命的《ちめいてき》に侵されそうになります。それも知らないでいることもまた、真の危機です。

この危機の正体を分からないでいると、愛するひとたち、護《まも》りたいひとたちのために積極的に打《う》って出ることをしません。

いつも受け身の姿勢《しせい》です。

だから何もできないでいます。

仏は座《ざ》して祈《いの》っていらっしゃいます。

それは受け身でしょうか。いえ、ひとのこころがすでに侵されていること、その真実を知らないでいるからさらに侵されようとしていることを、ご存《ぞん》じですから、あらかじめ祈りという行動に打って出られている。

おおらかな奈良《なら》の御仏《みほとけ》、美と真《まこと》を極めた京の都の御仏、そのまえに佇《たたず》むとき、ぼくはそう考えてきました。

主イエスが十字架《じゅうじか》の上に磔《はりつけ》になられているお姿《すがた》は、受け身でしょうか。

いいえ、ひとが犯《おか》す罪《つみ》をあらかじめ知り、身代わりとなるためにあえて、ローマ兵の前に進んで出られた。

十字架を立てるために穿《うが》った穴《あな》が、今もそのまま現実《げんじつ》に残るゴルゴダの岩をエルサレムの地に訪《たず》ねるとき、ぼくはこれを痛感《つうかん》してきました。

2

にんげんには、受け身という生き方もあります。

しかしその生き方では、平時には綻《ほころ》びを見せずとも、ひとたび本物の危機が向こうからやって来ると、おのれだけではなく愛する人々、護るべき人々をも喪《うしな》うことになりかねません。

危機に立ち向かうには、どこかで必ず前に出る、攻《せ》めに転ずることが欠かせない。

いつもいつも、そうでなくともいい。それぞれの個性《こせい》、好み、生き方、とり囲む環境《かんきょう》によって受け身で生きたり、逆《ぎゃく》に常《つね》にアグレッシヴ、積極果敢《せっきょくかかん》でいる生き方もあるでしょう。

そのうえで、たとえば西暦二〇一七年からアジア太平洋《たいへいよう》が直面している、人類史上最悪レベルの朝鮮半島危機に正しく向かい合うには、何よりもバランス、まるで優《すぐ》れた柔道《じゅうどう》家《か》のように賢《かしこ》く、攻めと受け身を両立させなければなりません。

「人類史上最悪レベル」と記したのは大袈裟《おおげさ》ではありませぬ。

ヒットラーは核開発が途中《とちゅう》で終わってしまいました。それがもしも、短中長の射程《しゃてい》をそろえた弾道ミサイルと核弾頭《かくだんとう》を持っていれば、それも第二次世界大戦の初期に持っていたら世界はどうなっていたでしょうか。

大戦の始まりを告げたのは、ドイツ機甲師団《きこうしだん》のポーランド侵攻《しんこう》でした。

ぼくはポーランドをレンタカーで走り、アウシュヴィッツ強制収容所《きょうせいしゅうようじょ》を探《さが》していたとき大陸性《たいりくせい》の平原を突《つ》っ切《き》っていきました。その広大な視野《しや》に高速の戦車隊が鉄のバッファローの群《む》れのように、穏《おだ》やかなポーランドの農村地帯へ轟音《ごうおん》、砂塵《さじん》、炎《ほのお》とともに侵攻してきた現場《げんば》が目前に展開《てんかい》するような感覚を味わいました。

それがもし、ヒットラーが核ミサイルを持っていたのならば、この電撃《でんげき》作戦は、核弾頭付《つ》きのミサイルを一斉《いっせい》に撃ちまくる攻撃に変じ、世界の主要都市で核が次々と炸裂《さくれつ》して悪《あく》魔《ま》も顔を背《そむ》ける惨《さん》たる光景になっていたでしょう。

これが現実になっているのが、まさしくたった今の半島危機です。

もちろん北朝鮮の核開発はいまだ途上《とじょう》にあります。

西暦二〇一七年の七月の段階《だんかい》で申せば核弾頭はすでに一定の小型化、軽量化に成功し、主として中距離《ちゅうきょり》弾道ミサイルに搭載《とうさい》を試みているとみられますが、大陸間弾道ミサイル（ＩＣＢＭ）や潜水艦発射《せんすいかんはっしゃ》弾道ミサイル（ＳＬＢＭ）は、今はまだとにかくミサイル本体をまともに飛ばしてみたいと願うだけの段階《だんかい》です。

核を頭に乗っけてミサイルを世界のどこにでも撃ち込めるわけではありません。

しかし、もう二～三年もすれば、この悪夢《あくむ》を完成させてしまう恐れが濃厚にあります。

西暦二〇一七年五月二日にハワイ真珠湾《しんじゅわん》のアメリカ太平洋司令部《しれいぶ》（ＰＡＣＯＭ／ペイコム）を訪ねて、ハリー・Ｂ・ハリス司令官《しれいかん》と通訳《つうやく》を入れずに眼《め》と眼をみて、この半島危機について議論《ぎろん》しました。

司令官の言葉は一切、永遠《えいえん》に公開できません。

けれども、ぼくの言葉は一部、公開できます。ひとつには、もしもアメリカ軍が北朝鮮攻撃の作戦を立てている途中なら、そこに必ず日本の拉致被害者《らちひがいしゃ》の全員救出を組み込んでほしいということです。「これは救出をアメリカ軍にお願いするということではありません。自衛隊《じえいたい》と連携《れんけい》してくださいという意味です」と申しました。

ぼくは二〇一七年三月二日、参議院の予算委員会で質問に立ち、「半島危機に直面していく今、自衛官と警察官《けいさつかん》、消防官《しょうぼうかん》、そして医師《いし》、看護師《かんごし》、保健師《ほけんし》、さらに方言もこなせる朝鮮語《ちょうせんご》の通訳で構成《こうせい》する包括的《ほうかつてき》な拉致被害者救出部隊を編制し、北朝鮮と日本国民の眼に見える訓練も、水面下での立案・協議も早く開始してください」という趣旨《しゅし》を述《の》べました。

これに対し若宮健嗣《わかみやけんじ》防衛副大臣《ぼうえいふくだいじん》は「自衛隊は（拉致被害者救出のための）訓練を開始しています」という予想外なほど重要な答弁《とうべん》をなさいました。

しかし多くの国民に知られることがありませんでした。ＮＨＫのテレビ中継《ちゅうけい》はなく、新聞も通信社もテレビ・ラジオのニュース番組もすべてマスメディアはこの質疑《しつぎ》を一切、無視《むし》したからです。それは、ぼくの質疑が拉致事件に触《ふ》れると委員会室を出て行った福島《ふくしま》瑞穂《みずほ》・社民党副党首《しゃみんとうふくとうしゅ》ら一部野党《やとう》の姿勢とそっくりです。傍聴の国民複数がこれを目撃なさいました。

ハリス司令官に申したもうひとつは、こうです。

「かってのオバマ政権《せいけん》がイランと結んだ核合意は、イランに核開発を諦《あきら》めさせることに成功したのではない。逆ですね。イランが十年間は大人しくして質も量も落とす核開発に留《とど》めるのなら、それを黙認《もくにん》するという合意でした。北朝鮮に対してもアメリカがそれをやるなら、日本は容認《ようにん》しません。それはアメリカに届《とど》く核ミサイルは駄目《だめ》だけれど、日本をすでに射程内《しゃていない》に収《おさ》めている中距離弾は許《ゆる》すということだからです。ぼくも、おそらくは安倍《あべ》総理《そうり》も日本の核武装《かくぶそう》に反対ですが、そうなれば次世代の日本は核武装せざるを得ないでしょう。北朝鮮のボロ核で慌《あわ》てるアメリカは、高度な技術で造《つく》る日本の核に、一体どれくらい慌てるのでしょうね」

前述《ぜんじゅつ》したように、ハリー・B・ハリス太平洋軍司令官がこれにどうお答えになったかは記せません。

お母さんが日本人のハリス司令官は、垂《た》れ目が優《やさ》しい。垂れ目はぼくと同じだけど、ずっと男前です。この時の会談の冒頭《ぼうとう》で「青山さんは神戸《こうべ》生まれだよね」と話しかけ、ぼくが「ハリスさんのお母さんもそうですよね」と応《こた》えると「そうだけど、ほんとは、芦屋《あしや》生まれなんだよ」と笑いながら答えました（実際はすべて米語）。芦屋市は神戸市の隣《となり》で、西宮市《にしのみやし》などと同じで神戸っぽいエリア内という感じです。こんなローカルで和やかなやり取りで始まった会談でしたが、ぼくが前記のふたつのことを求めたとき、深い真剣《しんけん》な眼になって頷《うなず》きつつ聴《き》き入ってから答えてくれました。

ハリス司令官が仰《おっしゃ》ったというのではありませんが、ぼくはこのときのアメリカ太平洋軍司令部の全体、それからハワイの太平洋軍司令部を訪ねる前夜にワシントンＤＣで話した軍人たちの様子から、次の本音《ほんね》を感じました。

「北朝鮮が制裁《せいさい》に苦しんで核ミサイルの開発を本当に放棄《ほうき》するということが起きれば別だ

が……それはおそらくは起きないので、アメリカ軍が北朝鮮の核とミサイル、司令部、ソウルを狙《ねら》っている長射程砲の群《む》れ、特殊部隊《とくしゅぶたい》などなど、そして独裁者《どくさいしゃ》そのものまで全面攻撃する、少なくとも準備《じゅんび》は整え完成させていく。そのうえで判断《はんだん》するときが、いずれやってくる」

これは、アメリカ合州国が史上初めて、核保有国《かくほゆうこく》と戦争をする可能性《かのうせい》が生じているのがたった今の現実だということを意味します。

広島《ひろしま》、長崎《ながさき》への原爆《げんばく》投下をほんとうは人体実験として行ったアメリカは、被爆国《ひばくこく》のわたしたち日本国民よりはるかに正確《せいかく》に核の底無《そこな》しの恐ろしさを知っています。イラクもフセイン大統領が核開発を諦めていたから攻撃してフセイン大統領を死刑《しけい》に処《しょ》したし、リビアのカダフィ大佐も「核を断念《だんねん》したら援助《えんじょ》してやる」と騙《だま》してから攻撃し、民兵《みんぺい》の少年に殺されるという惨《みじ》めな死へ導《みちび》きました。

北朝鮮の金一族は、その中東で核やミサイルの技術を売る商売をして生き延《いの》びてきたから、この現実をよく知り尽《しつ》くしています。だからアメリカのクリントン大統領やブッシュ大統領を騙しながら、そして中国が何を言おうとも、核開発を続けてきたのです。

ところが、その核開発に成功したがために金一族は人類史上最初の核保有国同士の戦争の恐れを今、膨《ふく》らませているのです。

3

「ぼくしん」こと「ぼくらの真実」がハードカヴァーの単行本として世に出たときと、「危機にこそぼくらは甦《よみがえ》る」と改題し新書に生まれ変わった今では、おおきな変化がみっつあります。

ひとつはトランプ米大統領の登場、ブレギジット（イギリスのＥＵ離脱《りだつ》）が象徴《しょうちょう》する破壊《はかい》です。第二次大戦後にアメリカが造った世界秩序《せかいちつじょ》はたった七十年余《あま》りしか持たなかった。これから、もっと大きく深く壊《こわ》れていきます。

もうひとつが前項《ぜんこう》までに触れた朝鮮半島危機の勃発《ぼっぱつ》です。

プレジデントよりデストロイヤーと呼《よ》ぶべきトランプ大統領が、世界でもっとも深刻《しんこく》な嘘《うそ》つきである金一族の北朝鮮と直接に軍事力を誇示《こじ》して角を突《つ》き合《あ》わせる。

金一族の独裁者の初代、金日成《キムイルソン》国家主席は名前も嘘です。金成柱《キムソンジュ》というソ連邦《れんぽう》第八十八旅団《りょだん》の若い大尉《たいい》が、伝説の抗日《こうにち》パルチザン、実態《じったい》はおそらく強盗《ごうとう》に近い老人の名をソ連の命により騙《かた》って、一九四五年九月にウラジオストクから北朝鮮に入りました。この正統性なき独裁者の三代目、金正恩・朝鮮労働党委員長は、彼らの生存《せいぞん》の唯一《ゆいいつ》の支《ささ》え、核を手放しません。

前述した通りアメリカは広島、長崎の日本国民を使って人体実験をしました。勝手な憶《おく》測《そく》ではありませぬ。アメリカ自らの情報公開に拠《よ》ります。アメリカは外傷《がいしょう》の少なかった、ひとりの被爆少女に偽薬《ぎやく》を与《あた》えて、その内臓《ないぞう》が放射線障害《ほうしゃせんしょうがい》で腐《くさ》っていくのを観察し、亡《な》くなると日本の若《わか》い医師団《いしだん》に解剖《かいぼう》させて、その内臓をアメリカに持ち帰り研究しました。

その事実をわりあい最近に情報公開したのです。公開そのものは流石《さすが》の民主主義《みんしゅしゅぎ》とも言えます。同時に声を喪《うしな》うほどの残忍《ざんにん》な戦争犯罪《せんそうはんざい》です。その情報を無視《むし》した、自民党《じみんとう》中心の日本政府《にっぽんせいふ》にも深い罪《つみ》があります。アメリカはだから一度も、これも前述したように核保有国とは戦わなかった。トランプ大統領はその隠《かく》れた原則《げんそく》も破壊しようとしています。

ぼくは西暦二〇一七年の初夏、アメリカ合州国の深南部テキサス、政治首都ワシントンDC、アメリカ太平洋軍司令部のあるハワイ真珠湾を訪ね、共和《きょうわ》、民主両党《みんしゅりょうとう》の有望株議《ゆうぼうかぶぎ》員《いん》、そしてハリー・B・ハリス太平洋軍司令官らに会って、米語で直接《ちょくせつ》、議論を重ねました。

肌《はだ》に伝わるのはトランプ政治の早々の挫折《ざせつ》、行き場を喪った米国民の怒《いか》り、なかでもトランプさんに投票したひとびとの絶望《ぜつぼう》です。そのさなか米軍は、トランプ大統領であってもひとたび下命あれば北朝鮮を破壊する具体的なシミュレーションを重ねていました。

そしてもうひとつは、この書に即《そく》してあえて申せば、この書の産みの親、書き手であるぼく自身に思わぬ変化があったことです。

それは、わがささやかなる人生にこれだけはあり得なかった選挙への、まさかの出馬を経《へ》て、国会に出たことです。

この原稿《げんこう》を実は、いま飛行機の機内に閉《と》じ込《こ》められた状態《じょうたい》で書いています。

場所はアメリカ・テキサス州のダラス国際空港《こくさいくうこう》、あのケネディ大統領が暗殺された街の空港です。

世界の現場《げんば》を歩いてきたぼくは、参議院議員になると「国会開会中は原則《げんそく》、海外渡航《とこう》を禁《きん》ずる」という国会のルールによって海外に出ることが難しくなりました。

それがやっと、西暦二〇一七年初夏の連休に合わせて院（参議院）と参議院自由民主党《じゆうみんしゅとう》の正式許可《きょか》を得て、まずアメリカ・テキサス州のヒューストンへ飛びました。

そこから陸路で三時間以上をかけて訪ねたのが、かつてのドイツ移民《いみん》の街にある「国立太平洋戦争記念館」です。

　ここは日米戦争をめぐるアメリカの国立記念館としては、唯一です。一方の日本にはそもそも国立の戦争記念館が一切、存在《そんざい》していないという異様《いよう》な情況《じょうきょう》がずっと続いていますから、要は世界にここしか無いのです。

　真珠湾攻撃に限《かぎ》って言えば、アメリカ・ハワイ州の真珠湾にアメリカ政府公園局の展示《てんじ》館《かん》があるし、第二次世界大戦全般《ぜんぱん》で言えば各国にあります。

　しかし日本はほんとうは、世界大戦で連合国に負けたのではありません。イギリス、フランスは日本軍に負けるか、あるいはろくに戦わずして怖《おそ》れて、アジアの植民地をいったん放棄して出て行きました。戻《もど》ったのは大戦が終わってからです。ソ連（現《げん》ロシア）が北方領土《ほうりょうど》に侵略《しんりゃく》してきたのは、これも大戦が終わってから。

　中国（中華人民共和国《ちゅうかじんみんきょうわこく》）に至《いた》っては、国ができたのが一九四九年十月一日、大戦が終わってから四年後のことです。日本と戦ったのは、主として中華民国《ちゅうかみんこく》ですが、日本軍は大戦が終わるときまで中国大陸では優勢《ゆうせい》のままでした。

　日本が負けたのは、アメリカだけです。

　だからこそ日米戦争を扱《あつか》った、この記念館は大きな意義があります。

その記念館の展示に間違《まちが》った部分があり、外務省の良心派《りょうしんは》の外交官が「私たちがいくら指摘《してき》しても、修正《しゅうせい》されない。青山さんが行けば変化があるかもしれない」という示唆《しさ》をくれたので、短い訪米《ほうべい》の貴重《きちょう》な時間を費やしてでも向かったのでした。

記念館は、アメリカでもっとも尊敬《そんけい》されている軍人のニミッツ提督《ていとく》を偲《しの》んで、その生地に建てられています。そしてニミッツ提督がいちばん尊敬した軍人が、日本の東郷平八郎《とうごうへいはちろう》・帝国海軍元帥《ていこくかいぐんげんすい》です。

そのために館内には、アドミラル・トーゴーの肖像画《しょうぞうが》が深い敬意とともに展示《てんじ》され、それどころか広い日本庭園のなかに東郷元帥の居宅《きょたく》が再現《さいげん》されているのです。

ふだんは立入禁止《たちいりきんし》ですが、館長で歴史学者でもあるジョセフ・カバノーさんが、ぼくと米語で議論しているうちに打《う》ち解《と》けて、なんと畳《たたみ》のうえに上げてくれました。

元帥がお座《すわ》りになったままに再現されている座布団《ざぶとん》に勿体《もったい》なくて座れないまま正座《せいざ》していると、顔や肩《かた》を打つようなオーラを感じました。

それが元帥なのかどうかは誰《だれ》にも分かりません。ただ、他にどなたが、あの和室にいらっしゃるでしょうか。

この館内はしたがって、日米の激《はげ》しい戦闘《せんとう》、戦争を展示しながらフェアに戦《たたか》い抜《ぬ》いた日本への敬意が溢《あふ》れています。

それは真珠湾のビジターズ・センター（展示館）の計二棟《とう》に満ちている大日本帝国海軍への尊敬と同じです。

先の安倍晋三総理《あべしんぞうそうり》の歴史に残る真珠湾初訪問《ほうもん》のとき、出発前の総理を官邸《かんてい》の執務室《しつむしつ》にお訪ねして、拙《つたな》い書の「青山繁晴《あおやましげはる》の『逆転《ぎゃくてん》』ガイド――ハワイ真珠湾の巻」を渡《わた》しました。外務省がセットしていた日程《にってい》に加えて、この日本人の常識《じょうしき》を覆《くつがえ》す戦争記念館に入ってくださるようお願いしたのでした。

外務省内の良心派の協力もあって、安倍総理はこの館内に入られました。民間人を巻《ま》き込《こ》まない公正な日本軍の戦いぶりを再現《さいげん》している展示、アメリカのもっとも良き部分を表現しているとも言える展示を、驚《おどろ》きを持ってご覧《らん》になりました。

総理に同行していた日本の記者たちとその属《ぞく》するマスメディアは、ほぼこれを無視《むし》しました。眼の前に展開《てんかい》している現実を、記者、歴史を記す者が無視するのです。唯一、一定の記事を載《の》せたのは朝日新聞《あさひしんぶん》だけです。

ね？　誰かを常《つね》に悪者にして、誰かを常に味方と考えるのは違《ちが》っていませんか？

ただし朝日の記事が、日本軍を公正に評価《ひょうか》するような画期的な内容《ないよう》だったわけではありません。その記事の中にぼくは、朝日新聞内部の深刻《しんこく》な戸惑《とまど》い、迷《まよ》い、そして少数派の記者の小さな新しい問いかけを元記者として感じました。

この真珠湾で、日本海軍の攻撃に耐《た》えて生き残り九四歳《さい》近くになられていた元アメリカ兵のディック・ジロッコさんと対談し、それを前述の書に、原文の米語と和訳《わやく》のそれぞれを収録《しゅうろく》しました。

ジロッコさんに「アメリカ本土ではリメンバー・パールハーバーと称《しょう》して、日本軍の真珠湾攻撃を卑怯《ひきょう》な不意打ちだと言っているじゃないですか」という趣旨で問い、ジロッコさんは「ここが現場だから……。現場でしか分からないことがある」というニュアンスの答えをされました。

その通りでしょう。

一方で実は本土も本土、もっともアメリカらしい、そして人種差別が今も根深く残るテキサスのど真ん中にある戦争記念館でも、日本の戦いは敬意を持って語られているのです。

ハワイ真珠湾でもテキサスでも、わたしたちが敗戦後の日本の教育で刷り込まれた「日本は悪者だった」という思い込みを、いわば前に向かって裏切《うらぎ》る現場を見ることができます。

　ところが！

　このテキサスの太平洋戦争記念館に、たとえば「日本は沖縄《おきなわ》・琉球《りゅうきゅう》の島々を中国から奪《うば》った」という展示説明があるのです。

　原文はこうです。In 1871, Japan seized Okinawa and other Ryukyu islands from China.

〝seized〟というのはまさしく「奪った」です。

　ぼくは、白い見事な髭《ひげ》をたくわえてサンタクロースそっくりのカバノー館長に諄々《じゅんじゅん》と沖縄の歴史を説きました。「沖縄・琉球は一度たりとも中国の一部だったことはありません。したがって奪ったという史実はあり得ません」

　するとカバノー館長は「分かった。修正します」とその場で言い切ってくれました。実際《じっさい》は、ぼくの説明が公正か、正確かをよく調べてのことになると思います。カバノーさんは単なる管理者ではなく一流の歴史学者でもありますから。

　しかし考えるべきは、なぜこんな明白な間違いが、あの精緻《せいち》な館内に紛《まぎ》れ込《こ》んでいるのか、そこです。

　実は真珠湾の展示にしても、ここテキサスの展示にしても、中国共産党《ちゅうごくきょうさんとう》が徹底的《てっていてき》な工作を遂行《すいこう》していて、展示を一変させる「努力」をずっと続けているのです。知らないのは当事者の一角のはずの日本国政府です。

ぼくは真珠湾でも、たとえば「太平洋航空博物館《たいへいようこうくうはくぶつかん》」の巨大《きょだい》なハンガー、すなわち爆撃機《ばくげきき》や戦闘機《せんとうき》の格納庫《かくのうこ》を利用した展示館で、中国が「第二次世界大戦中に中国共産党の八路軍《はちろぐん》（人民解放軍《じんみんかいほうぐん》）はアメリカ軍と協力して日本帝国主義の軍隊を打ちのめした」という真っ赤な嘘、出鱈目《でたらめ》し放題の大展示会にも遭遇《そうぐう》しました。

毛沢東《もうたくとう》の共産党ではなく蔣介石《しょうかいせき》の国民党《こくみんとう》の軍が一部、アメリカ軍と協力したことを平然と、そして全面的、徹底的にすり替《か》えているのです。

すぐさま博物館の首脳《しゅのう》・幹部陣《かんぶじん》にその場で申し入れをして、いちばん酷《ひど》い嘘の大きな写真パネル、虚偽説明《きょぎせつめい》を撤去《てっきょ》してもらいました。

背景《はいけい》にあるのは、もちろん巨額《きょがく》のチャイナマネーです。アメリカは国営《こくえい》、公営《こうえい》の施設《しせつ》であっても必ず寄附《きふ》や民間資金《みんかんしきん》がないと経営《けいえい》が行《ゆ》き詰《づ》まる仕組みの社会です。

展示内容を中国の主張寄《しゅちょうよ》りにすれば、維持《いじ》が突如《とつじょ》、ぐんと楽になるという甘《あま》い誘《さそ》いには、抗《あらが》いがたいものがあると考えねばなりません。

誰かを悪者にするのではなく、日本がやるべきことをやると決意し、実行すべき秋《とき》が来ています。

世界が壊れていく。

それは、わたしたち二十一世紀前半を生きる日本国民が必ず真正面から向き合わねばならない現実です。

日本を叩《たた》きのめしたアメリカは、トランプ大統領に国家の威厳《いげん》を日々、壊されています。あろうことか、国益《こくえき》がぶつかるロシアに大統領選挙を支えてもらった疑惑《ぎわく》がそのひとつです。そこに中国は、自らの経済《けいざい》と社会の崩壊現象《ほうかいげんしょう》を覆《おお》い隠《かく》すためにも食い入《い》ろうとしています。ぼくは連休明けの国会に備えて、電光石火のような訪米から日本に戻り、この新書のために夜明け前の静謐《せいひつ》な時間に新しい原稿を書き進めています。西暦で申せば二〇一七年、平成二十九年、ぼくらの大切なオリジナルカレンダー皇紀《こうき》で申せば紀元二六七七年の新緑の頃《ころ》から雨音響《ひび》く季節へ移《うつ》り、さらに夏の輝《かがや》きが始まるときです。日本の豊潤《ほうじゅん》な四季は、これもずいぶんと壊された気候の異変《いへん》によって、狂《くる》わされています。それでも四季の足音はまだ聞こえます。

われらの子々孫々のためにこそ、祖国《そこく》に美しい四季と、それから祖の人々から受《う》け継《つ》いだ本来の姿を十全に取り戻さねばなりません。そこで、ひとつ大きな、あまりに大きな課《か》題《だい》が浮上《ふじょう》しています。

4

日本でこの時機、降《ふ》って湧《わ》いたのが「女性宮家《じょせいみやけ》」を創設《そうせつ》せよという奇怪《きかい》な圧力《あつりょく》です。

具体的には、西暦二〇一七年五月末に、天皇陛下《てんのうへいか》のご譲位《じょうい》をめぐる特例法案の附帯決《ふたいけつ》議《ぎ》に「女性宮家等の創設」を検討《けんとう》するという言葉が盛《も》り込《こ》まれました。

附帯決議というのは、法案の条文《じょうぶん》には入らなかった中身を、法案の末尾《まつび》にくっ付けて議決する項目《こうもく》です。

法的な拘束力《こうそくりょく》はありませんが、政治的影響力《えいきょうりょく》はあります。つまり法律をつくった国会（立法府）が政府（行政府）に要求を突《つ》き付《つ》けるという力があるのです。

これが無期限《むきげん》の力なのです。法律を廃止《はいし》すれば別ですが、その附帯決議の付いた法がある限りは政治的影響力が続きます。

再登板後の安倍内閣《あべないかく》は、最長でも西暦二〇二一年秋には任期《にんき》を終えることになっています。陛下のご譲位をめぐる特例法によって、おそらくは平成三十年十二月をもって今上《きんじょう》陛下《へいか》が実際《じっさい》に帝《みかど》の位を皇太子殿下《こうたいしでんか》にお譲《ゆず》りになり、第一二六代陛下と上皇《じょうこう》陛下（第一二五代の先帝）の御代《みよ》となって、それが西暦二〇一九年一月から始まっているとすると、そこからどんなに遅くとも二年半と少しあとに新政権《しんせいけん》が発足することになります。

新天皇、上皇両陛下のご健康と弥栄《いやさか》を請《こ》い願《ねが》う国民の望み通りであれば、この御代でその新政権の発足があり、すなわちご譲位をめぐる特例法も有効《ゆうこう》のままだということが考えられます。

その場合、安倍政権が女性宮家の創設を見送っても、新政権が創設に踏《ふ》み切《き》ることもあり得ます。

もしもこれが起きれば、日本は二千数百年の永《なが》きにわたり続けてきた一系統《けいとう》の王朝、天皇陛下のご存在を喪うことにつながりかねません。

なぜか。

宮家は鎌倉時代《かまくらじだい》に端緒《たんちょ》があり、本格的《ほんかくてき》には室町時代《むろまちじだい》に始まった制度《せいど》です。何のための制度か。皇位継承《こういけいしょう》、天皇陛下の即位《そくい》が綿々《めんめん》と途切《とぎ》れることなく続いていくように、傍系《ぼうけい》から男子の皇位継承者、つまり次世代の天皇陛下を生むことができるように作られた制度なのです。

だから宮家はこれまで全て、ご当主が男性《だんせい》であられました。これは男女差別ではありません。

配偶者《はいぐうしゃ》のいらっしゃる女性が天皇陛下に即位されれば、その御方《おんかた》は女性であっても男系《だんけい》天皇、父系《ふけい》天皇でいらっしゃる。

しかしその御子様《おこさま》が即位されれば、男の子であっても女系《じょけい》、母系《ぼけい》天皇です。この時、わたしたちと共に二千数百年を生きてこられた天皇家は終わります。

この母系天皇のお父さん、つまり前述した最後の父系天皇であるお母様の配偶者、夫による王朝が始まります。

なぜか。

母系は系統をたどれず、たどれる系統は父系だからです。

たとえば、ぼくには二人の男の子がいます。彼らとぼく、ぼくの父、祖父と父系はずっと遡《さかのぼ》れます。しかし、彼らの配偶者、ぼくの配偶者はそれぞれ当然ながらバラバラで一系を遡れません。

そしていったんこうなると、父方であれ母方であれ、誰でも皇族、皇位継承者となることができます。そういう国に一変します。そしてこの「誰でも」が外国人であっても、もちろん中国人だとしても全く構《かま》わないことになります。

アメリカにはこの先、アメリカで生まれてさえいれば中国系でも大統領になれるから中国系大統領が誕生《たんじょう》する可能性が常に付いて回ります。そして日本では中国系天皇陛下が誕生する可能性が生まれることになるのです。

西暦二〇一七年、平成二十九年の五月末に、ご譲位法案の附帯決議に「女性宮家の創設」という言葉をどうしても入れろと強硬《きょうこう》に要求したのは……野田佳彦《のだよしひこ》・前内閣総理大臣です。

わたしは「国賊《こくぞく》」という言葉を使いません。しかしこの政治家《せいじか》の現状《げんじょう》については使わざるを得ません。

野田さんは総理の時代に、女性宮家の創設によって女系天皇・母系天皇の誕生につなげることを画策《かくさく》しました。有識者《ゆうしきしゃ》による懇談会《こんだんかい》でそうした議論をさせたのです。

この野田政権が西暦二〇一二年の総選挙で敗れて崩壊し、この企《たくら》みは頓挫《とんざ》したかにみえました。

ところが西暦二〇一六年に東京都の舛添要一《ますぞえよういち》知事（当時）が呆《あき》れた愚行《ぐこう》で辞任《じにん》に追い込まれ、都知事選が挙行されることになりました。参院の東京選挙区で百万票を超える得票で当選していた蓮舫《れんほう》さん（民進党《みんしんとう》）が都知事選出馬のチャンスをうかがっているとき、複《ふく》数《すう》の当事者の証言《しょうげん》によれば、野田さんが「あなたにはもっと大きなチャンスがある。都知事どころか総理になれる」と蓮舫さんにささやいた。

これは「民進党の代表選に出なさい。野党第一党《だいいっとう》の党首になっておけば、総選挙で勝ったときに総理だ」という意味です。尋常《じんじょう》ではない目立ちたがり屋で野心家の蓮舫さんは、迷《まよ》った挙げ句に、この誘惑《ゆうわく》に乗りました。

そして蓮舫さんが党の代表者の座に就《つ》くと、野田さんは功労者《こうろうしゃ》として当然かのように幹《かん》事《じ》長《ちょう》となりました。民進党の党内《とうない》から「戦犯《せんぱん》の野田をなぜ幹事長に」と憤激《ふんげき》する声が挙がり、蓮舫執行部《しっこうぶ》はいきなり窮地《きゅうち》に陥《おちい》りました。

なぜ「戦犯」と党内で呼ばれるかというと、「野田さんは総理当時しなくてもよかった衆院解散《かいさん》を、安倍元総理（当時）らの挑発《ちょうはつ》に乗って、やってしまった。総選挙は予想通りに大敗となって政権を失った。一生、謹慎《きんしん》するのが当然の戦犯じゃないか。それがなんで幹事長なんだよ」（民主党《みんしゅとう》政権時代の閣僚《かくりょう》）というわけです。

出発点を誤《あやま》った蓮舫代表は、そのあとさらに台湾《たいわん》との二重国籍《にじゅうこくせき》を解消《かいしょう》していないことが暴《あば》かれ、もっとも致命的《ちめいてき》なことに、その二重国籍をめぐって嘘をくり返して、党内の指《し》導力《どうりょく》を大きく喪ってしまいました。

こうなると「トンデモ幹事長」のはずの野田さんの力が相対的に増《ま》します。力を増して野田さんは一体、何をしたいのか。

実は野田さんは嘘つき政治家です。わたしが今、自由民主党の議員だからこう言うのではありません。

わたしは議員になっても何も変わっていません。党利党略《とうりとうりゃく》などに一切、皆目《かいもく》、乗りません。ど真ん中の立場から糺《ただ》すべきは糺すだけです。

なぜ嘘つきか。野田さんは民主党政権の時代に、あの破滅的《はめつてき》な菅内閣《かんないかく》の後継者を決める党代表選で、劣勢《れっせい》をはね返して勝ち、総理となりました。このとき、はね返せたのは党所《とうしょ》属議員《ぞくぎいん》を前にした演説《えんぜつ》でした。その演説の中で野田さんは育った家の貧《まず》しさを強調しました。ところが、野田さんの父は自衛官《じえいかん》です。もちろん、お金持ではないでしょうが、貧困《ひんこん》家庭のわけがありません。しかも野田さんの父上は、野田さんご本人が日経新聞《にっけいしんぶん》などの取材に答えて言うには空挺隊員《くうていたいいん》でした。正確には自衛隊唯一の落下傘部隊《らっかさんぶたい》である第一空挺団の所属だった時があるというから、その時期はかなりの額《がく》の危険手当《きけんてあて》も出ていたはずです。

ほんとうはすぐにバレても不思議ではないウソを、こんな公の場、公の中の公の場で平然とつける野田さんに、その一見朴訥《ぼくとつ》なお顔の裏《うら》にある底知れぬ正体を感じました。

この話には不可思議《ふかしぎ》なオチ?までありまます。実は野田さんのお父さんは空挺団の隊員ではなく、その空挺団のある陸自習志野《ならしの》駐屯地《ちゅうとんち》の業務隊《ぎょうむたい》に属していただけ……つまり戦闘《せんとう》任務《にんむ》ではなく総務《そうむ》のような仕事だったと陸自のOBたちは話しています。

業務隊の給与《きゅうよ》だけでも「貧しい家庭」とは言えませんから、いずれにしても野田さんは党代表選という大事な局面で嘘をつく、実直に見せていて実は目的のためには手段を選ばない人だと考えざるを得ません。

その野田さんの甘言《かんげん》に乗せられた蓮舫さん、この野田さんの裏の顔に気づいて甘言を退《しりぞ》け、都知事選に打って出ていたら、蓮舫さんもまた正体を有権者《ゆうけんしゃ》に知られていなかったから小池百合子《こいけゆりこ》候補《こうほ》に勝ったでしょう。すると、その後の展開もガラリ、変わっていたにちがいありません。

歴史にＩＦ……もしもはないといいます。その通りです。過去をみて空《むな》しい仮定《かてい》をしても意味がありません。しかし同時に歴史的には間違いなく、くっきりと、別れ道があります。その分岐点《ぶんきてん》に立って右に行くのか、左に行くのか、いずれかを選んで行くと、その道に従《したが》って次から次へと事が起きます。それらは、もしも逆の道を行けば起きなかった、起こり得なかったことも少なくありません。

蓮舫さんは都知事にならずに民進党代表になって、まさしく党代表が指名する幹事長の人事で大きくつまづき、二重国籍問題が重なり、そして言わば蓮舫さんの代わりに都知事になった小池百合子さんの仕掛《しか》けに負けて、西暦二〇一七年七月二日の都議選で自由民主党とともに勢力をはなはだしく弱めました。

都議選の敗北は、幹事長も責《せめ》を負わねばなりません。しかしそれまでに、力を増していた野田佳彦民進党幹事長が日本の歴史にねじ込んだのが「女性宮家」でした。

わたしは断言《だんげん》します。野田さんはそれを、女系・母系天皇への第一歩としてこそ拘《こだわ》ったのです。

西暦二〇一七年五月末から六月初めに突如、耳を疑《うたが》う事態《じたい》が起きました。天皇陛下のご譲位をめぐる特例法案の附帯決議に「女性宮家」という言葉が盛り込まれたのです。

陛下がご譲位を望まれているというＮＨＫニュースがこれも突然《とつぜん》、流れたのが西暦二〇一六年七月十三日でした。それから一か月後の八月八日、陛下は国民へのビデオメッセージという異例《いれい》の方法で、御自ら、ご譲位なさりたいお考えを実質的に示されました。

安倍政権の中枢《ちゅうすう》では、①天皇陛下の仰ることを無条件《むじょうけん》に遂行はしない。それをやれば立憲君主制《りっけんくんしゅせい》ではなくなり、むしろ大御心にも反する。②永い日本の歴史のなかでは時の権力が天皇陛下に退位を迫るといった事例もあり、恒久制度《こうきゅうせいど》にすれば悪用される恐《おそ》れがある。③したがって皇室典範《こうしつてんぱん》（皇室をめぐる法律）は改正しない。④一方で憲法《けんぽう》第二条に皇位継承は皇室典範の定めによって行うとの規定がある。⑤違憲《いけん》とならないように皇室典範の附則にぶら下げる形で一代限りの特例法を整備《せいび》する――という方針が早期に固まりました。

政権中枢との議論でこの方針を知った、当時民間人のわたしは、強く支持《しじ》しました。

これに対し民進党の野田幹事長は「恒久制度にしろ」と声を上げ始めました。民進党の大勢《たいせい》がこの問題をよく理解《りかい》して「恒久制度に」と主張《しゅちょう》していたとは、とても考えられません。その後にひとりの議員として国会に居《い》て、そんな気配はありませんでした。

野田さんの強い拘わりが突出《とっしゅつ》していたのです。

しかし、マスメディアがやる世論調査《せろんちょうさ》で「恒久制度にすべきだ」とする声が大きいのを見て、民進党はこれを政府に対抗《たいこう》して目立たせる異論《いろん》に仕立て始めました。

敗戦後の日本国民は高齢者《こうれいしゃ》から小学生まで誰も、わたしももちろん含《ふく》めて、天皇陛下とご皇室《こうしつ》のことをまともに学校で教わっていません。教わっていないどころか、教師も知らないのですから教えようがありません。

だから急に「一代限り」か「恒久制度」かと聞かれても国民は判断が難《むずか》しいのです。


実際に起きたことを、ありのままに、後世のためにも記しておきたいと思います。

それは寝耳《ねみみ》に水《みず》から始まりました。

天皇陛下のご譲位を二百年ぶりに特例として実現する法案が、衆議院《しゅうぎいん》の委員会（議院運営委員会）で可決《かけつ》されました。それは予定通りです。

そのとき、法律にくっつける附帯決議も一緒に可決されました。これも、参議院議員であるぼくも含めて衆参両院の議員みんながあらかじめ知っていたことです。

ところが、その附帯決議の文中に「女性宮家」の創設を検討するということが盛り込まれてしまいました。これは何ら聞いていないことでした。

民進党の野田佳彦前総理がゴリ押《お》しとも言えるほどの執念《しゅうねん》で民進党内の反対論をも圧《お》し潰《つぶ》して「女性宮家」を入れろと要求していることは、誰もが知っていました。

しかしぼくの属する自由民主党はこの要求に応《おう》じていませんでした。応じる気配も無かったのです。

天皇陛下をめぐることどもは、ふだんの政争、激突を避《さ》けて「静かな環境《かんきょう》で法を成立させたい」と自由民主党の首脳陣が一致《いっち》して強調していました。

しかしそれが、「女性宮家」などという日本の悠久《ゆうきゅう》の歴史を覆す文言を入れることに繋《つな》がるとは想像《そうぞう》していませんでした。

このような重大な問題において、民意によって少数野党となった民進党の、それも野田前総理ら特定の人物が無理に進める要求に、民意によって多数与党《たすうよとう》を形成する自由民主党が膝《ひざ》を屈《くっ》するとは、今も想像しがたいことです。

国会ではあくまで一年生議員に過《す》ぎないぼくだけが知らなかったのかなとも思い、党内で情報を集めてみると、まるでそうではなく「まさか」と絶句《ぜっく》する閣僚経験者《かくりょうけいけんしゃ》も複数いらっしゃいました。

まさしく、多くの与党議員にとって寝ているあいだに耳に水を入れられるがごとくに、「女性宮家」という日本語ではない日本語、基礎的《きそてき》で中立的な知識《ちしき》すら欠く間違った言葉が、衆議院・議院運営委員会の公文書（附帯決議）に記されてしまいました。

そして、その附帯決議つきで「天皇の退位に関する特例法案」が参議院に送付されてきました。

さぁ、四十八万一八九〇人の有権者《ゆうけんしゃ》の意思（投票）によって不肖ながらぼくが居る参議院の場です。

行動を起こさねばなりません。

その行動を前述のとおりに、ありのままに記していきます。そのまえに、何が問題かを正確に指摘《してき》しておかねばなりません。

第一に、なぜ女性宮家がいけないのか。

もう一度、簡潔《かんけつ》に記しておきます。

女性宮家というもの自体がありません。あり得ません。宮家は男系・父系によって皇位を継承し続けるために端緒は鎌倉時代に、本格的には室町時代に創設されました。したがって当主は男性です。

これをぼくがブログで述べると、「国会議員になったら嘘を言っていいのか」と罵倒《ばとう》する書き込みがありました。『女性宮家はひとつあった。だから青山繁晴は嘘をついて世論を誤った方向に導こうとしている』という趣旨です。

これは桂宮家《かつらのみやけ》のことを指しているのでしょう。桂宮家は明治時代に、ご当主であった親王殿下《でんか》（つまり男子）が薨去《こうきょ》され（亡くなられ）、その姉君でいらした内親王殿下が一家の財産管理《ざいさんかんり》のために家主（やぬしでなく、いえぬし）の立場となられました。形式的にはこれが当主にみえても、内親王殿下は皇位継承に関わらないことをお示《しめ》しになるために結婚《けっこん》されず、したがって御子もお生みになることはありませんでした。男系・父系による皇位継承を転換《てんかん》して、女系・母系による皇位継承を始めるための女性宮家となったのでは全くありません。むしろ、あくまでも男系を当主とする伝統《でんとう》を守るという強いご意志が働いていたと考えるべきです。

この内親王殿下が薨去されたことに伴《ともな》い、桂宮家は断絶《だんぜつ》となりました。したがって女性宮家なるものは史上、一度たりとも存在したことはありません。

この史実をCS放送・ネットTVの「虎ノ門《とらのもん》ニュース月曜版《げつようばん》」で語ると、ぼくのブログには「あなたの意見は一般的《いっぱんてき》だと思えない、女性宮家推進派《すいしんは》に利用される恐れがある」という書き込みがありました。

この書き込みには、ご自分の生半可《なまはんか》な知識が誤りだったとは認めたくない気配が濃厚《のうこう》にありました。そうした個人の感情を持ち込んでも良い場合と悪い場合があります。女性宮家うんぬんは後者です。

わたしたちは、ほとんど誰も宮家について学校で習ったことがありません。それが敗戦後の教育です。世代を問いません。日本国が初めて外国に占領《せんりょう》されたときから七十年を大きく超《こ》えても、ずっと変わらない教育です。天皇陛下のご存在と皇室についての教育が決定的に欠落しています。

このために、「女性宮家」という奇怪な日本語が、こともあろうに立法府によって二千数百年の大河《たいが》のような歴史に突如、投げ込まれてしまったことの重大な、重過ぎる意味が充分《じゅうぶん》に国民に伝わりません。

ぼくは、そこをいちばん恐れます。賢い日本国民が、意味に気づかないまま時の権力者に国の根幹《こんかん》を壊されてしまう、それがあり得ることになってしまいました。

安倍政権のあるうちは「女性宮家」なるものが現実に創設される可能性は、ゼロとは言い切れませんが、高くはない。しかし内閣が変わればどうなるか、もう誰にも分かりません。

「女性宮家」が創設されれば、その宮家のご当主である女性の配偶者（夫）は民間人というだけでなく、前にも記した通り外国人であることもあり得ます。「この女性に限《かぎ》り外国人と結婚してはならない」という法律《ほうりつ》など作れるはずもありません。そんなことをすれば明白な外国人差別ですから。

そして、この女性ご当主さまは皇位継承の候補者《こうほしゃ》でいらっしゃいます。この「女性当主」が天皇陛下に即位《そくい》されても、まだ男系・父系は維持されています。そのお父さまは、天皇家ですから。

ところが、そのお子さまが次の天皇に即位されれば新帝のお父さまはどなたでしょうか。もはや天皇家ではありませんね。ここに、女系・母系天皇がおよそ二七〇〇年の日本の歴史で初めて生まれます。そのお子さまが男の子であっても、そうなります。

そしてもしも新帝のお父さまが外国人なら、その外国人による王朝が新たに始まり、わたしたちが少なくとも二千年以上、神話的なご存在かもしれない神武天皇《じんむてんのう》から申せばおよそ二七〇〇年を超えて維持し続けてきた天皇家は過去《かこ》のものとなります。

ネット上に出ていた、ひとつの分かりやすい例を紹介し、さらにそれを応用してみましょう。この例はどなたが考えたのかは分かりません。しかし見事な例です。それは漫画《まんが》サザエさんを活用した説明です。

サザエさんは磯野家《いそのけ》の娘《むすめ》です。サザエさんの父上が天皇陛下だと仮定《かてい》します。つまり磯野家が天皇家だとします。サザエさんがそこから婚出してフグ田家のマスオさんと結婚し新しい家庭を持ちました。その家に生まれたのがタラちゃんですね。

このタラちゃんが天皇陛下に即位すれば、男の子なのに女系・母系の天皇陛下の誕生となります。

しかし現状では、これは起こり得ませんね。現在の皇室典範によれば、サザエさんが結婚した段階《だんかい》で皇室を離《はな》れるからです。

さぁ、ここからが応用問題《おうようもんだい》です。

タラちゃんを即位させ、二七〇〇年続いてきた天皇家を終わらせ、民間人や外国人の家系を新天皇家とするにはどうしたらいいでしょうか。

そうです。この皇室典範を変え、女性の皇族が婚出されて民間人や外国人と新しい家庭を持たれても、その家庭を「女性宮家」とすればいいのですね。

それをやればタラちゃんは皇位継承者となり、天皇陛下に即位できることになります。

そしてこれはもはや磯野家、すなわち天皇家の王朝ではなく、フグ田王朝の開闢《かいびゃく》となります。フグ田さんが実は外国人なら、外国人の王朝が戦争なくして、占領なくして、音も立てずに日本で始まることになります。

これまでの日本の天皇家は父系ですから、もしも神武天皇が神話的な存在あるいは国家の誕生を象徴的《しょうちょうてき》に表現した存在であっても、真っ直ぐに時を超えて初代の神武天皇まで辿《たど》ることができます。これが万世一系《ばんせいいっけい》です。軍国主義うんぬんとは本来、まったく関係のない、客観的《きゃっかんてき》な事実です。

ではなぜ、万世一系が尊《とうと》いのでしょうか。

ぼくなりに世界を歩いてきました。安全保障、危機管理の専門家の端《はし》くれとしての仕事の旅です。そのあいまに、諸国《しょこく》の大学から小学校まで教育の現場、あるいは農場を訪ねました。施政の根幹だからです。

さらに皇帝や王の居城《きょじょう》を訪ねました。歴史の象徴だからです。

ここからのお話は、元の「ぼくしん」こと「ぼくらの真実」でも記述していますが、重複してもあえてもう一度、述べておきます。

その居城は、どこも深い堀や聳《そび》える城壁《じょうへき》で民を拒《こば》んでいます。

たとえばドイツのライン川を下りましょう。船でも、川縁《かわべり》を走る新幹線《しんかんせん》でもいいです。向かって左側にさまざまな城が現れます。その全てが、おのれを、帝や王とその家族を守りに守っています。なぜか。おのれの幸福、一族の利の追求に明《あ》け暮《く》れているために、民の襲撃《しゅうげき》を警戒《けいかい》し恐れねばならないからです。

日本国民の誰もがご存じのように、天皇陛下の本来のお住まいは現在の皇居《こうきょ》、すなわち江戸城《えどじょう》、一武家である徳川家《とくがわけ》の居城ではありませんね。

本来のお住まいどころは京都《きょうと》の御所《ごしょ》です。御所はほんとうは、おんところ、つまり名前が要りません。国際共通語の英語で申せばTHE PLACE、「その場所」と表現してもいいと思います。実際そのようにわたしは、英米の政府当局者や軍人たちに話してきました。それは「ここしかあり得ない場所」という意味です。

ではその場所の特徴《とくちょう》は何なのか。お堀も城壁もありません。簡素《かんそ》な塀《へい》は低すぎて中が見えてしまいます。あろうことか、護りがほとんど無いのです。

なぜか。

日本の帝は御自《おんみずか》らのためではなく、ただ民のために祈《いの》り、務《つと》めておられていて、民に襲われる心配がないからです。

海外の諸国の王朝が次々に交代し、大英帝国《だいえいていこく》でいえばノルマン朝からプランタジネット朝、ランカスター朝、ヨーク朝、テューダー朝、ステュアート朝、ハノーヴァー朝、サクス・コバーグ・ゴータ朝、そして現在のエリザベス女王二世のウィンザー朝と変わってきたのは、自らの野望《やぼう》と欲望《よくぼう》のために王座《おうざ》を争う歴史が長く続いてきたからです。エリザベス女王二世のお姿を見るだけなら想像できなくとも、過去のイギリスの王朝史はそうでした。

中国に「革命《かくめい》」という言葉があるのも、そのためです。自分だけは死ぬのが嫌《いや》で、民を使って不老不死の薬を自分のために探させた秦《しん》の始皇帝《しこうてい》をはじめ、私利私欲《しりしよく》のために前の皇帝を殺して自分が皇帝の座を奪うのを革命と称するのであって、人民のための奪権ではありません。だから現在の共産党王朝も、その王朝内の権力争いに明け暮れ、毛沢東皇帝は自分の権力を恢復《かいふく》するためにこそ、人民の子を紅衛兵《こうえいへい》に化けさせ、利用して、文化大革《ぶんかだいかく》命《めい》を起こし、いまだに人数が確定《かくてい》できない民の犠牲者《ぎせいしゃ》、最低でも三千万人前後とされる信じがたい膨大《ぼうだい》な民を死なせてなお、平然としていたのでした。

中国の悪口を申しているのではありませぬ。

中国が極端《きょくたん》なのは事実としても、世界の諸国の皇帝、王、あるいは帝や王に擬《ぎ》した存在というのは、私欲のために争い、先の王朝が滅《ほろ》ぼされ、新しい王朝が開かれてはまた滅ぼされの歴史だったのです。

唯一、日本だけが、父系でたどる一系だけが皇位を継ぐことができますから、争い、奪いあう余地《よち》が極めて少ないのです。

過去の歴史をみれば、同じ天皇家のなかでの争いはありました。しかしそれを最小限にとどめようとする努力こそが、まさしく万世一系、父系による皇位継承なのです。

みごとな智恵《ちえ》、民族の英知としか言いようがありません。

もう一度言います。軍国主義うんぬんの浅薄《せんぱく》な話とは関係ありません。

第百二十五代の今上陛下のお姿にも、「他のため、民のために生きる」という崇高《すうこう》な姿勢が貫《つらぬ》かれています。

陛下ご自身の、永い歴史に磨《みが》かれたお人柄《ひとがら》もあります。しかし陛下も人間でいらっしゃいますから、この根幹はわたしたち日本国民が歴史の時間をかけて築《きづ》きあげてきた文化です。

この民族の智恵について遺伝子《いでんし》、染色体《せんしょくたい》で説明する方もいらっしゃいます。人間の性《せい》染色体《せんしょくたい》は女子がXX、男子がXYです。Y染色体はずっと続くから、というわけですが、ぼくはこの説で説明することはしません。遺伝子、染色体というのは後付けの話であり、また遺伝は性染色体だけで語られるものでもありません。皇位継承をめぐる学問の泰斗《たいと》である百地《ももち》章《あきら》国士舘大学特任教授（元日大教授）らも同じ意見でいらっしゃいます。

さて、「女性宮家」を含めた附帯決議が衆院で可決され参院にやってきたその時に話を戻しましょう。

それは西暦で言えば二〇一七年、平成二十九年、わたしたちの大切なオリジナル・カレンダー皇紀では紀元二六七七年の六月二日のことでした。ちなみに、ぼくが思いがけず参議院議員となっておよそ十か月半のときです。

その直前、附帯決議が衆議院で可決された段階から、不肖《ふしょう》ながらぼくは行動を起こしました。

正確に言えば、衆議院で「天皇の退位に関する特例法案」を審議《しんぎ》していた議院運営委員会で法案本体が可決され、「女性宮家」の検討を記した附帯決議も可決され、附帯決議は委員会の段階で手続き完了《かんりょう》となり、次は衆議院の本会議を開いて法案本体を採決《さいけつ》する時が来る。その段階です。

つまり衆議院でまだ本会議での手続きが残っているし、参議院には事が及《およ》んでいない段階です。

参議院はその独自性《どくじせい》を尊びます。法案が衆議院にある段階でどうこうするのではなく、あくまでも参議院に法案がやって来てから動くべきだという考えもあるとは思いました。

しかし事があまりにも重大だから、前へ先へ、動くことが肝心《かんじん》だと考えました。

このとき、たとえば「日本のこころ」代表の中山恭子《なかやまきょうこ》参議院議員とこんな話をしました。「短期のことのために中長期、さらには悠久の時のことを誤りましたね」

これは他党の代表と語らったのではありません。「日本のこころ」は自由民主党と統一《とういっ》会派《かいは》を組んでいますから、同じ院内会派《いんないかいは》の中で意見が一致したということです。

ぼくは参議院自由民主党の松山政司《まつやままさじ》国会対策委員長をはじめ国会対策委員会（国対）の首脳・幹部陣をおひとりづつ回っていきました。

その趣旨は「衆院本会議ではまもなく法案本体が可決となる見通しです。そのあとすぐに参院に法案が附帯決議と共にやってくることが予想されます。参議院がその存在価値《そんざいかち》であるところの見識《けんしき》を発揮《はっき》し、衆議院とは異《こと》なる附帯決議とするためには、参議院であらかじめ議論を始めることが大切ではないでしょうか」ということでした。

これを、ただの一年生議員に過ぎないぼくであってもあえて、重鎮《じゅうちん》にお話ししていきました。

ぼくが内心で具体的に考えていたのは「まず国対の席で挙手《きょしゅ》して、衆議院の附帯決議の深刻《しんこく》な問題を、国対に属する数多くの議員に簡潔に訴《うった》えること」、そして「いたずらに徒《と》党《とう》を組まない、党中党をつくるかのようなことは決してやらない」、「参議院の独自性を発揮し、真っ当な附帯決議に戻せるよう非力《ひりき》でも最後まで力を尽くす」ということでした。

素早《すばや》く動こうとしたのは、不肖ぼくだけではありませんでした。国会での与野党の談合や取引に慣《な》れ親《した》しんできたはずの先輩《せんぱい》参院議員や、あるいは問題の附帯決議を通してしまった衆院の先輩議員にも、諦めざる志《こころざし》を掲《かか》げた動きがありました。

それは自由民主党の山田宏《やまだひろし》参院議員、長尾敬《ながおたかし》衆院議員、鬼木誠《おにきまこと》衆院議員、山田賢司《やまだけんじ》衆院議員らです。元の東京都杉並区長《とうきょうとすぎなみくちょう》で行政経験《ぎょうせいけいけん》もある山田宏さんは、このご譲位をめぐる法案が審議されるずっと前に、ぼくを焼き鳥屋さんの呑《の》み会に誘《さそ》ってくれました。

ぼくはシンクタンクの独研《どっけん》（独立総合研究所《どくりつそうごうけんきゅうしょ》）の社長時代よりも、その前の三菱総研《みつびしそうけん》（三菱総合研究所）研究員、さらにその前の共同通信《きょうどうつうしん》の事件記者《じけんきしゃ》、経済部記者、政治部記者時代と比《くら》べても、国会議員となった現在《げんざい》がいちばん夜の呑み会を少なくしています。

西暦二〇一六年夏の選挙に、おのれでは全く考えていなかった出馬となったとき、支持《しじ》団体《だんたい》を付けるというお話を断《ことわ》りました。支持団体に推《お》されて出馬すれば、その団体の既得《きとく》権益《けんえき》を守る議員になってしまう。だから支持団体はゼロ！

すると団体の本部や全国の支部の人々を回ったり、夜の会合につき合う必要がない。

ぼくは後援会《こうえんかい》も作りません。だから後援会の会長や幹部に気を遣《つか》うこともない。政治献《せいじけん》金《きん》はどなたからも、どこの組織《そしき》や企業《きぎょう》からも、ただの一円も受け取らず、政治資金パーティも一切、開かないから、どこにも借《か》りを作ることもない。さらに選挙活動も全くやらず、党内の派閥《はばつ》にも都道府県連《とどうふけんれん》にも一切、属しませぬ。

そこで夜の会合につき合う必要はとても少なくなります。

ぼくにとって命でもある原稿執筆《げんこうしっぴつ》に夜の時間を使えます。あるいは時差のある海外との情報交換《じょうほうこうかん》に夜の時間を使えます。たとえばアメリカの首都ワシントンＤＣや経済首都のニューヨークは、ちょうど日本と夜昼が逆ですから、Ｅメールと電話でリアルタイムのやりとり、議論ができます。日本の朝に自由民主党本部で開かれる「部会」に出る前に必ず、こうやって最新の情報を仕入れておき、その情報を踏《ふ》まえて発言しています。

部会には各省庁《かくしょうちょう》から優秀《ゆうしゅう》な日本の官僚《かんりょう》がずらり、出席しています。彼らには、この最新情報の値打ちがよく伝わります。

しかし、一方で、前述の山田宏議員ら当選回数がまだ少ないか、まだそう多くない議員から声が掛《か》かれば即《そく》、おつき合いします。

ぼくは呑むなら日本酒だと一升半《いっしょうはん》ほどを呑みます。亡《な》き父は学生時代のぼくと呑むと「おまえは役人にはなるな。それだけ酒量があると業者に宴席《えんせき》に誘われる」と上機嫌《じょうきげん》で言うのが口癖《くちぐせ》でした。

ぼくは胸《むね》のうちで『大丈夫《だいじょうぶ》だよ。割《わ》り勘《かん》で呑むからね』と思いながら、やがて思いがけず現役社長《げんえきしゃちょう》のまま医療《いりょう》ミスで急逝《きゅうせい》することになる父と盃《さかずき》を重ねていました。

いま議員となり、当選回数の少ない議員たちとはその通り、割り勘で呑めます。それに焼き鳥は煙《けむり》まで大好きです。

ところが実際には、焼き鳥をほとんど食べられません。たとえば、鬼木誠代議士がぼくの拙い書物をほとんど読破《どくは》していることが分かったりしますから、元気いっぱいの国士たちから次々に投げかけられる問題提起《もんだいていき》に、後輩議員なりに意を尽くして応えるだけで時が濃密《のうみつ》に過ぎていきます。

こうして議員同士の対論を深めていたなかで、衆院の議運において「女性宮家」を盛り込んだ附帯決議が可決されると直ぐに、山田宏参院議員から日中、「これは大変ではないですか」という問いかけがあり、ぼくは「動きましょう」と応じました。

国会を動かすのは、法律上は衆参両院それぞれの議院運営委員会（議運）です。それを支えるのが各党の国会対策委員会（国対）です。国対は法律の裏付けはありません。いわば非公式な存在です。国会のなかで非公式な機関は、この国対だけと言っていいでしょう。

だから昔から「国対政治」つまり水面下の折衝《せっしょう》で進められる政治には強い批判があります。同時に、国対がまるで機械油のように国会全体の下働きをして、強い自己主張《じこしゅちょう》の政党がぶつかり合う国会をどうにか動かして法律づくり、立法という機能《きのう》を果たしているのも事実です。

自由民主党においては一年生議員は全員、まずこの国会対策委員会に属します。ぼくが西暦二〇一六年夏の参院選に出馬要請《しゅつばようせい》を受けた最初は、その二〇一六年の一月四日、当時の世耕弘成内閣官房副長官《せこうひろしげないかくかんぼうふくちょうかん》（のちに経済産業大臣《けいざいさんぎょうだいじん》）からでした。「安倍総理が待望《たいぼう》しています」ということでした。しかしぼくは出馬しない考えを変えず、それから何度も要請を受けては断り、ついに六月となりました。

参院選挙の公示は六月二十二日でした。『もはや時機は過ぎた。やはり国会議員にはならずに終わった』と思いました。共同通信政治部記者の時代から繰《く》り返《かえ》しオファーがあり、それを断り続けてきたからです。

ところが、公示日の直前になって、安倍総理からぼくの携帯《けいたい》に電話があり、それでもお断りすると総理は「青山さんが国会に来ると外務省《がいむしょう》が変わる。経産省《けいさんしょう》が変わる」と仰いました。前者は拉致事件のこと、後者はメタンハイドレートをはじめ自前資源《じまえしげん》の開発のことだとすぐに分かります。なぜなら、それらの問題で長く、総理に僭越《せんえつ》ながら異見《いけん》を申しあげてきたからです。

ぼくがすこし驚いていると、さらに総理は「それから（自由民主党本部で毎朝、開く）部会で青山さんが話してくれれば自民党の議員も変わると思う」とも言われました。

総理の外務省、経産省への、そして自由民主党へのいずれも自己批判と考えても良い思い切った発言です。内閣総理大臣そして自由民主党総裁《そうさい》は、これら全てを率《ひき》いる最終責任《せきにん》をお持ちなのですから。

しかしこれで出馬を決めたのではありませぬ。

総理からのこの電話を知った配偶者の青山千春博士《あおやまちはるはかせ》が、海洋調査船《かいようちょうさせん》で出航準備《しゅっこうじゅんび》をしつつただ一言、「後悔《こうかい》しますよ」とメールを寄越《よこ》し、独立総合研究所（独研）の社長秘書《ひしょ》だった清水麻未《しみずまみ》（現《げん》・公設第一秘書《こうせつだいいちひしょ》）が「社長、国益のためです」とこれも短く一言、ぼくに告げ、その合わせて二言に最後に背中《せなか》を押され、決めたのでした。

そして公示がなんと一週間後に迫《せま》るなかで慌《あわ》ただしく写真を撮《と》ってポスターの制作《せいさく》に着手し、公示のわずか二日前に記者会見して出馬表明、選挙カーが用意できたのは公示当日の朝、ついに葉書一枚出せずに、独研を休暇《きゅうか》をとって休んでくれた清水秘書と遊説《ゆうぜい》するだけの日々があっという間に終わって四十八万一八九〇人という信じがたい多数の方々が投票して下さいました。

そのとき世耕官房副長官はこう言われました。「歴史的な得票、おめでとうございます。ただ……国対だけはよろしくお願いします。専門家《せんもんか》である青山さんには申《もう》し訳《わけ》ないですが、今後の活躍《かつやく》のためにも最初は、国対で汗《あせ》をかいてください」

ぼくは、いささか心外でした。

出馬を決心した瞬間《しゅんかん》から、それは当然のことです。

そして初登院から今日まで、西暦二〇一七年六月に国会（第一九三通常国会）がいったん閉会するまでずっと他のどなたよりも朝早く、国会か、部会の開かれる自由民主党本部に出て、国会対策会議も同じくいちばん早く出ることを続けてきました。秋の臨時国会が始まれば同じことを、たゆまず繰り返していきます。

なぜか。世耕さんを含め、誰かに言われたからではありません。不肖ながらぼくは党に意見もします。たとえば党の大勢が外国人受け入れ拡大《かくだい》に傾《かたむ》いていることに反対です。また安倍総理に対しても、日韓合意《にっかんごうい》に終始一貫《しゅうしいっかん》、反対し続けているように意見が違うこともそのまま公に述べます。

そうであるなら、一方で、コツコツと報《むく》われざる努力をすべきです。

ぼくにとって国対とは、そういう場です。

だから「女性宮家」の問題についても、まずは国対で声を挙《あ》げようと決意しました。それも、きちんとDUE PROCESS、妥当《だとう》・公正な手続きを踏《ふ》んでのことです。

松山政司《まつやままさじ》国対委員長、石井準一《いしいじゅんいち》国対委員長代行、西田昌司《にしだしょうじ》国対委員長代理、石田昌宏《いしだまさひろ》議運理事らに女性宮家を盛り込んだ附帯決議に反対する発言を行いたいと申し入れ、諒《りょう》解《かい》を得ました。

そして西暦二〇一七年五月三十一日水曜の朝九時二十分、参議院の第八控室《ひかえしつ》で国会対策委員会が始まりました。

国対委員長の所感表明をはじめ議運理事の報告《ほうこく》、さまざまな常任委員会《じょうにんいいんかい》や特別委員会、調査会《ちょうさかい》の理事の審議見通しの表明などが続き、最後にいよいよ国対委員長代行が「他に何か発言がありますか」と振《ふ》られました。

真っ直ぐ手を挙げ、短く発声して発言機会を求めました。

「発言の機会をいただいたことに感謝《かんしゃ》します。衆議院の議院運営委員会で、天皇陛下のご譲位をめぐる法案をめぐって附帯決議が可決されたことはみなさま周知の通りです」

戦火も敗戦も乗《の》り越《こ》えて立つ国会議事堂《こっかいぎじどう》、われら日本国民の中枢のひとつです。その重厚《じゅうこう》な広い一室が静まりかえるようにも感じました。

ほんとうはふだん通りの国会対策委員会だったでしょう。ぼくの内心、胸の裡《うち》が、しんと鎮《しず》まったのだと思います。

「その附帯決議に女性宮家の創設の検討が盛り込まれたのは参議院で見直すべきだと考えます。宮家とは本来、男系と言うより父系による皇位継承を担保《たんぽ》するために古くからの智恵としてあるものです。それを女系と言うより母系の天皇陛下を生むことになりかねない、すなわち天皇家が無くなり新たな王朝を作ることに繋がる女性宮家うんぬんについて、自由民主党、あるいは参議院はしっかりと、それは違うという意志を附帯決議で示すべきだと考えます」

国対委員を務める数多くの議員だけではなく、自由民主党本部からの事務方の男女も耳を澄《す》ませている姿を見ながら、言葉を続けました。

「附帯決議は衆参同じものが原則《げんそく》だと、わたしに仰った議員もいらっしゃいます。しかしこの通常国会で、わたしも審議と採決に加わった外為法《がいためほう》の改正において、衆議院の附帯決議を一項《いっこう》、削《けず》って、参議院の新たな附帯決議として可決しました。あるいは先の臨時国会《りんじこっかい》で可決したIR（カジノ）法においては衆議院の附帯決議に一項を加えて、賭博中毒《とばくちゅうどく》を減《へ》らす対策《たいさく》の必要性を強調する附帯決議を参議院では可決しています」

「陛下のご譲位をめぐっては、衆参両院議長、副議長閣下《かっか》の調整によって立法が進められています。しかしそれは法の本体であって、附帯決議については衆議院で過《あやま》てる附帯決議が成された以上は、参議院はその見識発揮という本来の役割《やくわり》を果たすためにも見直すべきではないでしょうか」

「法案はまだ衆院本会議でこれから採決に付される段階です。附帯決議と併《あわ》せて、参議院にやってくるのは、その後のことです。しかし事態の重大さに鑑《かんが》みて、あえて事前に、一年生議員ながらみなさまに問いかけを致《いた》しました。ありがとうございました」

5

さ、次の動きです。

ぼくは「次は議員総会で発言しよう」と考えました。

議員総会とは何でしょうか。

ぼくはみんなの代わりに国会に出ています。

それがまさしく代議制《だいぎせい》ですが、実情は、特定の利益団体《りえきだんたい》の代理だったりします。ぼくはいかなる団体・組織の支持もお断りしています。陳情《ちんじょう》も受け付けません。心がけるのは全体の奉仕者《ほうししゃ》という、ほんらいはごく当たり前の真っ直ぐな道です（「すべて公務員は、全体の奉仕者であって、一部の奉仕者ではない」――憲法十五条二項）。

お金も票も確保し支援してくれる団体のために働きに働き、夜は団体の本部や支部が開く会合でお酒も注ぐ。政治記者の時代から、そうした日本の国会議員の姿を全員ではないけれど少なからず、そして与野党を問わず、間近に見てきました。

亡き両親が与えてくれた武家《ぶけ》教育をもとに、ぼくは自分を売り込むことはしません。したがって政治家には不向きです。

不向きな人間が、おのれの人生を壊して選挙に出て、四十八万人によって六年の限られた時間だけ国会に送り出された以上は、そのかりそめの時間に、ちいさな天命を全《まっと》うしたいと思います。そのなかには、拙いなりの発信もあります。

国会議員や政党が、ほんとうは内部で何をしているか。その情報が有権者にはいまだ、ほとんど無いですね。議員、あるいは議員の話をゴーストライターがまとめた本はあります。しかし政治家の本はツマラナイ。ナマの裸《はだか》の真実が書かれていないためです。それは次の選挙を気にするからでしょう。

異業種から国会に出たひとは、不肖ぼくだけでは全くありません。この異業種の出身者には共通する任務《にんむ》があるのではないでしょうか。それは国会の内部に慣れて染《そ》まるのではなく国民生活のなかの実務《じつむ》をこなしてきた眼を失わずに、有権者に伝えることだと考えています。

「ぼくしん」こと「ぼくらの真実」を書いたときは安全保障・外交、テロ対策・危機管理、エネルギーをめぐる民間の専門家だったのが、「ぼくしん」を改題し新書化する今は、意外なことに国会議員です。それなら、新書のために新章を書くとき、国会の内部をできるだけ分かりやすく話しつつ「危機をこそ生きる」という本題を展開していこうと決めたのです。

だから……たとえば、この議員総会についてもしっかりお話ししていきます。

これは参議院で、基本的には本会議がある日に、まず国会対策委員会を開いてそのあとに自由民主党の全参議院議員が一堂《いちどう》に会し、本会議での採決などに望む意思、決意を確認《かくにん》する場です。

政党政治の根幹として、ぼくも尊ぶ党議拘束《とうぎこうそく》についても、必要ならここで確認されます。党議拘束とは、難しげな言葉ですが、別に難しくはありません。ある政党に属する国会議員は、法案の賛否《さんぴ》について政党の決定に従うべき、つまり拘束されるというルールです。

ある中学校で「自分の頭で考える」という教育の一環《いっかん》として、たとえば放課後のグラウンドをいろんな部活動でごちゃ混《ま》ぜで使っていたのを、部ごとに日替《ひが》わりで使う新ルールにするかどうか自分たちの投票で決めることにしたとします。ある部、仮《かり》に野球部にいる中学生が、その野球部でまず新ルールへの賛否をまとめるなら、学校全体で投票するときに部の決定に従うことにする。これです。

部の側から見れば、部員の意思を統一《とういつ》することですね。これなら部の意見が通りやすくなる効果があります。

国会なら、政党がその所属議員の意思を統一することになります。政党の掲げる主張を通りやすくするためです。この党議拘束が無原則に緩《ゆる》むと、もはや政党政治は成立しません。

ただし例外もあり得ると、政治部の若い記者の時代から考えています。それは憲法改正案のように、個々《ここ》の議員の政治信条の根幹に関わる場合です。

国会対策委員会は、これまで述べたように国対委員だけが出席しますが、議員総会は党の参議院議員の漏《も》れなく全員です。現職の閣僚も一議員に戻って、わたしたちふつうの議員に混ざって着席《ちゃくせき》しています。

したがって会の位置づけも、そこでの発言の重みと影響《えいきょう》の広がりも違います。

議員となって十一か月、まだ一年に満たないけれども、議員総会は幾度《いくど》となく開かれてきました。しかし自由発言はまだ、ただの一回しか聞いたことがない。定例の参院自由民主党幹事長のあいさつから始まり、議員会長、政審会長のあいさつに続き、そして議運の理事が本日の本会議での議題について報告・説明します。

ほとんどの議員総会が、これだけで終わります。会の終わりに必ず、「何か発言はありますか」という問いかけが、橋本聖子《はしもとせいこ》議員会長からありますが、何もなく終わるのが常《つね》です。

そこで一年生議員が発言するのが異例なのは間違いありません。

不肖ぼくは、国対委での発言のときと同じように DUE PROCESS を踏むための根回しを始めました。

議員総会はもはや、国対委員長らの仕切りではありません。参院自由民主党の吉田博美《よしだひろみ》幹事長、橋本議員会長、愛知治郎《あいちじろう》政審会長らが議員総会を仕切る首脳陣です。

ただ、議員総会の場で発言するのは、少なくともご譲位をめぐる法案が衆院を通過してからだと考えました。前述のように重味が違います。

そのうえで発言するときは、すべての先輩議員と同期のみなさんの眼を見ながら、その場で胸の奥から湧いてくる言葉を述べようと考えました。

いつもと同じです。メモ書きや原稿を事前に作って読み上げることはしません。委員会（今のぼくが属しているのは、予算委員会、経済産業委員会、拉致問題特別委員会そして資源エネルギー問題調査会）で質問するときはメモを作ります。事前に政府側に質問を通告するルールがあるからです。

しかし国対委や議員総会ではそんなルールはありません。臨機応変《りんきおうへん》に、どこまでプロの政治家たちを動かせるかが全てでしょう。

まず国会議事堂の三階の参院自由民主党幹事長室をひとりで訪ねました。

吉田幹事長は参議院の重いリーダーですが、親しみやすく明るいひとです。ぼくには折《おり》に触れ、四十八万票という票の重味を闊達《かったつ》に語られます。

幹事長室に入ってきたぼくを、おや、何事かなという表情で迎《むか》えられた吉田幹事長に、女性宮家を盛り込んだ附帯決議の深刻《しんこく》な問題を簡潔に語り、時機をみて議員総会で反対の意見を述べたいと申し入れました。

幹事長は「時機をみて」という条件《じょうけん》で快諾《かいだく》してくれました。

その足で一気に橋本議員会長、愛知政審会長を回り、さらに参議院で陛下のご譲位をめぐる特例法案を審議する特別委員会の理事である有村治子《ありむらはるこ》参院議員、中山恭子参院議員にも会っていきました。そして特別委員会の委員である山谷《やまたに》えり子参院議員にもお話をしました。

このなかで有村さんが強い決意を眼に浮かべて「私は私の立場とやり方で戦います」と静かな口調で仰ったのが胸に残りました。

党は違えど会派を同じくする恭子せんせい（ぼくはふだん、親しみと尊敬を込めてこうお呼びしています）、つまり中山恭子・日本のこころ代表は、女性宮家について、ぼくと根っこが共通する深い懸念《けねん》を話されました。

6

有村治子さんが「私は私の立場とやり方で戦う」と仰ったとき、その瞬間に、ふたつの背景を感じました。

ひとつは、有村さんは、陛下のご譲位をめぐる特例法案を審議する参議院の特別委員会のメンバーで、しかもヒラ委員ではなく理事を務めておられたことです。

もうひとつは、まさしくその立場に関連して、ぼくらの動きには共感しつつ同調はできないという意思ではないかなと思いました。

「ぼくらの動き」と記したのは、ぼくごとき一年生議員の発言うんぬんのことではありません。

それは「勉強会」です。

国士で鳴るひとびと、山田宏参院議員と長尾敬、鬼木誠の両衆院議員が当初から素早く動いて「女性宮家に反対するための勉強会」を開きたいと準備していました。

「勉強会」というのは絶妙《ぜつみょう》です。

これは党中党を作らないという意思の表明であり、同時に、じっくり取り組むという姿勢の明示、そして何よりも「事の根っこからあらためて考え、取り組むことによって祖国の道を誤《あやま》らせることを真正面から阻《はば》む」という根本方針《ほうしん》の示唆です。

これに不肖ぼくも協力して、第一回を五月三十一日朝八時に、衆院議員会館の地下会議室で開きました。

勉強会ですから講師《こうし》が必要です。記念すべき初登場は、山田宏さんの紹介《しょうかい》と推薦《すいせん》で大《おお》原康男《はらやすお》・國學院大学《こくがくいんだいがく》名誉《めいよ》教授《きょうじゅ》となりました。

大原先生は抑《おさ》えた静かな語り口ながら、「女性宮家」への魂《たましい》のこもった危機感を学問的裏付けと共に説かれました。

大原先生が初回講師として適任《てきにん》であることは、山田宏さんから電話で「大原さんに頼《たの》みたい」と聞いたときから何も心配していませんでした。

ひそかに心配していたのは、いったい何人の議員が来るかということでした。

たとえば前出の有村治子参院議員は附帯決議を採決する特別委員会の理事ですから、参加を期待しつつ、それはない気がしていました。

国会の委員会は、委員長をトップに与野党から理事を出し、そのなかに筆頭理事がいて、その他のヒラ議員には、元参院議長といった重鎮からぼくのような一年生議員までがいるという構成です。

自由民主党は、ぼくが当選した参議院議員選挙（二〇一六年七月）で参議院でも単独過半数を実に二十七年ぶりに確保しました。

従前《じゅうぜん》から多数の衆院と合わせて衆参両院で単独過半数を持つ与党となったのですが、委員長は与野党に割《わ》り振《ふ》られ、特に理事同士の協議では、むしろ少数党に配慮《はいりょ》した委員会運営が軸《じく》になります。ぼくらヒラ委員は、この理事間の協議に従わねばなりません。

ヒラ議員にもどんどん質問の機会がめぐってきます。しかし、その機会もあくまでも理事の協議で決められます。

この理事による協議のなかには、まさしく附帯決議の中身が含まれます。ぼくを含め、この「女性宮家反対の勉強会」を立ち上げたメンバーは、この特別委員会のヒラ委員も居ませんし、ましてや理事も（もちろん委員長も）居ません。

陛下のご譲位をめぐる参院の特別委員会は、与野党の合意によってベテラン議員だけで構成されていたからです。したがって理事にどんな考え、動きがあるか、「反対」を掲げる勉強会に参加してくれるのかは、とても大切な分岐点《ぶんきてん》でした。

第一回の勉強会が始まる直前、七時五十八分にあらためて会場内を見ると、陛下のご譲位をめぐる特別委員会のメンバーとしては、山谷えり子参院議員、中山恭子参院議員のおふたりが来られていました。

しかし有村さんの姿はなく、「参加予定名簿《めいぼ》」をみると「代理出席」となっています。つまり、おそらくは秘書さんが代わりに来てくれているのでしょう（秘書さんのお顔までは分かりません）。

代理出席だけでも十二分にありがたいです。なにせ、ぼくたちは党中党は決してつくらないという考えのもと、動きをあえて最小限度に抑えていましたから、勉強会への参加呼びかけもごく限られた議員あてにファクシミリを送るだけのことです。

それに有村さんはとにかく、きちんと応えてくれた。

国士に女も男もありませぬ、有村さんは、昔から、ぼくが民間人のとき十数年か、ひょっとしたら二十年ぐらい前から存知あげてきた長いあいだ、常に国士です。だからこそ閣僚をなさったとき、国際基準からすると根っこを喪ってしまっているマスメディアと一部野党、つまり「祖国」というものを実は否定しているマスメディアと一部野党によって有村さんはいわれなき中傷《ちゅうしょう》を受けました。

勉強会に本人参加してくださった山谷えり子さんも、閣僚当時に同じ被害《ひがい》を受けました。山谷さんもまた国士だからです。

こうしたマスメディアと一部野党は実は「左翼《さよく》」ですらないのです。もちろん「リベラル」なんてものではありません。

なぜなら世界では「左翼」も「極左《きょくさ》」も愛国者を堂々《どうどう》と名乗り、祖国を愛することにおいては右翼《うよく》も左翼もないからです。みなが祖国を愛し抜くという土台の上に共に立ったうえで、移民政策や経済対策において左右に分かれるというのが、世界の常識《じょうしき》です。ただ一か国、われらの日本国を除《のぞ》いてはこれが当たり前です。

リベラルに至っては、世界では祖国と国益のために銃《じゅう》を持って戦い、人権も自ら戦って護る人々のことを指します。それは「ぼくらの真実」で充分に記したことです。

敗戦後のＧＨＱ占領政策による教育に思い込まされたまま根無し草になり果てたマスメディアと一部野党によって非難《ひなん》、中傷されたのはむしろ、有村さんや山谷さんが大和撫子《やまとなでしこ》の国士である証明です。

女性宮家反対を掲げる勉強会に山谷さんが本人出席、有村さんが代理出席、ぼくはそこに特別委員会理事であるがための有村さんの苦悩《くのう》を感じました。

勉強会そのものは、ほとんど周知されていなかった初回に、議員本人の参加が十一人、なんとか二ケタに達しましたから謙虚《けんきょ》に考えても、まずは成功と言っていいと思います。

この初回勉強会の最後に合意したのは第二回勉強会をすぐに開いて、自由民主党のなかに一定数以上の女性宮家への強硬反対論があることを示していこうということです。

参加者のなかに官邸《かんてい》で総理補佐官を務める衛藤晟一《えとうせいいち》参議院議員が含まれていたこと、また現職の副大臣である木原稔《きはらみのる》財務《ざいむ》副大臣も参加されたことも大きい。

こうした間にも国会での日常任務《にちじょうにんむ》はどんどん押《お》し寄《よ》せてきます。

そのなかに「委員会の代理出席」というものがあります。国会では、たとえ大臣になっていても、どこかの委員会に所属する義務《ぎむ》があります。しかし大臣は同時に担当官庁に関わる委員会で答弁席《とうべんせき》に座ってしっかり質問に答えねばならないのですから、ひとりの議員として所属する委員会にはまず出席できません。大臣以外にも、たとえば党の役職者も出席がどうにも無理なことがあります。

マスメディアや無責任《むせきにん》なＴＶドラマ、映画のつくったイメージと違って、国会は非常に厳格《げんかく》なところです。

委員会で与党議員が一分でも遅刻《ちこく》したらその委員会が開かれず流会となり、成立するはずの法案が成立しないという恐《おそ》ろしいことに繋がる可能性があります。この実例は何度もあります。

遅刻の理由が仮に公務《こうむ》であっても一顧《いっこ》だにされません。これが野党議員なら遅刻も不問に付されることが多いのです。すなわち与党の責任というものを非常に厳《きび》しくみているわけですね。

したがって、ことにぼくらのような一年生議員には代理出席の依頼《いらい》がよくやってきます。

ただし断ることもできます。断っても何かペナルティを受けたり嫌がらせをされることはありません。持ちつ持たれつという人間の原則を守れなくなるだけです。このあたり、たとえば早慶の体育会に似《に》ています。クラブを辞めてもペナルティ、嫌がらせはありませんから。

勉強会の第二回を、今度はぼくがかねて信頼する百地章先生を迎えて開くころ、内閣委員会に代理出席しました。

そこに有村さんが、本来の委員のひとりとして出席していました。横顔を見た瞬間に、何かが進行しているのを感じました。しかし席は離れているし、みだりに私語や離席《りせき》はしません。

代理出席する委員会の審議には、ぼくの専門分野以外の審議もあります。しかし逆に代理出席のおかげで専門外の法案審議にも触れて勉強になります。

その審議の最中、開け放たれたドアの向こうに参議院の重鎮のひとり、中曽根弘文《なかそねひろふみ》・元議員会長が突然に現れ《あらわ》ました。微妙《びみょう》な表情を浮《う》かべておられます。たとえて言うなら、わが子を叱《しか》るかどうか迷《まよ》っている親のようなお顔にみえました。

この中曽根弘文参議院議員は、「平成の妖怪《ようかい》」とまで呼ばれた中曽根康弘《なかそねやすひろ》元総理のご子息です。ぼくが中曽根総理の総理番記者だったとき、総理とはまるで対照的《たいしょうてき》にも思える無欲《むよく》で温和な人柄にすこし驚いた記憶《きおく》があります。

その視線《しせん》は、自由民主党の委員席です。

何となく視線を辿《たど》ってみると、そこに有村さんが居ます。

有村さんは、内閣委員会の理事席に軽く一礼をして席を立ち、別の扉《とびら》から出て行きました。前述したように、与党議員はやむを得ない理由がないかぎり離席しません。

ぼくは胸の裡《うち》で、あ、と小さく叫《さけ》びました。

7

重鎮の中曽根弘文さんが所属もしていない内閣委員会に来られ、それも中に入らず廊下《ろうか》の外から有村委員の席あたりに視線を送ったのは、有村さんが行動を起こしたか、起こそうとするので事情を聴くためではないか。

そう拝察《はいさつ》しました。

委員会室を出て行くときの有村さんの表情からも、分かる気がしました。

顔面蒼白《がんめんそうはく》とか言うのではありません。元祖・国防女子のひとり有村治子参議院議員。さすがです。ごく平静です。何も知らなければ何も感じないでしょう。しかし尋常《じんじょう》ではない緊張感《きんちょうかん》が秘《ひ》められていることが、ぼくの座る委員会席の背後《はいご》を通るときの一瞬《いっしゅん》の、正面を見据《みす》えた表情から伝わりました。

これが西暦二〇一七年六月一日木曜の午後のことです。

この日の朝七時四十分ごろ、ぼくはまず東京・永田町《ながたちょう》の自由民主党本部に入りました。いつものように八時から開かれる党の部会、この日のそれは「外交部会・外交・経済連携本部合同会議」に参加するためです。公設の政策秘書が同道してくれます。

こうした部会への参加、不参加はまったく自由、議員ひとりひとりの自律《じりつ》に任されています。疲労《ひろう》が深かったので、前日にちらりと『パスしようかな』と考えました。

これまでにも正直、そのような気が差すことはありました。しかしすべて出席してきました。出席するとほぼ毎回、手を挙げて、国益に資すると信じることを発言し、発言すると一度も例外なく意味のある反応が部会の席上か、あるいは部会のずっと後にもありました。

他党まで含めて現職議員が訪ねてこられたり、各省庁の官僚が反論《はんろん》や異論、共感や同意、そして反省とさまざまな意を込めて押し寄せてきます。こうした官僚が、それまでの役所の方針を転換《てんかん》すると明言して、ぼくの方が驚いたことも、すでに複数回あります。

政治記者を長年、経験しているのに、こんなことはまるで想像できませんでした。部会は、冒頭の幹部陣の挨拶《あいさつ》が終わり、議員の自由な発言に入ると記者を閉め出すからです。部会の正確な中身は記者には分からず、ましてや部会のあとに議員や官僚がその発言者の議員会館の部屋をどんな風に訪ねるかは分かりません。

こうした予想外の機会、祖国のために小さく、ささやかであっても献身《けんしん》できる機会は、まさしく四十八万一八九〇人の有権者、日本の主人公の一票こそが不肖ぼくに創り出してくださいました。心身にいかほどの疲労があっても、こころに白刃《はくじん》を秘めて馬上の人となり部会の場に静かに乗り入れるほかありませぬ。

そこでこの日も、今朝の部会の会場に指定されている党本部七階の七六〇号室に向かうためにロビーからエレベーターに乗りました。朝七時五十分頃です。するとちょうど、参議院自由民主党の吉田博美幹事長が乗ってこられました。国会に出て十か月超、エレベーターで参院幹事長と一緒《いっしょ》になったのは初めてです。首脳陣と一年生議員では動線が違うからでしょう。

エレベーターが七階に着き、吉田幹事長は都議選の対策本部の置かれた部屋の方向へ、ぼくは部会の部屋へ、その行き先が分かれる前の一瞬の時間に「青山先生、陛下のことは静かな環境で（衆参）両院の正副議長が話し合って決めていったことですから」と仰いました。

この正副議長による調整は事実です。そのうえで、ぼくの中には賛否両論《さんぴりょうろん》があります。陛下をめぐる事どもが政争《せいそう》に巻き込まれてはなりません。

一方で、いつも異例の事前調整で決めていたら、憲法改正を正面から議論するときが日本にようやく来ても憲法の第一章、すなわち第一条から八条までの天皇陛下に関する規定も事前調整で決めることになりかねません。

それは賛成できません。国民の眼前《がんぜん》の国会審議で議論すべきです。

ただ一方で、今回の今上陛下のご譲位がそうした改憲の議論と違うのは、ほんとうですね。

吉田幹事長の言葉は短く、幹事長もぼくもそれぞれの行き先がありましたから、ぼくは頷《うなず》いただけで部会の会場へ入りました。そこでの議論に参加しながら、別な頭で考えました。

幹事長は議員総会での発言を止めたのではありません。党中央の指示が絶対《ぜったい》という政党ではありませんから。

それに幹事長が「時機が来たら」という条件で、議員総会で女性宮家への反対意見を述べるのを認めるということ自体は何も変わっていないのです。先ほどの短い一言は、まだその時機じゃないという意味でしょう。

幹事長とはふだん、こちらから幹事長室に押しかけない限り、会えません。前述したように任務が違い、動線が違うからです。こんな時に限りエレベーターで会う。面白いな、ちらりとそう思いました。

およそ一時間の部会を終え、議員会館の自室に入って同志の秘書陣（公設第一秘書と公設第二秘書の女子ふたり。それにこれも公設の男子の政策秘書。ぼくの秘書陣は公設の三人だけです。政治献金は受け取りませんし、政治資金集めパーティもやらないから私設秘書を雇《やと》うお金がありません）、その今朝も元気いっぱいな顔を見てから、議員の日常のこれも尊い任務として、所属する常任委員会、今は経済産業委員会に出席するために参議院の分館に向かいました。

階段を二階に上がり、委員会室に入る前にまず手洗いに行きました。

厳しい国会の委員会でも、さすがに手洗いには行けます。ただし理事に必ず小声で諒《りょう》解《かい》を求めねばなりません。ぼくは委員会でも本会議でも、できる限りは手洗いに行きません。審議を全て、自分でメモを取りながら聴くのも、有権者から付託《ふたく》された任務だと考えるからです。だからなるべく事前に行きます。

手洗いへ歩きながら、ふと考えました。

議員総会で発言するのは正しいのかと。

附帯決議は、委員会の段階で全て終わりです。その審議も採決も、委員会独自の権限として行われます。そのあと法案本体は、本会議で採決に掛けられます。しかし附帯決議は、その採決の前の委員長による報告だけです。しかも「なお附帯決議も可決されました」という一言だけで、内容は一切、述べられません。本会議と関係が無いからです。

ということは、参議院で附帯決議をどうするかは、陛下のご譲位をめぐる特別委員会

（正式には、天皇の退位等に関する皇室典範特例法案特別委員会）の委員だけの権限です。一方、議員総会は全議員の集合です。そこで発言して、あたかも特別委員会の委員にプレッシャーを掛けるようなことは、どうだろうかという考えが、頭をよぎりました。

それよりも特別委員会の与党委員ひとりひとりに働きかけるべきではないかと考えました。

そのとき、手洗いのドアの前に、議員になる前から顔見知りのSP（警視庁警護官）が立っているのが眼に入りました。

SPは時折、担当が変わります。そのSPは今、先ほどの吉田幹事長を警護しているはずです。

あ、と思ったその時、吉田幹事長が手洗いから出てこられました。そして「青山先生、女性宮家は実際には作らせないから」と仰いました。今度も一瞬のひとことです。

相変わらず天はいたずら好きです。エレベーターの次は手洗いですか。

天を持ち出すなんて大袈裟だと思うひともいるでしょう。そうですね。ただ、天は万能にして、些事《さじ》まで愉《たの》しむというのが、ここまで生きてきた実感です。幹事長の本音を聴く機会をくれた気がしました。

委員会審議が終わると、女性宮家反対に共に取り組む山田宏参議院議員が別件で、ぼくに連絡してこられました。これも偶然《ぐうぜん》です。ぼくは別件を相談したあと、幹事長の意見を伝えました。戦う山田さんの意見は聴きたい。

「議員総会（での発言）は、やめた方がいいですね」

あっさり、山田さんは言いました。政治家として経験豊富な山田さんは、これから時間をかけて女性宮家反対の多数派を形成するためには、それがいいと判断したようでした。

そして、このあと、有村治子参議院議員が突然、特別委員会の理事を辞任《じにん》されたことが伝わってきました。有村さんは特別委の委員というだけではなく審議の前に重要事項を協議する与野党の理事の一員を兼ねていましたが、その理事を辞任です。

前触《まえぶ》れの無いことでしたから党内には驚きが広がりました。ぼくは、今この新書を読んでいる読者と同じく、あぁやっぱりと思いました。

有村さんは、多くの議員には突然に見えても、水面下では与党首脳陣に対して附帯決議案から女性宮家うんぬんを削るよう懸命《けんめい》に働きかけていて、それが一切、認められない情況にあったのです。

その途中で中曽根弘文参議院議員が急ぎ、有村さんと協議されるために内閣委員会の部屋に出向かれたのでしょう。

ぼくがどう受けとめたか。

もしもぼくが新人議員ではなくて、この特別委員会の理事であれば、辞めません。政、まつりごととは、いつの世でも多数派の形成です。この局面《きょくめん》で理事を辞めても多数派の形成に繋がるとは思えません。

むしろ逆でしょう。ぼくらを含めて女性宮家の反対派が、附帯決議を変えるための貴《き》重《ちょう》な足場のひとつを喪ってしまいます。理事の数はごく、限られているのです。

しかし同時に、有村さんの志は断固《だんこ》、支持します。

そしてこの日、衆議院の議院運営委員会で、ご譲位をめぐる特例法案の本体と、「女性宮家の創設等《そうせつとう》」を盛り込んだ附帯決議が正式に全会一致で可決されました。

翌六月二日、衆議院の本会議で、特例法案の本体だけが採決にかけられ、可決されました。

さぁ、いよいよ法案と附帯決議案が参議院にやって来ます。

その六月二日の朝、ぼくらは第二回の勉強会を遂行しました。

法案と附帯決議のセットが参院に送付されてくる、だからこそ、参加者は減るかと思いました。ふつうなら締《し》め付《つ》けがあるからです。

実際、事前の出欠確認では議員本人の参加が十人に減っていました。初回の十一人に比べてひとり減です。

ところが蓋《ふた》を開けてみると、議員本人の参加が逆に初回よりひとり増え、十二人となりました。内心で『凄《すご》い』と思いました。

秘書さんによる代理出席は、初回と同じく五人で変わりません。このなかに有村さんもいました。勉強会の趣旨には賛同するけれど「私は私の立場とやり方でやります」、この有村さんの言葉を思い出しながら、ぼくは山田宏参議院議員、長尾敬、鬼木誠の両衆議院議員と共に勉強会の開会を告げました。

8

信頼する百地先生の講話は、期待以上に明快《めいかい》でした。女性宮家なるものが日本の長い歴史で一度も存在したことがないこと、日本国を子々孫々に手渡《てわた》したいなら、それを変えてはいけないことを明断《めいせき》に説かれました。

勉強会は今後も継続《けいぞく》です。

さぁ、ぼくの別の動きはどうするか。

議員総会での発言をいったん見送り、附帯決議を事実上、決める権限を持っている「特別委員会理事」、そこに直接に働きかけると決めました。

野党の理事に働きかけるのは、政治的にDUE PROCESS（適正な手続き）とは言えないし、無駄《むだ》です。民進党から共産党《きょうさんとう》まで「女性宮家の創設」で凝《こ》り固《かた》まっています。

なぜか。

二千数百年のあいだ民族が続けてきた天皇陛下のあり方を変えても構《かま》わない、あるいは、変えてしまいたいという観念《かんねん》が底流《ていりゅう》にあることがひとつ。

もうひとつは、世論が教育とマスメディアに導かれて「女性宮家は賛成《さんせい》。眞子《まこ》さま（正しくは内親王殿下）や佳子《かこ》さま（正しくは内親王殿下）にご結婚後も皇室にいらしてほしい」という雰囲気《ふんいき》が絶対多数となっていて、世論調査《せろんちょうさ》をやってみれば賛成が七割、八割に達しているから、それに阿《おもね》る。

さらにもうひとつ。それだからこそ、女性宮家に慎重《しんちょう》姿勢《しせい》の安倍政権を倒《たお》すための好材料だとみているからです。

では与党の理事にはどなたがいるでしょうか。

公明党《こうめいとう》の理事は与党であっても、自由民主党の議員が働きかけるのは前述の DUE PROCESS とは思えません。

与党理事のひとり、日本のこころ代表の中山恭子参議院議員、ぼくが敬愛《けいあい》を込めて恭子センセイと呼ぶ方は、公明党と違って自由民主党と国会内で統一会派を組んでいる政党の人ですから、働きかけてもおかしくありません。

しかし恭子センセイはすでに、女性宮家に強烈《きょうれつ》に反対されているのが分かっていました。勉強会もこれまで二回とも、ご本人が一番乗りでした。働きかける必要は無いと考えました。

すると要《かなめ》は、自由民主党の理事です。有村さんは残念ながら降りてしまい、代わりに橋本聖子・参議院自由民主党議員会長が就任《しゅうにん》されています。議員会長は、参議院自由民主党のまさしく首脳ですから、車の両輪の幹事長と同じ立場であることは明白です。

つまり筆頭理事《ひっとうりじ》の愛知治郎《あいちじろう》・参議院自由民主党政審（政策審議会）会長しかいないと結論づけました。

政審会長も首脳陣のおひとりですが、あくまで政策立案のトップですから、議員会長や幹事長と立場は微妙《びみょう》に違います。

そして党内での聞き込みで、女性宮家に反対という持論があるらしいとも聴きました。事実、五月三十一日、政審会長主催の定例の勉強会があったとき、秘《ひそ》かに「女性宮家に反対です」と伝えると、「私も自分の考えとしてはそうです。ただ立場上は……」という答えでした。

それに各委員会の筆頭理事というのは、一般に考えられているより立場が極めて重いのです。ぼくも政治記者の当時より、当事者の議員になってみて、それが良く分かりました。

与野党の筆頭同士の事前協議で、その委員会での法案の審議の行方が決まったりします。

そこで、政審会長室に赴《おもむ》き一対一でお会いしたいと申し入れました。

快諾が返ってきました。

9

快諾があったといっても楽観《らっかん》したわけではありません。

政審会長にして筆頭理事、その立場で党の方針に逆《さか》らえというのは、ほんらいは無理無《むりむ》体《たい》な話です。

しかしここは、仮に附帯決議の内容は覆らなくとも、参議院自由民主党の政策をめぐる最高責任者に証拠《しょうこ》が残る形で、異論を申し入れておくことが大切だと考えました。

前述してきたように、附帯決議が可決されて終わりではありません。そこは法案と決定的に違います。附帯決議が可決されれば、その内容は国会による政府への強制力のない要望となり、政府が検討して、附帯決議によってはその検討結果を国会に報告する。それだけです。

女性宮家を作らせない。それがほんらいは唯一の目標です。附帯決議の段階で、党内の分裂情況《ぶんれつじょうきょう》をもたらしてはいけません。

そこで後に残るものとして、申し入れ文書を作成し、愛知政審会長にお持ちすることにしました。

山田宏さんらとの水面下の協議で、山田さんからは「これは青山先生に任《まか》せます。文章のプロですから」と言われました。

ほんとうは、この女性宮家をめぐること以外に、怒濤《どとう》のように議員の公務《こうむ》が押し寄せています。文書作成に充てられる時間はほとんどありません。

六月二日の朝八時から九時過ぎまで、第二回の女性宮家反対のための勉強会（正式に付けた名称《めいしょう》は皇室の伝統を護る勉強会）をやり、その会場の衆議院第二議員会館地下の第五会議室から大急ぎで国会議事堂二階の第八控え室に入りました。

新人議員のルーティーンワーク、国会対策委員会に出席するためです。五分前までの集合が決められていて、理由の如何《いかん》を問わず一分の遅刻も認められません。

これが九時半過ぎに終わると、次の日程の議員総会が隣の第九控え室で開かれるまでのわずかな時間に、一気に文書を作成しました。

そして議員総会が終わると、すぐ午前十時から、参議院本会議です。

これが正午前まで続きます。

午後零《れい》時半からは、「朝鮮半島戦略問題研究会」という新たな場に出席するよう求められていました。

これは半島情勢の緊迫をみて、ぼくの長い知友のひとりでもある山本一太《やまもといちた》・参議院予算委員長が提唱《ていしょう》してつくられました。一太さんからは「青山さんは専門家の立場で参加して下さい」と要請されていました。これは参議院自由民主党の正式な研究会です。

愛知政審会長にお会いするのは、この研究会と本会議のあいだの小さな隙間《すきま》しか無いと考えました。

そこで本会議場のある二階から、三階の政審会長室に飛び込むように、しかし胸の裡ではしんと鎮まって、入っていきました。

とても大柄《おおがら》な愛知政審会長は、椅子《いす》にどっかと座って迎えてくれました。

その明晰《めいせき》な眼を見ながら、文書をお渡ししました。

ここにそれを掲げます。

愛知治郎・特別委員会筆頭理事へのお願い

平成二十九年六月二日金曜
参議院自由民主党有志《ゆうし》

たった今、参議院は、百年、千年に累《るい》が及《およ》ぶ禍根《かこん》を生もうとしていると危惧《きぐ》されます。

すなわち民進党の野田佳彦幹事長が、その総理在任時《ざいにんじ》に導入《どうにゅう》しようとした「女性宮家」の創設を野党となってなお固執《こしつ》し、それに加えて現《げん》・責任与党《せきにんよとう》の自由民主党でも内部の議論や、国民に見える議論のいずれも何ら行われないまま突如として、「天皇の退位等に関する皇室典範特例法案」の附帯決議に「女性宮家の検討」が盛り込まれようとしています。

これは野田政権から安倍政権への政権交代を促《うなが》した多数の民意に反する懸念が強く、また、自由民主党は与党としての重い責任を放棄することになりかねません。

これがなぜ、百年、千年に及ぶ禍根につながるかと申せば、まさしく二千数百年の間、ただの一度も設《もう》けられたこともなき、「女性宮家」なるものを置くことを検討するとうたっているからです。将来《しょうらい》の政権によってはその設置《せっち》という不遜《ふそん》を行う根拠《こんきょ》にされかねません。

本来、宮家とは男系・父系による皇位継承を担保するために（本格的には）室町時代来、設けられたものであり、当主を男系・父系とすることは自明の理であります。

その根本伝統を知らずして、あるいは意図的に無視して女系・母系の当主を実質的に想定する「女性宮家」なる奇怪なものを、国会議決に初めて明記することに参議院が関与するならば、それはやがて天皇家の皇統を維持することを破壊し、女系・母系、すなわち新王朝への交代に道を開くことに、あろうことか良識《りょうしき》の府、参議院が参画することになります。

そこで件《くだん》の附帯決議について、「女性宮家の創設等」の一節を削除《さくじょ》することが望まれます。

万一、それをもはや不可能とするならば、最低でも、衆議院で成された附帯決議の冒頭部分に「一　政府は、安定的な皇位継承・・・」とある部分の「政府は」の後に「男系による」の五文字を補《おぎな》い、この部分を「一　政府は、男系による安定的な皇位継承・・・」とすべきです。

愛知治郎「天皇の退位等に関する皇室典範特例法案特別委員会」筆頭理事におかれては、男系・父系による皇位継承の維持が万世の重い意味を持つことを、すでに充分《じゅうぶん》に認識《にんしき》されていると拝察いたします。つきましては、その高いご見識を日本国の維持のために十全に発揮してくださることを心よりお願い申し上げます。

（文責、参議院議員　青山繁晴　拝）

10

愛知さんは愛知さんらしく、その場でじっくり文書に目を通されました。

こうした文書を渡してもそそくさと畳《たた》んで胸ポケットに入れてしまい、「それでね……」と話される政治家も、特に重職《じゅうしょく》にある人には少なくないのです。

しかし愛知さんは違います。

これは余人《よじん》を入れない一対一の場であり、しかも水面下の動きの一環ですから、愛知政審会長・兼・特別委員会筆頭理事の言葉をそのまま紹介するわけにはいきません。

けれども、ぎりぎりの範囲内《はんいない》で、読者・国民にお伝えします。

愛知さんは、ぼくの眼の前で最後まで文書を読まれてから向き直り、こう仰いました。

「良く分かりました。基本的には、この文書に賛成です」

ぼくは覚悟《かくご》もして、次の言葉を待ちました。

「ご承知《しょうち》のように私には立場があります」

その通りです。

「しかし、できる限りの努力を致しましょう」

はっとしました。

これは望外の言葉だったからです。

実質的には突《つ》き放《はな》されると思っていました。

そうではなく愛知さんは女性宮家を作らせないための努力を約束なさいました。これは必ずしも「衆議院で可決された附帯決議を、参議院の独自性を発揮して変えるために努力する」ということでは無いことも気づいていました。しかし女性宮家を作らせないという本来の目的のために努力していくという決意は、はっきりと感じられました。

深くお礼を申し、政審会長室を辞すると、ドアの外に共同通信政治部の若い記者が待っていました。

驚きました。見事な動きです。水面下の動きをどうやって摑《つか》んだのでしょうか。共同通信政治部の出身でもあるぼくは内心で、ちょっと嬉《うれ》しくなりながら、誠実《せいじつ》な彼の取材に短く応えました。前述の研究会の大事な初会合がもう迫っています。

11

この六月二日が金曜でした。

国会議員は午後から一斉《いっせい》に選挙区に帰っていきます。選挙活動をしないぼくは、ふだんの金曜日は午後四時五十分から東京大学の教養学部で講義をします。

大学で教鞭《きょうべん》を執《と》ることは、独研（独立総合研究所）の社長・兼《けん》・首席研究員の時代から始まり、近畿大学経済学部《きんきだいがくけいざいがくぶ》で客員教授《きゃくいんきょうじゅ》として国際関係論を講じてもう十一年目です。国会議員になると大阪《おおさか》の大学へ平日に行くことは無理ですから辞めようと思いましたが、学生たちの顔が目に浮かんで辞められず、隔週《かくしゅう》で土曜を費やして、集中講義をしています。

土曜に集まってくる学生たちは、これまでの近畿大学生よりも遥《はる》かに意識が高く、かえって良かったと感じています。ただし、せっかく国会のない土曜が消えるために、原稿執筆の時間を確保《かくほ》できず四苦八苦です。

東京大学での講義は、なんと学生の要請で始まりました。東大には、大学改革の一環としてその制度があります。こちらは二年目です。

東大の正式な非常勤講師《ひじょうきんこうし》として議員と兼務《けんむ》で務めましたが、その任期が無事に終わった今も、東大生の熱心な願いで大学も認めて開かれている自主ゼミナールで講じています。そしてやがて、非常勤講師に再任される見通しです。

ゼミのテーマは一貫して「知力の再構築」です。

すなわち、模範解答《もはんかいとう》のある受験勉強で勝って東大に来た学生諸君が、また模範解答のある公務員試験に受かって国家公務員の総合職（旧・I種）となり、いわゆるキャリア官僚として、今度は模範解答なき世界に直面していわば誤答《ごとう》する、この実態を打開するためのゼミです。

東大の教養学部に行くのは、国会からそう時間が掛かりません。金曜の夕方は、前述のとおり与野党を問わず議員がもはや選挙区に向かっているために国会の日程があまり入らず、多くの場合、東大で講義ができます。

しかし六月二日の金曜は東大のオープンキャンパス行事とぶつかり、休講《きゅうこう》でした。それでもとにかく多くの議員が夕方には居ませんから、女性宮家をめぐる活動は実質的に休止です。

その代わり、というわけではなく、同時進行で別の課題で大切な動きもありました。

まず午後二時半過ぎには、総理官邸を訪れ、自由民主党の「領土に関する特命委員会」の幹部たちと一緒に、官邸五階の総理応接室で安倍総理に委員会の「決議」を手渡しました。

これは、あの硫黄島《いおうとう》の戦いを指揮した栗林忠道《くりばやしただみち》帝国陸軍中将のお孫さんの新藤義孝《しんどうよしたか》・元総務大臣が委員長を務める委員会です。その新藤さんの判断で、ぼくは一年生議員としてはたぶん異例の「幹事」に就任しています。

竹島《たけしま》では韓国、尖閣諸島《せんかくしょとう》では中国による不当な活動が続いていますが、なかでも日本のＥＥＺや領海で海洋調査船による海洋調査を最近、国際法に違背《いはい》して勝手に進めている現実があります。政府として、これに対応するよう求める申し入れです。

安倍総理は、国会審議で見るときより、やや疲《つか》れの表情も伺《うかが》えました。しかし熱心に決議書を読み、新藤委員長の話を聴き、質問されます。

ぼくは、中韓の不当な海洋調査の結果が、実は国際学会で堂々《どうどう》と報告されている現状とそれへの対応策をほんの少し述べました。

それから午後三時半には、ふたたび総理官邸に入りました。

今度は、日本海連合《にほんかいれんごう》（正式には海洋《かいよう》エネルギー資源開発促進《しげんかいはつそくしん》日本海連合）の知事さんたちと一緒に、菅義偉《すがよしひで》官房長官を訪ねるのです。

東日本大震災《ひがしにほんだいしんさい》の翌年、日本がまだ津波《つなみ》や地震の打撃と福島原子力災害《ふくしまげんしりょくさいがい》に苦しんでいる頃、ぼくも復興《ふっこう》や原子力災害の克服《こくふく》に非力ながら協力する一方で、この西暦二〇一二年に独研の社長として日本海側の知事を回って歩きました。

日本海が抱擁《ほうよう》する建国以来初めての本格的な自前資源、メタンハイドレートにいつまで経っても国が本気で取り組まないために、いったん発想を切り替えたのです。

日本海側のメタンハイドレートが実用化されて資源産業が勃興《ぼっこう》すれば過疎《かそ》に苦しむ町村に希望の灯《あかり》がともります。しかし一府県ごとでは国も動かない。「日本海連合」という分かりやすい名前の新しい自治体連合を組めば、きっと国も変わる。そう信じて知事さんたちに話していきました。

民間の一専門家だったぼくごときの話を全国知事会長の山田啓二《やまだけいじ》・京都府知事《きょうとふちじ》、経済産業省資源エネルギー庁出身の泉田裕彦《いずみだひろひこ》・新潟県知事《にいがたけんちじ》（当時）、日本海と太平洋側（正確には瀬戸内海《せとないかい》）の双方《そうほう》に面した兵庫県《ひょうごけん》の井戸敏三《いどとしぞう》知事、この三人が熱心に聴いてくれて、たくさんの準備作業や調整を経て、日本海連合が西暦二〇一二年九月に発足《ほっそく》となりました。

ところが……連合が開いた初のシンポジウムでは、なぜかぼくは招《まね》かれないどころか、開催《かいさい》の知らせすら来なかったのです。

ただの民間人に新しい仕事を増やされた、という府県庁のお役人の意思を感じました。

しかし、あくまでも祖国を自前資源を持つ日本にするのが目的です。誰にも何も言わず、すべて胸の中へ呑み込みました。

すると二年目からは壇上《だんじょう》に知事さんたちが居並ぶ横に招かれるようになり、発言もできるようになりました。内部でどんな経緯《けいい》があったのかは何も聞いていない、聞く気もないので知りませぬ。

ぼくは、たとえば京都の舞鶴港《まいづるこう》から兵庫県の神戸市の背後にある三田市《さんだし》までパイプラインを敷設《ふせつ》することも提案したのです。

日本は先進国のなかで例外的にパイプライン網《もう》をほとんど持っていません。東日本はいくらかはマシで、新潟県から首都圏《しゅとけん》まで一本、走っています。南長岡《みなみながおか》ガス田などが産出する天然ガスを首都圏へ輸送するラインがそれです。前述の東日本大震災でもエネルギー供給《きょうきゅう》の確保に役立ちました。

一方、二千万の人口を持つ関西（関西広域連合《かんさいこういきれんごう》エリア）へは日本海側から一本も走ってはいません。

舞鶴は西日本の日本海側で屈指《くっし》の港です。海上自衛隊の大切な基地のひとつですが、これをさらに活用して日本海側の経済を押し上げ、その効果によって太平洋側のデフレを克服するために、また危機に備えたリダンダンシー（redundancy／国交省は冗長性《じょうちょうせい》と訳しています。分かりにくいですね。リスクを予《あらかじ》め考えて余裕《よゆう》を持たせることです）のためにも、舞鶴をメタンハイドレート由来の天然ガス基地として整備すれば、そこから三田まではたったの八十キロあまりです。日本は東西になが〜くて、南北に短い国土ですから。

その八十キロだけパイプラインを敷《し》けば、三田からは大阪ガスの世界最優秀技術のガス細管《さいかん》が縦横《じゅうおう》に走っていますから、巨大な人口集積地・関西の住宅、企業にどんどんメタンハイドレート由来の自前の天然ガスを供給できます。

八千キロの彼方のカタールなどから高価なガスを買ってくるのと比べると、距離では百分の一、さらに今は海を越えて買ってきているからいったんガスを液化してLNG（液化天然ガス）に変えて特殊な大型船に載せ、それが日本に着いたらまたガスに戻し、つまり多額の追加コストを費やしているのがゼロになります。直接、ガスそのものを陸のパイプで運ぶのですから。

もちろんパイプライン敷設の工費と、維持費《いじひ》が掛かります。

日本海連合の関係者が国交省に打診《だしん》すると「そんな高いもの！」という反応でした。

何を仰ってる。

舞鶴と三田の間にはすでに高速道路が走っています。これに併設《へいせつ》すれば、土地収用のコストが要らない。工費は実はこの土地をめぐるコストが大きいのです、特に日本においては。

それに維持費を含めて考えても、パイプラインは安上がりで、前述のマルチの意味、値打ちがあります。自治体だけではなく、中央政府も常に新しい仕事を嫌がるのです。

そこで、これをさらに強力に推《お》し進《すす》めるために、日本海連合の会長の山田・全国知事会長（京都府知事）、新しい事務局長の米山隆一《よねやまりゅういち》・新潟県知事、そして富山県の石井隆一《いしいたかかず》知事らと共に菅官房長官に申し入れたのでした。

日本海連合に属する青森《あおもり》から山口《やまぐち》まで十二府県のみんなのためです。

そして、これまで過疎《かそ》に喘《あえ》いでいた地域に資源産業が興《おこ》れば、日本全体の経済を変えます。なぜデフレか。それは日本経済が成長しきって、もう伸びしろが無く、みんながものを買わないからです。日本海側の過疎の苦悩《くのう》は、だからやり方、生き方次第でむしろ希望《きぼう》なのです。日本経済に残っていた伸びしろだから。

この日、ご一緒した富山の石井知事は、元は消防庁《しょうぼうちょう》の長官でした。

ぼくが独研の社長時代に「原発にリスクはある。最大のものがテロだ。テロに備えを」と呼びかけていたとき、沈黙《ちんもく》する政府のなかで例外的に、共鳴《きょうめい》されたのが石井消防庁長官です。アメリカのニューヨークの電源《でんげん》となっている「インディアンポイント2原発」において武装したテロ対策が執られ、地元自治体が住民避難《じゅうみんひなん》の準備と訓練《くんれん》を進化させているのを、ぼくが保安官たちと連携し、徹底的に調査し、その結果を消防庁の面々に講演したりしました。

こうしたちいさな努力を通じつつ、国民をテロから護るための画期的な法律として国民保護法《こくみんほごほう》を民間からも提案しました。そして支援もして、国会や総務省《そうむしょう》消防庁などが動き、法は成立して平成一六年からの施行《しこう》にこぎ着けたのです。

総理官邸の一角で久しぶりに再会した石井さんは、かつてと変わらない弾《はじ》けるような明るい笑顔で「やぁ、青山さん、議員になってくれて良かった」と仰いました。

こうやって金曜の日中が過ぎると、夜は疲れた心身に鞭《むち》打って原稿を書きつつ、頭の一角で、週末のたいせつな日程に備え、それから頭の別の一角では週明けの女性宮家反対のための動きに備え、土曜の夜明けを迎えました。

12

そして六月三日土曜の朝八時半には羽田空港《はねだくうこう》に向かいました。
沖縄に着くと、まずは白梅《しらうめ》の塔《とう》に向かいました。

白梅とは、もう分かって下さるかたも多いとは思いますが、敗戦まで沖縄にあった県立《けんりつ》第二高等女学校《だいにこうとうじょがっこう》、通称では二高女の校章です。

沖縄に高等女学校の少女たちによる学徒隊があり、傷《きず》つき死に直面する日本兵を看護《かんご》なさり、米軍の艦砲射撃《かんぽうしゃげき》、砲撃、銃撃《じゅうげき》、そして火炎放射器《かえんほうしゃき》によって殺されるか、自決《じけつ》なさったことは、映画などによって広く知られています。その名称も映画、漫画、小説では分かりやすいように学徒看護隊《がくとかんごたい》と変えられました。

だけども何度も繰り返して映画化されるのは、ひめゆり学徒隊だけです。ひめゆり学徒隊は県立沖縄第一高等女学校、すなわち一高女と、県立師範学校女子部《しはんがっこうじょしぶ》の生徒で編制《へんせい》されました。いわば当時のエリート女学生ですね。

このひめゆり学徒隊だけが記憶され、芸能界に利用もされ、その自決壕《じけつごう》は観光地になっています。ひめゆりの塔を訪れて、敷地《しきち》の入口からいきなり土産物《みやげもの》、記念品を買うよう求める強い声にこころが混乱したひともいるのではないでしょうか。

全部で九つあった学徒隊のひとつだけが記憶され、ほかの八学徒隊、すなわち二高女の白梅看護隊、三高女のなごらん学徒隊、県立首里高女《しゅりこうじょ》の瑞泉《ずいせん》学徒隊、私立積徳高女の積徳学徒隊（ふじ学徒隊）、私立昭和高女の梯梧《でいご》学徒隊、県立宮古高女《みやここうじょ》の宮古高女学徒隊、県立八重山高女《やえやまこうじょ》の八重山高女学徒隊、そして八重山農学校《やえやまのうがっこう》の八重農女子学徒隊はほとんど、少なからぬ沖縄県民からも忘れ去られていた現実があります。

少年たちによる鉄血勤皇隊《てっけつきんのうたい》も、いわば影に隠れたようになっています。

たとえ記憶されていても、ひめゆりの少女たちに起きた悲劇に変わりはありません。しかし学徒隊、鉄血勤皇隊には生き残りの方々もいらっしゃいます。拉致被害者と同じように家族もいらっしゃいます。口に出して言えない苦悩《くのう》もあり、少女、少年たちはみな、後世《こうせい》の日本国民、すなわちわたしたちが平和でいられるようにと、たったひとつしか無い命を捧《ささ》げられたのですから、ぼくらが忘れていた現実を変えねばなりません。

今このように話すぼく自身も、二六歳で新人記者になるまでは、敗戦後の教育と文化のなかで、ひめゆり学徒隊しか知りませんでした。

それが記者になって初めて訪ねた沖縄で、沖縄戦の戦跡《せんせき》をまわっているとき、個人タクシーの運転手さんが白梅の塔と自決壕へ連れて行ってくださり、「このように誰も、沖縄県民も訪ねてきません。沖縄戦のことを県民もほんとうは知らないのです」と仰いました。そのときから長いあいだお参りを続け、つたない発信を通じてみんなにも「自決壕に行ってくだされば少女たちが、その後の日本国民に会えます。会って触れれば、初めて報われる。軍国主義に騙されて無駄死《むだじ》にしたのではなく、ひとのために生きて死んだのだと分かっていただける」と語り、やがて生き残りの少女たちとも出逢《であ》いました。

それが白梅同窓会長《しらうめどうそうかいちょう》の中山きくさんをはじめとする何人かの方々です。八十歳代の半《なか》ばになられていますが、ぼくが僭越ながらハグを致すと腕《うで》の中で誰もが十代の少女に戻られます。

那覇空港から真っ直ぐ、白梅の塔に着くと、もうきくさんたちが塔や壕を清めて待っていてくださいました。ぼくはいつものように、塔の前の碑《いしぶみ》に刻《きざ》まれた学徒と先生ひとりひとりの名を呼びながら、ひとりひとりの名にお水を掛け、魂《たましい》の感謝と尊敬を申しあげていきました。

ぼくの公設秘書三人、清水麻未公設第一秘書、入間川和美《いりまがわかずみ》公設第二秘書、出口太《いでぐちふとし》政策秘書の全員が同行しています。

ぼくの本の読者も七人ほど来てらっしゃいました。それから沖縄県石垣市《いしがきし》の中山義隆《なかやまよしたか》市長、那覇《なは》の奥間亮《おくまりょう》市議もわざわざ来てくれていました。

中山さん、奥間さんは、ぼくが参議院議員だから来られたのではありません。中山さんは石垣市の中にある尖閣諸島を護ろうと戦う市長であり、長年、連携すべきを連携しています。ぼくは沖縄県知事もできる人材だとずっと考えています。奥間さんは、拙著《せっちょ》の「ぼくらの祖国」を琉球大学生《りゅうきゅうだいがくせい》の時代に読んで、何をしていいのか分からなかったことを克服し、まず警察官、そして自由民主党の市議になられた若者です。

そして、きくさんら四人の白梅同窓会のみなさんは今日も背筋《せすじ》を伸ばして、ぼくらを迎えてくださいました。六月二十三日の沖縄慰霊《おきなわいれい》の日《ひ》、すなわち沖縄戦終結の刻《とき》とされる日までもあと二十日、ぼくは例年、この賑《にぎ》やかな日には訪れていません。

ひっそりと静まりかえる白梅の塔と自決壕の敷地には、明るい光が溢れています。

この世にはなんと不思議なことが起きるのでしょうか。

かつてここは、どんなに晴れた日でも、たとえようもなく暗かったのです。それが五、六年ほど前からでしょうか、雨の日でもなぜか訪ねると明るいのです。

まるで、さかさまになりました。生きている人が居ない、みな、自決されるか殺されるかした場所です。それなのに大きな、深い変化が起きました。お参りをしてくださる人が増えて、少女が報われることができて、その多くが天にお帰りになったからではないかと拝察しています。

13

この白梅の塔から那覇市内のホテルに移動し、「ぼくらの国会」という催《もよお》しを開きました。

ぼくは奇妙《きみょう》な国会議員です。

選挙活動をしません。法律でお金集めが保証されている、すなわち政治資金規正法《せいじしきんきせいほう》によって国会議員は正しくやれば政治献金を集めてよしとなっていることは良く理解しているけれども、前にも記したように、どなたからも政治献金を一円も受け取りません。さらに法が「大金を一気に集めるには、これで大丈夫」と担保しているに等しい政治資金集めパーティも、決してやりませぬ。自由民主党にいても、どの派閥から誘われても所属しないだけではなく、どの都道府県連にも属しません。

なぜか無駄に朝早く、多くの場合いちばん乗りで国会に現れます。

そして議員にだけはなりたくありませんでした。おのれを売り込むことはしないので、選挙にだけは出たくなかったからです。わがささやかな人生を壊す覚悟で、やむを得ず選挙に出て、その通り、生きたかった人生はみごとに壊れました。

ただし一貫していると言えば、実は一貫しています。と言うのは、自分のやりたいことは、もっとも後回しにするという、これも奇妙な半生を生きてきたからです。やりたくないけど、やらなきゃいけない、そういうことからまず力を尽くしきる。やりたいことは必ず、最後にする。

だから「小説を書いて、スポーツをする。それだけで暮らしたい」という望みは常に後回しにしてきました。そのために作品として世に出た小説（フィクション）は今のところ、「平成紀《へいせいき》」一作だけ。手の中にある書きかけの作品は、掌《たなごころ》小説と言われる超短編《ちょうたんぺん》から、短編、中編、長編、そして超長編までずらりと揃っているのに、仕上げの佳境《かきょう》に入るとそこでやめ、すべてまだ未発表です。あぁ、何たることかと思わず、自分に呟《つぶや》く。

一方で「祖国とアジアと世界の歪《ゆが》みや病《やまい》を、ほんのすこしでも治癒《ちゆ》に近づけるお手伝いをしよう」と考えて書き、仕上げるノンフィクションは、著者《ちょしゃ》のぼくにとっても、ある読者の方々にとっても永遠の一冊《いっさつ》となった「ぼくらの祖国」をはじめ、プロの書き手としてはそう多い冊数とも言えないけれど確実に世に出ています。新書としての再生や対談、共著を含めると二十冊近いです。

これももしも、おのれにとって一番やりやすい仕事である作家だけを専業としていたら、より沢山の本を出していたでしょう。

しかし、まず主権者にリアルタイムで事実、真実を伝えるべきだと考えて記者の仕事から社会人生活を始め、ペルー大使公邸人質事件でそれを辞めると、これも必要不可欠と考える危機管理、安全保障・外交、エネルギー安全保障の実務に転じ、まことに非力ながらマルチの分野で民間の専門家の端くれとして取り組んでいるうちに、日本の現実、すなわち民間の智恵がお上（政府権力）の下に置かれて、シンクタンクや研究所が政府の思惑《おもわく》や指示の通りに調査・研究をして禄《ろく》を食《は》むという現実に直面しました。

そこで日本で初めての独立系、すなわち旧財閥《きゅうざいばつ》などの既得権益や政府権力から自律し、こちらから、民から逆提案をして調査研究プロジェクトを遂行する、それを社是《しゃぜ》に掲げた独立総合研究所（独研）を仲間とともに創立《そうりつ》し、代表取締役社長《だいひょうとりしまりやくしゃちょう》・兼・首席研究員となりました。

自分としてはまさかの社長業に取り組んで、異分子を潰そうとする既成《きせい》シンクタンクや、革新の顔をしつつ敗戦後の日本の利権を担《かつ》ぐ偽《にせ》ジャーナリストの群れ、そして巨大な政官財学《せいかんざいがく》の癒着《ゆちゃく》の仕組みと悪戦苦闘《あくせんくとう》の日々が続きました。

その延長線上《えんちょうせんじょう》に選挙と国会議員もあるから、前述したように、まぁ一貫していると言えるわけです。

その立場で議員となりましたから前述の奇妙な、そしてちいさな努力、それはお金の問題から朝の何時に国会に行くかまで、自然にすとんと軽妙《けいみょう》な音を立てるようにおのずから決まりました。

それを続けていると、「これぞ、ぎーん（議員）のたいせつな任務だ」と思えることが、幾《いく》つも幾つも浮かんできます。

14

そのひとつが、国会の審議、特に「暗黒国会」と呼ばざるを得ない国会の実態、そして自由民主党の本部でほぼ毎朝、開催される「部会」でマスメディアを閉め出して交わされる議論、それらを赤裸々《せきらら》に、ありのままに主権者に真っ直ぐに伝えることです。

この「部会」は、国の政策のありとあらゆる分野に及んでいます。なぜなら、日本はすべてのことは法律によってしか動かず、その法律は国会でしか作れず、自由民主党が与党でいるなら、その部会でまず自由に議論し、最後には諒承《りょうしょう》を得られないと法案を国会に出せないからです。

国会の審議は、テレビ中継《ちゅうけい》や衆参両院のネット中継で誰でも見られますが、部会は、自由民主党の議員と秘書、党職員しか見られません。

日々、積み重なる議論、軋轢《あつれき》、衝突《しょうとつ》、理解、合意のいちばん肝要《かんよう》なところを、直接に主権者に伝える、それが「ぼくらの国会」です。

これは、独研の社長時代から続けている自主開催の講演会、「独立講演会」とは違って、国会議員としてのぼくの動きに絞《しぼ》って、希望者と対話する会です。

十年を超えて、政治部の記者を務めていましたから国会議員の日常はかなり知っているつもりでしたが、当事者になると決定的に違います。

たとえば前述の自由民主党の部会です。

この政党の良い点のひとつが、この部会です。国会の開会中は毎朝八時から党本部で、国民の生活、そして国の現在・未来をめぐるすべての分野とテーマについて担当省庁のキャリア官僚らをずらりと集め、法案の最初の討論や、リアルタイムの動きをめぐる生々しい議論を交わします。

朝食の小さな弁当が出ることが多いのです。ぼくが当初、それに手を付けないでいると隣に座った、名を存じあげないベテラン風の衆議院議員が「青山さん、大丈夫ですよ。あなたももう代金を払っているんです。ただメシじゃないですよ」と言われました。ぼくはちょっと驚きました。ただメシは食べないという不肖ぼくの原則をご存じらしいからです。それをご存じなのは、長いあいだ発信をウオッチされてきた証左《しょうさ》です。

そして代金支払い済みなのは事実でした。国会議員の給料、歳費《さいひ》から党費《とうひ》というものが天引きされているのでした。

なぜ、この話をしたかというと、野党の議員から「部会は、朝食を食べるために自民党議員が出ているだけだ」という声を記者時代から聞いていたからです。いま連日、部会に出ている実感からすると、あの小さな、そして毎日毎日、同じ弁当を目当てに来ているというのは無理があります。党本部の職員のみなさんが一生懸命に工夫してくれている弁当ですから、ありがたいです。しかし交わされる議論の熱心さ、メモを取る手のひたむきさ、正直、政治家に対するイメージが変わりました。まるで予備校の受験生みたいに一心《いっしん》不乱《ふらん》です。

万一、ぼくが参加しない分野の部会で弁当目当ての議員が居たとしても、あの熱心な議論が毎朝、頭の上を飛び交うのをただ聴いているだけで、相当な勉強になるでしょう。

この部会で、官僚を上回る専門性を持って発言することは想像を遥かに上回る影響力を発揮します。想像、それはぼく自身の政治記者の経験から「こうに違いない」と思い込んでいた範囲をも決定的に上回る影響力でした。

ぼくごとき一年生議員、それも無派閥の、政治資金集めパーティを開いて議員同士の持ちつ持たれつ（つまり互いのパーティに出席してお金を渡し合う）ことすらやらないから従来のやり方では党内で力を持つはずの無い議員の、部会の発言によって何が起きたか。

たとえば、外交青書《がいこうせいしょ》の「慰安婦《いあんふ》を日本軍が強制連行した証拠はない」という、ずっと続いてきた、国際社会に致命的《ちめいてき》な誤解《ごかい》を招《まね》く記述《きじゅつ》、すなわち「強制連行の事実があるからこそ、証拠は無いと言い張っているのではないか」、「サスペンス映画で犯人が、証拠は無いだろと開き直っているのと同じ」（いずれもアメリカ軍の親日派の将校がぼくに問うた言葉）という誤解を生んできた記述が一変しました。こうです。

……（前略）……「軍や官憲《かんけん》による強制連行」、「数十万人の慰安婦」「性奴隷《せいどれい》」といった主張については、史実とは認識していない……（後略）……。

ここは元々は、西暦二〇一七年の外交青書の原稿では次のようになっていました。

原稿といっても外務省の手ですでに印刷されている状態です。

ページは、現在、一般の書店にも出回っている市販版・完成版の外交青書と同じ二二ページです。

（韓国との慰安婦問題について）日本政府としては、引き続き、様々な関係者にアプローチし、日本の立場について説明する取組を続けていく。

……これだけなのです。

それに対して、不肖ぼくが自由民主党の外交部会で「書きぶりが足りない」と意見を述べました。

すると驚いたことに複数の外務官僚が参議院議員会館のぼくの部屋にやってきて「これでどうでしょうか」を紙を出すのです。

みると外交青書二二ページの印刷の「日本の立場」のあとに、赤い手書きで次の一文が挿入されていました。

（例えば、「軍や官憲による強制連行」、「数十万人の慰安婦」、「性奴隷」といった主張については、史実の裏付けがあるとは認識していないこと）

つまり「日本の立場」という何を具体的に言っているのか、さっぱり分からない箇所《かしょ》に（　）の中を補って分かるようにしたわけです。

「それはいいですが、史実の裏付があるとは認識していない……つまり証拠がないという言い方が根本的に駄目《だめ》なんですよ」とぼくが指摘すると、外務官僚たちは困って考えています。

「こうすれば、どうですか。史実とは認識していない、とする。これならずばり、事実じゃないと言っていますね。しかも外交上、不穏当な表現にはならず、さらにあなた方の修正案と文字数が変わらない、むしろ少し減るからページの増減も起きない。上にも横にも通りやすいでしょう」

つまり上層部にも言いやすいし省内調整もできるのではないですか……という提案でした。

すると外交官たちの顔がパッと輝き、「すぐ検討します」と紙を持ち帰りました。

それを見送りながらぼくは「とは言え、長年、証拠はない、裏付けはないと外務官僚も総理も官房長官も外務大臣もひたすら言ってきたのだから覆らないだろう」と思っていました。

これが見事に、その通りに覆ったのです。

ご自分の眼で「外交青書２０１７」の二二ページを見てくださいね、
あるいは小中学校の学習《がくしゅう》指《し》導要領《どうようりょう》が一変し、北方領土、竹島、尖閣といった日本の領土をめぐって、韓国の不当な銃撃によって日本の漁家の方々が殺され傷ついたこと、領土はあくまで国家主権に基づくからこそ護らねばならないということなどが初めて盛り込まれることになりました。

しかも学習指導要領が変わっても、それが適用《てきよう》されるのは数年後になるのに、この改訂《かいてい》だけは翌年の春、すなわち平成三〇年、西暦二〇一八年の新学期からすぐに適用されることになりました。

そして経済産業省が長年、日本海の自前資源メタンハイドレートについて、その理学的性質を研究するばかりで具体的な生産技法には決して踏《ふ》み込《こ》まなかったのを大転換《だいてんかん》し、平成二八年度の末、つまり二九年春までに初めて、生産技術の公募《こうぼ》に踏み切りました。

「官僚を上回る専門性」と前述したことに、何を大袈裟な、日本最高の専門性を持つのが官僚機構なんだからソンなことはあり得ないと考えたひともいらっしゃるでしょう。

これが違うのです。

まずキャリア官僚は、その担当部署を一年で交代したりします。長くても二年前後です。こちらは十年、二十年、いやもっと長く徹底して専門分野で世界の最前線に立ち、揉《も》まれて、打《う》ち克《か》ってきたのです。

専門性の意味が違うのではないでしょうか。

机上《きじょう》で、ノンキャリア官僚の組み立てた考えに乗っかって出してくる「専門的見地」と、世界のザ・ゲンバ、現場は違いすぎます。そしてノンキャリア官僚も、キャリアほどではなくてもどんどん異動していきますから、根本的かつ実質的にはキャリア官僚と同じことです。

世界だけではなく、日本の国内に限っても最前線の現場で培《つちか》った専門性こそ尊い。生き死にを賭《か》けて日々、戦っている中小企業の経営者、技術者を見てもそれが分かりますね？

ぼくがぎーん（議員）になってからずっと「異業種の人よ出《いで》よ」と働く人々に選挙への立候補を呼びかけているのはそのためです。安倍総理も世襲《せしゅう》ですから業界内の人です。政界から見て異業種である層から、新しい議員が登場すべきです。

そう呼びかけるとき、こう付け加えてもいます。「その異業種の人は、官僚を唸《うな》らせる、感嘆《かんたん》させるほどの本物の専門性と現場経験を持っていなければなりません。そして議員になっても何も報われないこと、それどころか命も要らぬ、カネも要らぬ、地位も要らぬ、虚名も要らぬという覚悟が腹《はら》のなかにどーんと鎮座《ちんざ》していなければなりません」

厳しいようですが、事実です。

日本の中央省庁は、頭の良さでは世界一です。これに立ち向かう、いや、ほんとうは秘かな共感を官界に呼び起こすには、この真の専門能力と捨て身の志が必要不可欠なのです。

逆にそれがあれば、敗戦後ずっと一度たりともできなかったことが、奇蹟《きせき》のようにできるという信じがたいことが起きます。

たとえば歴史について中国、中国に指示された韓国、北朝鮮の真っ赤な嘘、巧妙《こうみょう》な中傷《ちゅうしょう》工作によって世界に広がり続ける日本への誤解を覆す重要な一歩を踏み出せます。外交青書の書き換えがその一例です。

われらの子供たちに歴史とたった今の真実を教えることへも踏み出せます。たとえば学習指導要領の領土に関する初の改訂がその一例です。

「日本は戦争に負けて、資源の無い国に甘んじているのが世界によけいな波紋《はもん》も呼ばず、幸せなんだ」と思い込まされ、戦勝国の国際メジャー石油資本の言う通りに不当に高いオイルやガスを買わされ、自前資源の開発はやっているふりだけに留《とど》めることとの大転換もできます。日本海の自前資源メタンハイドレートの生産技術開発に着手したことがその第一歩です。

日本の自前資源はメタンハイドレートだけではありません。金・銀・銅《どう》・亜鉛《あえん》・鉛《なまり》を採《と》り出《だ》せる海底熱水鉱床《かいていねっすいこうしょう》、レアメタル（レアアースはその一部）、マンガン団塊《だんかい》（鉄・マンガン団塊、コバルト・リッチ・クラスト）もまさしく生産技術の進展《しんてん》によっては活用できます。

そのとき「携帯電話などに含まれるレアメタルといった都市資源の開発が先だ」といったネット上の俗説《ぞくせつ》に惑《まど》わされてはいけません。これは資源を回収《かいしゅう》するコストが高くて、少なくとも最優先の資源ではありません。

日本の中央省庁には、もうひとつの大問題があります。

西暦二〇一七年の通常国会の終盤《しゅうばん》や、その国会の閉幕後《へいまくご》も野党とマスメディアがぴたり一体になって事実誤認《じじつごにん》を広げてしまった、「加計学園《かけがくえん》」の件がその一例です。

この真実は、主として西日本で鳥インフルエンザや口蹄疫《こうていえき》が暗黒の近未来を指し示す重大事として発生しているにもかかわらず、その西日本に獣医師《じゅういし》が足りない事実を、文部科学省が強大な権力で無視して実に半世紀にわたり西日本に獣医師養成機関を作らせなかった政治的事件です。

新宿歌舞伎町《しんじゅくかぶきちょう》の広域暴力団《こういきぼうりょくだん》が経営する「ラブオンザビーチ」という名前の「出会い

系バー」、警視庁《けいしちょう》の内偵《ないてい》によれば女性から男性の顔は見えず、男性がその女性たちを外に連れ出すとき短時間なら五千円、これも同じ暴力団が経営するラブホテルに行ける時間を確保するなら三万円を払うこの店に一緒に、あるいはひとりで多いときは週に三回、通っていた前川喜平《まえかわきへい》・前文科省事務次官、その二代前の事務次官だった山中伸一《やまなかしんいち》・前ブルガリア大使らを中心にした旧文部省系官僚が、自由民主党や民主党の一部議員とも癒着し、さらに共産党や日教組といった実は敗戦後日本の既得権益を自民党内の自称リベラル派などと共に支えてきた守旧勢力とも水面下で深く、暗く癒着して、同時に、自分たち以外の獣医師を作らせたくないという獣医師の既成団体とも癒着して、東京をはじめ東日本に八割、西日本に二割という獣医師の偏在《へんざい》を守ってきたのです。

新宿歌舞伎町は、住吉連合《すみよしれんごう》、稲川会《いながわかい》、そして山口組《やまぐちぐみ》ら広域暴力団が中国系、韓国系、北朝鮮系の暴力組織とともに鬩《せめ》ぎあい、また支配を分け合う街です。

それは多くの人が知っていても、みんなが知らない事実がある。

ぼくは共同通信政治部の記者時代のある日のこと、政治部長に呼び出しを受けました。キャップやデスクを飛び越して、いきなり政治部長から呼び出されるのは異例のことです。そして「労働省《ろうどうしょう》（当時。現・厚生労働省《こうせいろうどうしょう》）の担当に替わってくれ」と言われました。

「ぼくは何かやらかしましたっけ」と咄嗟《とっさ》に聞きました。政治部の中枢の現場と言うべき総理官邸や自民党本部の担当が長かったからです。すると政治部長は「連合の初代会長の山岸章《やまぎしあきら》が、小沢一郎《おざわいちろう》と組んで、非自民政権を作ろうとしているらしい。歴史を変える動きだ。ところが山岸は強面《こわもて》、かつ、したたかで、労働省担当では歯が立たない。あんたが食い込んで事実を抜いてくれ」と応えました。

その夜、共同通信社の車両部が出してくれた車の運転手さんと協力して、千葉県市川市《ちばけんいちかわし》の住宅街で山岸会長の家を探しました。

ちょうど住所のあたりに塀《へい》の端っこが見えないような大邸宅《だいていたく》がありました。当時の連合は組合員八〇〇万人。サラリーマンの給料から天引きされる組合費が十円、増えていても気づく人は稀です。しかしそれで労働界上層部への上納金《じょうのうきん》の現ナマは、単純計算では八千万円増えます。百円で八億、千円で八十億、ようやく多くのひとが気づくだろう一万円では、実に八百億円です。

したがって「労働貴族《ろうどうきぞく》」という言葉が古くからあります。このごろはメディアによって死語にされていますが、実態は何も変わっていません。あなたも、会社に入ったら自動的に組合員になっていませんか？

ぼくもそうでした。これは「ユニオン・ショップ」と言って労働法に合致《がっち》する仕組みとして、むしろ推奨《すいしょう》されているのです。したがって前述の組合費の天引きも、まだ西も東も分からない新入社員のときから自動的に始まっていることが多い。

だから労働界の激烈《げきれつ》な権力闘争に打ち勝って、日本初のナショナルセンター、つまり統一労組のトップに就任した山岸さんが大邸宅に住んでいると思うのは当然でした。その邸宅には表札《ひょうさつ》がありません。これも労働貴族の自宅である証拠かなとも思えます。ぼくはさっそく、呼《よ》び鈴《りん》を押しました。門のちいさな窓《まど》を開けたお手伝いさんらしい女性に聞くと「山岸さんなんて知りません」

嘘とは思えないので、あたりを探しても見当たらない。そのうち、小さな、ほんとうに小さな建て売り住宅の周りを大男が何人もうろついているのが眼にとまりました。「あなた、連合のボディガードだろ」とあえて挨拶抜きで声を掛けました。

すると「何だ、おまえは」と凄《すご》み、合図で一斉《いっせい》に男たちがぼくを取り囲みました。こりゃ間違いないやとぼくは、ほんのわずかにだけ知っている武道で男どもを撥《は》ねのけ、建て売り住宅のインターフォンに飛びつき、呼び鈴を乱打《らんだ》しつつ、「やまぎしさあん」と生来《せいらい》の大声で叫びました。

飛びかかってきた男らと揉《も》み合《あ》っているうち玄関《げんかん》が開いて、そこには寝間着姿《ねまきすがた》の連合会長、山岸章さんがびっくり顔で立っていました。

ぼくはこの徹底的《てっていてき》に清潔《せいけつ》な暮らしぶりの連合会長、そして実は激越《げきえつ》、狡猾《こうかつ》、大胆《だいたん》な戦略家でもあった初老の人を、深く敬愛し、むちゃくちゃに仲良くなりました。

小沢一郎さんから電話が掛かると、ぼくは山岸さんの耳元にぴったりと密着《みっちゃく》してわが耳を寄せ、壁耳《かべみみ》ならぬ、こめかみ耳をやり、会話のすべてを聴きました。小沢さんは、これ以上はない甘え声、女性にも出せないだろう声で「かいちょ～う」と囁《ささや》き、「あなたさまのお力があれば、それだけで自民党を倒せます。細川護熙《ほそかわもりひろ》という殿様《とのさま》も総理候補に用意してあります」と何度も何度も繰り返しました。山岸さんは故人となられていますから、歴史の事実として書き遺しておきます。

その山岸さんは実は国士でした。特攻隊《とっこうたい》で出撃する直前に、日本の敗戦と特攻機の炎上を見た山岸さんは「占領下でアメリカが作った憲法でええ訳がないやろ」とぼくには仰いました。天下でもっとも優秀な秘書役だった佐藤兵実《さとうたけみ》さん（その後に電気通信産業労働《でんきつうしんさんぎょうろうどう》者共済生活協同組合《しゃきょうさいせいかつきょうどうくみあい》・常務理事《じょうむりじ》）だけが、こうした山岸さんの真実を、一部しか知らないぼくとは違ってすべてご存じです。

この山岸さんを追い落とそうと左派系・自称リベラル派の労組の首脳・幹部陣が烈《はげ》しく工作を仕掛けてきます。

山岸さんが「あいつらは平然と、組合費をくすねて新宿歌舞伎町で豪遊《ごうゆう》しとる。そこで俺《おれ》を亡《な》き者《もの》にするために密談《みつだん》、共謀《きょうぼう》しとるんや」と言うので、ぼくは「まさか。組合費じゃないでしょ。どこで飲むのも自由じゃないですか。組合費をくすねたりしますか」と応えました。

すると「何を言うとる。組合費やから、くすねるんやないか。そんなもんを横領《おうりょう》で捜《そう》査《さ》したら裏で繋がっとるマスコミが国策捜査《こくさくそうさ》やって騒《さわ》ぐで」と言います。小沢さんがその後、政治資金規正法違反《せいじしきんきせいほういはん》で起訴《きそ》されて無罪《むざい》になり、国策捜査という言葉が流行語に作り上げられて、検察《けんさつ》の特捜部《とくそうぶ》が規模《きぼ》を縮小《しゅくしょう》される、ずっと前のことです。

山岸さんの言葉は、常に先進性があり、予言《よげん》のような側面がありました。「連合はいずれ、馬糞《まぐそ》の川流れ、組合員が減って実質的に、ばらばらになる」というのが秘かな口癖でした。

生意気《なまいき》なぼくが「そこまで言うのなら、実例を教えてください」と言うと、自治労《じちろう》の後《ご》藤森重《とうもりしげ》委員長の名前を挙げ、「あんたのことやから歌舞伎町に突撃《とつげき》するつもりやろが、あいつらの豪遊は暴力団のガード付きや。気をつけろ」と仰いました。

もちろんぼくは後藤委員長を直撃しました。山岸さんの名前を出したりは一切しません。後藤さんは懐《ふところ》の深さを感じさせる、労働界では大人《たいじん》と言ってもいい雰囲気のある人でした。いつも古参《こさん》の労働担当記者と仲良くしていました。後藤さんは何もかもを否定《ひてい》されましたが、そののち、自治労の組織的な組合費不正流用が一部とは言え表沙汰《おもてざた》になり、後藤さんは他の自治労幹部とともに法人税法違反《ほうじんぜいほういはん》で起訴され有罪判決を受けました。東京地裁の判決は「自治労は裏金《うらがね》を作り、秘密の組織対策費や選挙運動の資金、飲食費・ゴルフ代など接待費《せったいひ》に充《あ》ててきた」と認定し断罪したのです。

何を話しているかというと、前川さん、山中さんという文科省の頂点《ちょうてん》を極めたキャリア官僚が新宿歌舞伎町の出会い系バーで常連《じょうれん》だったというのは偶然ではないということです。

既得権益を守るのなら、官庁にも、利益団体にも、与野党の政治家にも、労組にも、マスメディアにも、暴力団にも守られて安心して女性とも出会えるわけです。

労組と繋がった野党、内部を左派・自称リベラル派に牛耳《ぎゅうじ》られているマスメディアによって、この出会い系バー通いというのは安倍政権による謀略宣伝《ぼうりゃくせんでん》だということにされていますから、売春防止法《ばいしゅんぼうしほう》であれ何であれ、捜査があれば「ほら、国策捜査だ」と満場《まんじょう》一致《いっち》で非難されるでしょう。もはや司直《しちょく》にも期待できない。大半の誠実に働く労働組合員の日々も裏切られます。

そうやって既得権益は守られるのです。

これを打ち破ろうとした安倍政権、それを支える自由民主党も情けない。なぜすべてを民《たみ》の前にさらけ出して戦わない。返り血が怖《こわ》くて、日本の主敵《しゅてき》と戦えるのか。自由民主党の内側にも潜《ひそ》む膿《うみ》をも絞《しぼ》り出《だ》す覚悟でないと、ほんとうには戦えない。

こうしたことをすべて赤裸々に語りつつ、日本の政治に希望をどうやって作るかを主権者と対話するのが「ぼくらの国会」です。

これはあくまで議員活動の一環として遂行しています。だから参加無料です。

前出の独立講演会は、有料（五千円、インディペンデント・クラブ会員は四千円）で、国会に限らず森羅万象《しんらばんしょう》について四時間半から五時間近くにわたって質問を受けて答え続ける会です。

「ぼくらの国会」は基本、国会をめぐることどもだけです。時間も独立講演会のような長尺《ちょうじゃく》にはなりません。ずっと短いです。

まずは東京と大阪で試験的に開催して、怒濤《どとう》のようにみんなが集まってくださることを確認して、初めて沖縄で開催したのが、前述の白梅の塔にお参りした西暦二〇一七年六月三日土曜のことでした。

会場に選んだ那覇のロワジールホテルの宴会場は、超満席。残念ながら沢山の方をお断りせざるを得ませんでした。

この沖縄も、と言うより沖縄こそ、敗戦後日本の嘘で歪められた、祖国の地です。

石垣島に初めて立てられた、沖縄の主流派から激烈な妨害《ぼうがい》を受けながら海に向かって立てられた特攻隊の慰霊碑《いれいひ》（正式には顕彰碑《けんしょうひ》）の前で、石垣の生まれ育ちの元消防官は、ぼくにこう仰いました。

「青山さん、やっぱりそうなんですね。子供の頃からずっと、沖縄は捨《す》て石《いし》にされたと教わり続けてきましたが、捨て石にされたのならどうして全国から、沖縄戦にやって来たのか。話は逆じゃないのかと、その子供の時代から今まで思ってきました。そんなことを言うと、爪弾《つまはじ》きされるから黙《だま》っていました。しかし……」

ぼくは黙って海風に吹《ふ》かれながら、次の言葉を待ちました。

「いま伊舎堂《いしゃどう》さんの顔を見ながら、青山さんのお話を聞いて分かりました」

伊舎堂さんとは、特攻隊初出陣《はつしゅつじん》の出撃で隊長を務めた伊舎堂用久《いしゃどうようきゅう》大尉（戦死後の特進で中佐）のことです。

慰霊碑にその顔がレリーフとなって故郷《こきょう》の海と、祖国の沖縄を見つめています。

帝国陸軍の誠《まこと》第十七飛行隊隊長であった石垣島出身の伊舎堂大尉率いる史上初の特攻隊は、昭和二十年三月二十六日午前四時に、石垣島白保《しらほ》にあった基地より慶良間列島《けらまれっとう》の西方海上へ出撃し、散華《さんげ》されました。

慰霊碑には、いま中国の武装船の侵入を日々、許している石垣の海を望《のぞ》みつつ、特攻隊員の名が全員、刻まれています。

誠第十七飛行隊では、伊舎堂用久中佐（二四歳、沖縄出身）のほかに全国から、川瀬嘉紀大尉（二四歳・三重《みえ》）、芝崎茂大尉（二四歳・埼玉《さいたま》）、黒田釋少尉（二一歳・愛媛《えひめ》）、安原正文大尉（二四歳・高知《こうち》）、久保元治大尉（二三歳・千葉《ちば》）、有馬達郎少尉（一七歳・鹿《か》児島《ごしま》）、そして林至寛少尉（一七歳・東京）です（階級はみな死後昇進《しごしょうしん》）。

伊舎堂用久大尉

「この方々は沖縄を愛しているから、この地に集《つど》うて出撃されました。命令だけではありません。その魂《たましい》から、祖国の沖縄を護ろうとされたのです」

ぼくがそう元消防官に語っていると、海沿《うみぞ》いの細い道を走る小さな軽自動車が見えました。

元消防官が「あ、市長です」と驚いた声を出しました。

中山義隆・石垣市長です。

沖縄県の首長としては珍《めずら》しく若手の中山市長はまさしく、この慰霊碑を反対運動を一身に受けつつ建立《こんりゅう》した、その人です。

土建利権と結んで大きな家に住み高級車に乗る人も多い、沖縄県の首長さんたちの中ではこれも例外的に、中山さんは妻子《さいし》と小ぶりなアパートに住み、軽自動車を自分で運転します。

予定外にやって来てくれた中山市長と、ぼくは伊舎堂大尉の前でがっつり抱《だ》き合《あ》い、中山さんの頭を抱《かか》えて髪《かみ》をぐしゃぐしゃにしました。ちなみに、ぼくの髪はもうとっくに海風でぐしゃぐしゃでした。これで仲間です。

その中山市長と、それから「ぼくらの祖国」を読んで無気力な人生から脱したと仰る那覇市議の奥間亮さんも、この「ぼっこく」こと「ぼくらの国会@沖縄」に参加してくれました。

会のあとに、この二人が口を揃えて仰ったのはこうです。

「沖縄で主に語られること、翁長知事《おながちじ》がいま主張していること、それがほとんど嘘であることをこんなに公然と語りあう会は、敗戦後の沖縄、復帰後の沖縄で初めてだと思います」

「会の中身の濃《こ》さにも驚きましたが、もっと驚いたのは、参加した市民、県民、国民がほとんど知らない顔ばっかりだったということです」

これは参加者に県外が多かったということでは全くないのです。逆です。

遠く東京や関西から参加してくださった方々も居ましたが、大半は、地元沖縄からの参加者でした。

中山市長はこう仰いました。「この沖縄で、青山さんのような考えを聞きに来る、対話しに来る人なら、ぼくらと顔なじみの少数派、限られた保守系の人だろうと思っていたんです。それが……ウチナンチュ（沖縄県民）のなかに、こんなに、沖縄の歴史と現在を見直したいという人が居るとは、びっくりしました」

ぼくは「そうです。去年（西暦二〇一六年）夏の参院選で、自由民主党公認候補のぼくに投票してくださった四十八万一八九〇人のみなさんも、大半が、もともと自民党が嫌いな人、あるいはどの政党も信じられないという人、だからこれまで投票にも行ったことが無かったという人です。複数のテレビ局の出口調査で、その傾向がはっきりと表れました。したがって、ぼくらの国会@沖縄も、そういう方々がお見えになるだろうと思っていましたよ」と応えました。

せっかくの沖縄ですから、せめて一泊はしたかったですが、ぼくと公設秘書三人は、その夜の最終便で帰京しました。

主な理由は、翌日の日曜に神戸で独立講演会を開くことでした。前日の内に東京へ戻っておけば、仮に飛行機が飛べなくても新幹線か、最悪でもぼくの運転で神戸へ行けます（ぼくは下手くそなレーシング・ドライバーでもあります）。

しかし沖縄からは飛行機しかありません。独立講演会はおよそ千人が五千円（あるいは四千円）を払《はら》って来られます。絶対にキャンセルはできませんから危機管理のために帰京しました。

隠れた理由がもうひとつあります。それが「女性宮家」反対の運動のためです。土曜の深更《しんこう》と日曜の早朝に、ぼくは宮中のひとも含めて関係者と議論しました。秘書陣にも知らせていません。

15

週が明けて、西暦二〇一七年六月五日の月曜日です。

ぼくも山田宏さんたちも「附帯決議をめぐる攻防はもはや勝負あった。衆参両院の正副議長が、実質的に附帯決議まで含めて合意し終わっている壁は、打ち破れない。極めて重大なことに、参議院の特別委員会でも、衆議院と同じ附帯決議が可決され、女性宮家という歴史を誤る造語が史上初めて、公に姿を現すことになる。これからは言葉ではなく、女性宮家というものを現実に決して、永遠に作らせないための、より腹を据《す》えた戦いになる」という認識で一致していました。

天皇陛下のご存在をめぐる、過《あやま》てる造語は「女系天皇」「母系天皇」に続く二例目とも言えます。

そして六月七日の水曜、参議院の特別委員会はたった一日、今上陛下のご譲位を特例として実現する法案を審議し、そのまま採決を行い、全会一致で可決しました。

このとき、六日前の六月一日に特別委員会の理事を辞任していた有村治子参議院議員も、当然ながら賛成されました。特例法の本体については、ぼくも山田さんたちも有村さんも賛成です。

特別委員会は引き続き、附帯決議を起立によって採決する手続きとなり、有村さんは起立せず、反対されました。

ぼくや有村さんと同じ考えの恭子先生こと中山恭子参議院議員（自由民主党と統一会派を組む「日本のこころ」代表）はしかし、迷う様子もなく起立なさり、賛成されました。

これは、前述した「衆参両院の正副議長の合意で決まっていることである」、「自民・こころの統一会派も含めて附帯決議に賛成することで協議が終わっている」という理由だと思われます。

有村さんは、この日に参議院自由民主党の吉田博美幹事長から口頭で厳重注意《げんじゅうちゅうい》を受けました。翌日の六月八日には、有村さんは参議院自民党政策審議会・会長代理などの役職について処分を執行部に委《ゆだ》ねる「進退伺《しんたいうかがい》」を提出されました。吉田幹事長は保留としつつ、各党を回られ、合意事項に違背したことを謝罪して歩かれました。

そして有村さんは、各党の関係者に宛てて「手紙」を出されました。そのなかで、起立しなかったのは突然に腰《こし》が動かなくなったためであり自分でも何が起きたのか分からない、という趣旨を述べられ謝罪されました。

うーむ。

院内テレビで見た採決の様子では、有村さんに腰を含めた身体的な異変は感じられませんでした。

むしろ、それこそ腰を定めて意志強く、座り続けて反対の意思表示をなさったように見えました。

一年生議員で、まだ役職などほとんど無いぼくには、想像も付かない大きなプレッシャーが掛かったのでしょうか。

特例法案はその後、本会議に掛けられました。附帯決議は前述の通り、委員会で終わってしまうので、特別委員会の委員ではないぼくらには手が出せません。

本会議でぼくは、特例法案の本体に賛成ボタンをしっかり押しました。

では、もしもお前が特別委員会の委員だったら、あるいは委員だけではなく理事だったらどうしたか。

理事会で最後まで反対意見を述べ、しかし理事は辞任せず、採決では起立して賛成したと思います。なぜか。恭子先生、ぼくが安倍総理の後任にもっとも適任の一人と考える中山恭子参議院議員と同じ理由です。合意形成に関われれば、その合意に反対していても、合意が成された以上は政治的敗者として従わねばなりません。

しかし一方で、有村さんが毅然《きぜん》と反対なさったことは、その後の弁明《べんめい》がどうであれ、女性宮家の問題を知らしめることに貢献《こうけん》された点を僭越ながら評価させてください。

16

こうしたことをすべて踏まえて、ぼくは第三回として開いた「女性宮家反対のための勉強会」の席上の冒頭挨拶で「女性宮家という過《あやま》てる言葉を附帯決議という国会の公式な文書に残してしまった重い罪は、それに反対してきたわたしたちも、ぼく自身も、一緒に国民に対して背負わねばなりません」と、こころから沈痛《ちんつう》に述べました。

そして「だからこそ、このささやかな勉強会も、これからが正念場、本番です。わたしたちに党幹部は、心配するな、附帯決議に法的拘束力も実質的な効力もない、女性宮家は作らせないから、そう仰いました。その通りでしょう。しかし時代と政権によっては何が起きるか、この附帯決議をどう利用するか分かりません。腹を据えて戦い続けたいと思います」と続けました。

この第三回勉強会は、特例法案の本体が採決となる本会議の開かれた六月九日に行いました。朝八時から九時過ぎまで開き、九時二十分に国会対策委員会、九時四十五分に議員総会、そして九時五十五分に本会議の予鈴が鳴り、十時に本会議となったのでした。

勉強会はこの日も議員本人の出席が十一人を数えました。土台ができつつある感じです。

勉強会は正式名称を「皇室の伝統を護る勉強会」といったん定め、その後に、より広く祖国を護り抜く事を意味する名称に変え、そのなかに分科会を幾つかぶら下げて、そのひとつが「女性宮家を作らせない分科会」となる方向です。

勉強会はその後、この新書版のための原稿の〆切までの段階では、六月十四日に第四回を開きました。

講師は、ぼくの盟友《めいゆう》であり、かつ異論を真正面から闘わせている議論仲間でもある神官《しんかん》の松本聖吾さんです。松本さんは靖国神社《やすくにじんじゃ》の権禰宜《ごんのねぎ》であると同時に、総務課長ですが、そのまえに靖国の戦争記念館である遊就館《ゆうしゅうかん》の展示課長でした。その展示のあり方をめぐって、ぼくの読者、視聴者の集まりであるインディペンデント・クラブ（ＩＤＣ）会員の眼前で、遊就館の館内で、ぼくと論争を繰り広げてきた優秀な論者です。

松本さんは、たとえば天皇陛下が靖国に参拝《さんぱい》されないことについて「もともと戦死者を祀《まつ》るのが靖国であり、新たな戦死者が出ないなら、参拝されないのは自然の事。A級戦犯が合祀《ごうし》されたのを昭和天皇《しょうわてんのう》がお怒りになって参拝されなくなったのなら、勅使《ちょくし》もお見えにならないはず。勅使は、靖国神社にとって八月十五日より本質的なおまつりである春と秋の例大祭《れいたいさい》に、まさしく陛下によって遣《つか》わされており、A級戦犯うんぬんは基礎知識すら欠いている作り話です」と話されました。

これはぼくの長年の持論と全く同じです。いまお読みになった方のなかには「なるほど。目から鱗《うろこ》だ」という方もいらっしゃるのではないでしょうか。宮家についての知識と同じく、わたしたち敗戦後の日本人は誰も学校で、こうした分野の勉強をさせてもらっていないのです。

そして松本さんは「問題なのは陛下ではなく、総理大臣が参拝されないことです。それはみなさま方、国会議員の責任ではないですか」と指摘され、これもぼくと全く同意見です。

こうしたことが女性宮家をめぐる誤謬《ごびゅう》に繋がっているという点で、第四回も非常に貴重な勉強会になりました。

　議員本人の出席者は、前回よりひとりだけは減りましたが、もう附帯決議の採決も終わったなかで一〇人を確保したのはむしろ、これからが勝負だということを各議員が深く理解されているからだと考えます。

　ここまで四回の勉強会にその全部か一部にご本人が参加されたのは、衆議院が鬼木誠さん、木原稔さん（財務副大臣）、長尾敬さん、前田《まえだ》一男《かずお》さん、和田《わだ》義明《よしあき》さん、簗《やな》和生《かずお》さん、参議院が衛藤晟一さん（総理補佐官）、中西《なかにし》哲《さとし》さん、中山恭子さん、山谷えり子さん（参議院拉致問題特別委員長）、山田宏さん、和田《わだ》政宗《まさむね》さん、そして不肖青山繁晴でした。自民・こころの統一会派の議員にしか声を掛けていません。今後に幅を広げることはあり得ますが未定です。

七の扉　危機を笑う

1

さて閑話休題《かんわきゅうだい》、ちょっとオモシロイ出来事に遭遇《そうぐう》したという話をすこしだけ致《いた》しましょう。

先日、大阪《おおさか》の関西テレビで「胸《むね》いっぱいサミット」という討論番組《とうろんばんぐみ》の生放送に参加しました。関テレはかつて「スーパーニュースアンカー」という夕方の報道《ほうどう》番組の水曜版《すいようばん》、通《つう》称《しょう》「水曜アンカー」にレギュラー参加していて、ずいぶん沢山《たくさん》の視聴者《しちょうしゃ》・国民と、東日《ひがしに》本大震災《ほんだいしんさい》、福島原子力災害《ふくしまげんしりょくさいがい》や、小泉政権下《こいずみせいけんか》でのたった五人の拉致被害者《らちひがいしゃ》の帰国、第一次安倍政権《あべせいけん》の誕生《たんじょう》と崩壊《ほうかい》、鳩山《はとやま》政権の登場とその崩壊、そして菅《かん》さん、野田《のだ》さんと続いた民主党《みんしゅとう》政権下の日本などなどについて、一緒《いっしょ》に考えたのです。

この「水曜アンカー」は九年半にわたって続き、テレビ局にとって視聴率《しちょうりつ》よりも大切な占拠率《せんきょりつ》が三十二％を超《こ》えたりしました。

そのせいか中傷《ちゅうしょう》、嫌《いや》がらせもあり、ネット上の匿名《とくめい》のそれだけではなく、ジャーナリストを名乗る上杉隆《うえすぎたかし》氏が「青山は第一次安倍政権が崩壊するときアンカーの生放送で泣いたので公平性《こうへいせい》を失っている」という趣旨《しゅし》を、ぼくへの何の取材、確認《かくにん》も一切ないまま、その著書《ちょしょ》に書いたりしました。

　この真《ま》っ赤《か》な嘘《うそ》はどこから来たのか。生放送でのことですから、嘘だということは言い逃《のが》れようもありません。視聴者から数多くいただいた、ブログへの書き込みやEメールによれば、番組で当初は隣《となり》で出演されていた女性《じょせい》のタレント作家、この方は番組のコストカットでやがて出演されなくなったのですが、この方が上杉氏に「青山が泣いた」と言ったことがネタ元だそうです。なにせ生放送ですから、ぼくのそうした姿《すがた》を視《み》た視聴者が一人もいないので、今更《いまさら》、論議《ろんぎ》する必要もない愚劣《ぐれつ》そのものの中傷です。またぼくはこの女性タレント作家と二人だけになったことが、ただの一度もありません。したがって「私だけが泣く姿《すがた》を見た」ということもありませんから丸々《まるまる》の嘘です。

　しかし、不肖《ふしょう》ぼくの言説《げんせつ》が気に入らない人々がこうした中傷をせざるを得ないほど、圧倒的《あっとうてき》な数の視聴者・国民が毎週、視てくださった番組です。

　参議院議員となった今は、この関テレも月に一度ペースで前述《ぜんじゅつ》の「胸いっぱいサミット」に参加するだけになりました。

　ところが「水曜アンカー」を覚えていてくださる視聴者が、大阪の街を歩けば必ず、次から次へと声をかけてくださいます。

　この夜は、「胸いっぱいサミット」のスタッフとお疲《つか》れさん会で呑《の》もうと天満橋界隈《てんまばしかいわい》を歩いていて、何人かの方々がぼくたちとしばらく一緒に歩きました。

そのうち、最後までついて来られた中年の男性《だんせい》が、ぼくらの入る焼鳥屋さんの入り口でこう言われました。

「青山さんなァ、この頃《ごろ》ずっと考えてるんやけど、あんた、そろそろ選挙に出るべきや。国会議員になるべきや」

ぼくは思わずにっこりして、男性と握手《あくしゅ》しました。

このように、選挙に出たことすら知られていなくても、四十八万一八九〇票という想像《そうぞう》を絶《ぜっ》する票をいただいて、今、ぼくは国会にいます。

国会は立法の唯一《ゆいいつ》の現場《げんば》です。憲法《けんぽう》改正から、朝鮮半島有事《ちょうせんはんとうゆうじ》に備《そな》える緊急《きんきゅう》の立法まで、すべて国会が国民と国家の命運を決めます。そこの現場から照らしてみれば、「ぼくしん」こと「ぼくらの真実」で、非力《ひりき》ながら力を尽《つ》くして摘出《てきしゅつ》した課題は、最前線でどうなっているのでしょうか。

まず何よりも憲法です。

「ぼくしん」こと「ぼくらの真実」がいちばん急いで、力を尽くしてみなさんと一緒に考えようとしたのは、ぼくたちの大切な根本法規《こんぽんほうき》、日本国憲法《にほんこくけんぽう》です。

この長い、百三条に及《およ》ぶ日本国憲法のなかで、どうやって日本国民を護《まも》るのかをめぐる定めが一字もないという現実《げんじつ》、それを真っ先に考えようとするのが「ぼくらの真実」です。

それをこの新書に再生《さいせい》するとき最初の手掛《てが》かりとなるのはやはり朝鮮半島危機《ちょうせんはんとうきき》です。

2

半島危機というものの正体は、いったい何でしょうか。

それはひとつには、わたしたち日本国民の七十余年《よねん》をまざまざと見せつけています。

朝鮮半島の危機なのに、そこから時差も作れないほど近い日本に何も決定権《けっていけん》がない。決定権どころか、ほとんど判断放棄《はんだんほうき》ですね。

半島危機に直面した安倍晋三総理《あべしんぞうそうり》は外交を得意分野とし、地球狭《せま》しと駆《か》けめぐり、現《げん》に半島危機の直前サミットとなった伊勢志摩《いせしま》サミット（Ｇ７）では米英仏独伊《べいえいふつどくい》そしてカナダの居並《いなら》ぶ首脳《しゅのう》がみなかすむほどのリーダーシップを発揮《はっき》しました。

そんな総理はこれまで日本に一度も現《あらわ》れたことがありません。

それなのに、目の前の半島でリアルな危機が勃発《ぼっぱつ》すると、北朝鮮《きたちょうせん》と脅《おど》し合いを演《えん》ずるトランプ大統領《だいとうりょう》に「高く評価《ひょうか》する」、「支持《しじ》する」と言うだけでした。

これは安倍総理の個人的《こじんてき》問題ではありません。その証拠《しょうこ》のひとつに、国民の人気も高かった小泉純一郎《こいずみじゅんいちろう》総理（当時）はイラク戦争に際《さい》して「即《そく》、全面支持でないと、日本は中東から油もガスも買えなくなる」という趣旨を強調して、自衛隊《じえいたい》を何もできない状態《じょうたい》のままイラクの戦地に送りました。

この日本に対し、同じアメリカの同盟国《どうめいこく》であるドイツとフランスは、イラク戦争に明確《めいかく》に反対しました。ぼくがイラク戦争の戦地に行くと確《たし》かにドイツ兵、フランス兵は一人もいませんでした。

ドイツは日本と本来の立場が全く同じです。第二次世界大戦でアメリカをはじめ連合国に大敗し、ニュルンベルク裁判《さいばん》で「戦犯《せんぱん》」たちが裁《さば》かれ、死刑《しけい》に処《しょ》された人々が出ました。

しかしドイツには自衛隊ではなく連邦軍《れんぽうぐん》（Bundeswehr、ブンデスヴェーア）があります。自衛隊と違《ちが》って、まさか「国の交戦権《こうせんけん》は、これを認《みと》めない」（日本国憲法第九条の最後の一行）などという奇怪《きかい》な、国際法《こくさいほう》に違背《いはい》する取りきめなどはありません。もうすでに何度もドイツの海外へ派兵《はへい》し戦死者も出ています。

それでもドイツはイラクに一兵も送りませんでした。

フランスは戦勝国ですが、やはり一兵も送りませんでした。

その代わり、ぼくはドイツやフランスの情報機関員《じょうほうきかんいん》らしい人間を何人もイラクで見ました。アメリカがイラクでどのように戦うか、それを逞《たくま》しくも調べていたのです。

サッダーム・フセイン大統領のイラク共和国軍あるいは大統領親衛隊《しんえいたい》（特別共和国防衛隊）、つまり国家の正規軍《せいきぐん》には、アメリカ軍はやすやすと勝ちました。強いと言われた大統領親衛隊の戦車がろくに戦わずにすぐ停《と》まり、中から戦車兵が両手を挙げ、わらわらと出てきて「アメリィキィ、ワンダフル」と口々に叫《さけ》びながら降伏《こうふく》しました。

ところが、楽勝したアメリカ軍が、テロリストには全く勝てません。そのテロリストはイスラーム原理主義者であり、イスラーム世俗主義者《せぞくしゅぎしゃ》のフセイン大統領に徹底的《てっていてき》に弾圧《だんあつ》され拷問《ごうもん》され殺されていました。その独裁者《どくさいしゃ》をアメリカ軍がわざわざ海を越《こ》え山を越えやってきて死刑に処してくれたからこそ、テロリストたちは跳梁跋扈《ちょうりょうばっこ》したわけです。

ドイツやフランスの情報部員はこの現実をじっと観察し、国家の戦略《せんりゃく》立案に役立てていきました。

そして何が出てきたのでしょうか。

たとえば中東カタールからイラク戦争後に液化天然ガス（LNG）を買うとき、イラク戦争に無理に協力した日本と、真正面から反対したドイツとではどちらが有利な条件《じょうけん》になったでしょうか。

日経新聞《にっけいしんぶん》に出ている価格《かかく》と、実勢《じっせい》は違います。日経が虚報《きょほう》というのではありません。あくまで公式発表の数字だということです。

ぼくの長年の専門分野《せんもんぶんや》のひとつは、エネルギーです。仕事そのものもたったいまの現《げん》職《しょく》がフィクション、ノンフィクション両分野の作家、国会議員、大学教師《きょうし》、音楽番組MC、テレビ・ラジオの報道番組参加者とささやかながら多様ですが、その全てを通じていちばん大切にしているのが「現場の真実」です。

同じ敗戦国で経済大国にして、共にカタールからガスを買う立場のドイツと日本、この三角形を何度も巡《めぐ》った現場で知ったのは、ドイツがイラク戦争後、時期によっては日本の何分の一の実勢価格でカタール産のガスを買うことができた事実です。もちろんドイツはその消費する天然ガスのうち自国生産でおよそ一割《わり》を賄《まかな》っているから価格について交渉《こうしょう》力《りょく》がある事情《じじょう》もあります（ちなみに、日本がメタンハイドレートを実用化すれば、まさしくこのような価格交渉力を持つのです）。

しかしカタールで会った政府当局者、すなわち売り主からは「イラク戦争でドイツはあのアメリカに文句《もんく》を言って、自国の主張《しゅちょう》を貫《つらぬ》いたからね。言いなりにならない国だと分かって、どうしても交渉でそれまでのようには強気になれないね」（原文は英語）と聴《き》きました。

人間のやることは個人の何気ない日常も、世界情勢での重要な動きも、みな同じです。外交や国際交渉になると高尚《こうしょう》な話になるわけじゃない。ここが肝心《かんじん》です。日本がアメリカの言うことだけは鵜呑《うの》みに聞く。これをみな、安倍総理もぼく自身も、読者のみなさんも実はア・プリオリ（先天的）に決まっていることだと、敗戦後にずっと続く潜在意識《せんざいいしき》で思い込んでいないでしょうか。

前述した新宿歌舞伎町《しんじゅくかぶきちょう》の話も、左派《さは》・リベラル系《けい》の労組を悪者にしたのではありません。

ぼくらも根っこはまるで同じ潜在意識を持たされていて、それが歌舞伎町で噴《ふ》き出《だ》すこともあれば、イラクの戦地で噴き出すこともあったし、アメリカ軍によるいまの朝鮮半島危機でも噴き出すだろう、果ては皇室《こうしつ》をめぐる今後の課題でも「皇室の伝統《でんとう》を護る勉強会」などに参加したらアメリカから「リビジョニスト（歴史修正主義者《れきししゅうせいしゅぎしゃ》）」あるいは右《う》翼《よく》、ファー・ライト（極右《きょくう》）の烙印《らくいん》を押《お》されるのではないかという恐怖心《きょうふしん》が特に自由民《じゆうみん》主党《しゅとう》の議員には、すでに噴き出しているらしい。

これをこそ、一緒に考えたいのです。

そして打ち克《か》つには、笑い飛ばすことがいちばんです。

あのトランプさんをめぐるアメリカの狼狽《ろうばい》、混乱《こんらん》を見てください。アメリカを、あるいはトランプさんを嗤《わら》う（つまり嘲笑《ちょうしょう》する）のじゃない。「にんげん、やることは万事ちょぼちょぼ。支配者アメリカと言っても、ちょっと傾《かたむ》けば、われわれと同じ、弱いにんげんなんだ」と世界とおのれをまず、笑い飛ばしませんか。

怒るより、悲しむより、人のせいにするより、まず自分に引きつけて大笑いする。

すると、すっきりします。

笑ってすっきりしてから、憤激《ふんげき》しましょう。

それなら余裕《よゆう》を持って立ち上がれる。

3

わたしたちの日本海《にほんかい》にアメリカの原子力空母カール・ヴィンソンとその打撃群《だげきぐん》が入り、

定期修理中だったアメリカ最新、最大、最強（当時）の原子力空母ロナルド・レーガンとその打撃群が母港の横須賀《よこすか》を出港し、北朝鮮をあからさまに圧迫《あっぱく》する様相となったとき日本はどうしていたのでしょうか。

西暦《せいれき》二〇一七年の新芽ふく初夏五月八日、ぼくは海上自衛隊の練習艦《れんしゅうかん》「かしま」の艦上にいました。

練習艦と聞いてもう、お分かりの人もいるでしょうが、半島情勢《じょうせい》の緊張《きんちょう》とは関係ありません。次世代の自衛官《じえいかん》を育てるため、常《つね》に世界へ出ていく練習艦隊（通常《つうじょう》、かしまと護衛艦《ごえいかん》一隻《せき》の二艦で編成《へんせい》）が、錬兵《れんぺい》の実をあげて帰国したのを機に開かれたレセプションに参加していました。

東京湾《とうきょうわん》の晴海埠頭《はるみふとう》に停泊《ていはく》したかしまの艦尾《かんび》には旭日旗《きょくじつき》（実は敗戦後にわずかに朝陽《ちょうよう》の位置をずらしてあるので正確《せいかく》には自衛艦旗）が美しくはためき、そこに艦首《かんしゅ》を接《せっ》して停泊していた護衛艦「はるさめ」が強靱《きょうじん》な面構《つらがま》えをみせて鎮《しず》まっています。

レセプションには、遠洋航海を終えた高揚感《こうようかん》を頬《ほお》に浮《う》かべた男女の若い海上自衛官を主人公に、日本の海の護りのトップ、村川豊海上幕僚長《むらかわゆたかかいじょうばくりょうちょう》をはじめ士官がずらり顔を揃《そろ》え、与野党の国会議員、海上自衛隊のOB、防衛省担当《ぼうえいしょうたんとう》の記者を含《ふく》めマスメディアの人々、意外にわずかな数の外国の駐在武官《ちゅうざいぶかん》、そして正直に申してぼくには名も立場も分からない方々らが、もう身動きできないに近いほど沢山、にぎやかに集まっていました。

ぼくはこの席に緊張感《きんちょうかん》を求めるわけではありません。情況《じょうきょう》が緊張していても、平常《へいじょう》と変わらない側面を保《たも》たねばならないときもあります。練習艦隊が、新しい力の養成という重要任務《にんむ》を完遂《かんすい》して帰国したのなら、それはこうやって出迎《でむか》えもしなければなりません。

ただ、ぼくがこの「かしま」の甲板《かんぱん》上で、あらためて戦慄《せんりつ》したのは、ひとりの良心的な自由民主党代議士の言葉でした。

その言葉そのものが問題だったのではありません。逆《ぎゃく》です。びっくりするほどの誠実《せいじつ》な言葉でした。

「青山さん、こないだの件《けん》は一生懸命《いっしょうけんめい》やっています」

「こないだの件」は実は、幾《いく》つもありました。ぼくは二〇一六年七月に参議院議員の任期《にんき》が始まってからこの時点で九か月あまりのあいだ、外交・防衛、エネルギーをめぐる自由民主党の部会、それから外国人労働者を扱《あつか》う部会などには全て朝八時前から参加し、ほぼ毎回、質問《しつもん》に立って提案《ていあん》を重ねていました。

国会の正式な委員会である予算委員会、経済産業委員会、資源《しげん》エネルギー調査会でもこの時点で計五回質問し、そこでもささやかな提案を積み上げていました。

しかしこの中堅《ちゅうけん》代議士が仰《おっしゃ》った「こないだの件」はすぐ分かりました。

それは「このままでは半島有事が仮《かり》にあったとき、北朝鮮に囚《とら》われたままの拉致被害者を日本は自ら救い、保護《ほご》することができない。現状の安保法制を改正すべきだ」と提案した件です。

まず、ぼくは一年生議員にすぎません。政治経験を重ねてこられた中堅代議士が、新人の提案を真正面から受け止められていることに、内心深くで感激《かんげき》していました。

それは顔に出さず、次の言葉を待ちました。

「やっぱり憲法改正なんです。憲法が壁《かべ》になって、できませんと役人が言うんですね」

この代議士は山田賢司《やまだけんじ》さんです。

「どうしてもやるなら、先に憲法を変えるか、憲法の解釈を変えるかだけども、何よりもこれまで積み上げてきた憲法解釈《かいしゃく》と矛盾《むじゅん》してしまうということなんです」

ぼくはこの時、アメリカ太平洋軍のハリス司令官と会って一週間も経っていませんでした。司令官に、ひとりの日本の議員として次のような趣旨を申しあげました。「もしも米軍が北朝鮮を攻撃するときが来れば、わたしたち日本人は必ず自ら拉致被害者を救出しなければなりません。米軍との連携《れんけい》は必要です。しかしまずは自らによる救出です」

お母さんが神戸《こうべ》（正確には芦屋《あしや》）生まれのハリス司令官は、米軍史上初めての日系人《にっけいじん》の海軍大将《かいぐんたいしょう》として、日本と日本人に深い親しみを込めながら深くうなづかれました。

ところが、この時の日本の安保法制はどうなっていたでしょうか。共産党《きょうさんとう》、社民党《しゃみんとう》、それに民進党《みんしんとう》の現在の主流派《しゅりゅうは》は、この安保法制を「戦争法」と呼《よ》び、国会審議《しんぎ》ではそれを連呼《れんこ》します。

ぼくは皮肉屋ではありません。しかしもう笑うしかありません。

このナンチャッテ安保法制をもって戦争ができるようになる？　トンデモナイ。

戦争どころか、自国民を救《すく》うことすらできません。なぜなら安保法制によれば、北朝鮮の拉致被害者を保護するには何と、その北朝鮮の同意が必要なのです。

横田《よこた》めぐみさん、有本恵子《ありもとけいこ》さん、石岡亨《いしおかとおる》さんらをはじめ百人を超える恐れのある日本国民を拉致したままの北朝鮮の独裁政権が、アメリカ軍の攻撃を受けている最中になぜか、突如《とつじょ》として、アメリカの同盟国である日本の自衛隊が国内、領土内に入ることを喜んで受《う》け容《い》れ、武装《ぶそう》して行動することを認めてくれる――北朝鮮がこの謎《なぞ》の不可思議《ふかしぎ》な行動をとらない限《かぎ》り、日本は何もしてはいけない。これが安保法制の実像《じつぞう》です。

それどころではありません。

朝鮮半島危機を議論した、自由民主党の部会でこういうことがありました。

党の安全保障調査会長《ちょうさかいちょう》、大ベテランの今津寛《いまづひろし》代議士（元・防衛庁副長官）が部会の冒頭《ぼうとう》であいさつされました。

通り一遍《いっぺん》のあいさつで済《す》まされることもできましたが、しかし安保調査会長はそうされませんでした。

「たとえば法改正といった新しい取り組みをしなくていいのか。これまで、できないと思っていたことも考えるべきではないのか」

ぼくは、この異例《いれい》のあいさつにも励《はげ》まされて、こう発言しました。

「安保法制が第二次安倍政権によって成立するまで、日本国は海外の邦人《ほうじん》を何があっても保護できない、つまり救出できない国でした。それが安保法制で自衛隊の『やってもいいよ』リストの任務として初めて追加されました。しかし、この憲法の下で国会を通すために、条件《じょうけん》がつけられました。それが、ご承知《しょうち》のように相手国の承認《しょうにん》が要る、ということです。ところが、ほんとうはそれだけではありませんね。実際は三つある条件が全部そろうことが必要で、相手国、今の場合は北朝鮮の同意が不可欠《ふかけつ》なだけでなく、その北朝鮮がアメリカ軍の攻撃のさなかでなぜか人民軍を中心に治安を維持《いじ》していて、つまり自衛隊が行っても戦闘《せんとう》に巻《ま》き込《こ》まれないことも不可欠です。これが第二の条件ですね。

さらには、その朝鮮人民軍あるいは北朝鮮の秘密《ひみつ》警察などともわが自衛隊が連携できることが三つ目の条件で、これが全部、そろわないと、仮に拉致被害者がどんな目に遭《あ》われても……拉致されてから四十年も五十年も過ぎて、その果てにどれほどまでに苦しい、むごい目に遭われていても、日本は何もできない、しない、これが現状《げんじょう》です。憲法の制約《せいやく》はあっても、これは戦争ではなく国際法の認める自国民の救出ですから、安保法制の改正か、それとも北朝鮮の拉致被害者の救出に絞《しぼ》った特措法《とくそほう》（特別措置法《とくべつそちほう》）の成立かを目指すべきではありませんか。ぼくはふだん、安易《あんい》な特措法に批判的《ひはんてき》ですが、今回はそんなことを言っている場合ではありません」

東京湾の「かしま」艦上で、中堅代議士の山田賢司さんが「あの件は一生懸命やっています」と仰ったのは、このことなのです。

山田さんは国士です。

尖閣諸島《せんかくしょとう》の海で長尾《ながお》敬《たかし》代議士、山田《やまだ》宏《ひろし》参院議員らと共に中国の武装船と対峙《たいじ》して「漁業活動」を行ってきました。ぼくがCS放送およびネットTVの「虎ノ門《とらのもん》ニュース月曜版」で「ぼくなど足下にも及ばない、武闘派《ぶとうは》」と紹介《しょうかい》したのをいくらか気にされ、この「かしま」艦上でも「わたしは武闘派じゃないです。もっとソフトです」と繰《く》り返《かえ》し仰っていました。その通り、実に優《やさ》しいひとです。同時に、本物の武闘派はもちろん優しいのです。決まっているじゃないですか。

この山田代議士は年齢《ねんれい》こそぼくより若いですが、政治生活はずっとベテランです。自由民主党の部会でも、いわゆる雛壇《ひなだん》、つまり首脳《しゅのう》・幹部陣《かんぶじん》のなかに座《すわ》っておられることも多いのです。

ぼくはもちろん、部屋の隅《すみ》っこにいます。民間の専門家《せんもんか》の端《はし》くれとしては国の内外で現場を踏《ふ》んできましたが、それは関係ありません。

内部に入ってみると自由民主党というのは体育会でした。

それも、前にすこしだけ記したように早慶《そうけい》のそれに似《に》ています。時代の波にさまざまに洗《あら》われても一定の実力はあり、合宿所で補欠《ほけつ》の四年生がレギュラー選手の一年生にパンツを洗わせるなどということも起きません。洗濯《せんたく》はみな自分でやります。長幼《ちょうよう》の序《じょ》には厳《きび》しく、しかし意見はちゃんと言えて、部員の自主性《じしゅせい》は大事にしている。練習のメニューも監督《かんとく》が決めて上から降《お》ろしてくるのではなく、選手たちが話し合って決めます。

自由民主党の内側は、それに似ています。一方で間違《まちが》いなく腐敗《ふはい》した部分もあるでしょう。しかしこちらが既得権益《きとくけんえき》を一切、求めなければ、その部分は接触《せっしょく》してきません。だからと言って腐敗に目をつぶるわけにいきません。そのうえで、不毛の国会審議しかない野党と比《くら》べれば、はるかに意義《いぎ》ある存在《そんざい》です。

話を戻《もど》すと、あくまで、ただの一年生議員のぼくごときの提案に中堅議員が具体的に動き、官僚《かんりょう》、おそらくはとくに防衛省の官僚と折衝《せっしょう》してくださったのは驚《おどろ》きです。

しかし、その山田代議士も「これまでの憲法解釈は変えられない」という官僚の壁、それは圧倒的多数のマスメディア、ジャーナリスト、学者、評論家《ひょうろんか》、芸能人《げいのうじん》を使いながら既得権益、すなわち日本が「戦争に負けた国で資源もない国」のままにしておいたほうが、これまでの仕事や生活を続けられるという保身《ほしん》の壁、これを打《う》ち破《やぶ》るのはあまりに難しいという現実を東京湾でぼくに突きつけたとも言えます。

この場合の「憲法解釈」とは何でしょうか。

それは実は、日本国憲法にも全く書いてはいないことです。日本国憲法は全部で百三条《じょう》もある長すぎる憲法ですが、いちばん肝心な「国民をどうやって護るか」に関する条《じょう》項《こう》はたったの一条しかありません。

それが第九条です。

第九条の全文はすでに、この書が「ぼくらの真実」という単行本として世に出たときから、本文に紹介しています。しかしあえてもう一度、再掲《さいけい》します。

第九条　日本国民は、正義《せいぎ》と秩序《ちつじょ》を基調《きちょう》とする国際平和を誠実《せいじつ》に希求《ききゅう》し、国権《こっけん》の発動たる戦争と、武力《ぶりょく》による威嚇《いかく》又は武力の行使《こうし》は、国際紛争《こくさいふんそう》を解決《かいけつ》する手段《しゅだん》としては、永久《えいきゅう》にこれを放棄する。

二、前項の目的を達するため、陸海空軍その他の戦力は、これを保持《ほじ》しない。国の交戦権《こうせんけん》は、これを認めない。

第九条は侵略《しんりゃく》戦争《せんそう》を明らかに禁じています。しかしそれだけではありません。日本が主権国家なら国際法上、必ず持つべき権利《けんり》、国民国家を護るために欠かすことができない権利をいくつも禁じてしまっています。

ひとつ、戦わねばならない時には戦う権利。

ふたつ、戦争を起こさせないための抑止力《よくしりょく》を発揮すること。すなわち日本国民に危害《きがい》を加えれば、あるいは加えようとすれば痛《いた》い目に遭うと武力で威嚇する権利。

みっつ、日本を侵害《しんがい》、侵略する国が武力を行使するときは反撃する権利。

ここまでが第九条第一項にある禁止みっつです。

よっつ、陸海空軍を持つ権利。

いつつ、その他の戦力を持つ権利。

むっつ、交戦規定（ＲＯＥ）という国際法にとって最も大切な、ルールに基《もと》づく交戦権。

これらが第九条第二項の禁止みっつであり、合計で六件にわたって日本から主権の大切な、あまりに大切な主要項目を奪《うば》っています。

その一方で、「ではどうするのか」、「国際法上の権利を全否定《ぜんひてい》して、その代わりにどんな手段で日本国民を護るのか」はかけらも言及《げんきゅう》していません。だからぼくは「国民を護る手段が一字も書いてない」とずっと発信しているのです。

前文には、どこの誰とも知れない「諸国民」に、われら日本国民の安全も命（生存《せいぞん》）すらも委《ゆだ》ねてしまうという、呆《あき》れた趣旨はありますが、これは本文ではなく序文《じょぶん》にすぎません。

しかし……「自衛隊は海外で武力行使してはならない」とは一言も書いてありません。

そりゃそうです。前述したように陸海空軍だけではなく、「その他の戦力」も保持できないと明記してあるのですから、イージス艦に巨大《きょだい》なヘリ空母、潜水艦に戦車、装甲車《そうこうしゃ》、最先端《さいせんたん》の戦闘機《せんとうき》まで日々、動かしている自衛隊の存在を想定しているわけがありません。

その代わり、日本国憲法は言わば自らの体内である第九十六条に、ちゃんと改正条項を持っています。国会の総議員《そうぎいん》の三分の二以上の賛成《さんせい》でやっと国民に提案（発議）できて、その国民の投票で過半数《かはんすう》の賛成がないと改正できないという高いハードルではありますが、それでも、憲法をより良いものにしていく仕組みがビルトインされているわけです。

ところが日本は国会議員も国民も、その改正条項を活《い》かすことなく「解釈改憲《かいしゃくかいけん》」という奇妙《きみょう》な手にばかり依存してきました。これは全く同じ条文《じょうぶん》を「読み方を変えた」ことにして、実質的に憲法を改正したのに近い効果《こうか》を出す、要はごまかしです。

子供《こども》に教えられるはずもありません。

なぜなら、それができるのなら学校生活のルールも、それからスポーツのルールも「読み方」を変えれば勝手に変えてしまえることになるからです。

この禁じ手をやるには言《い》い訳《わけ》が必要です。それが「海外では武力行使できない」――なのです。

ありのままに申せば自衛隊など持てるはずもない憲法を、そのままにしておいて、読み方、解釈だけ変えて自衛隊を持っている代わりに「海外では戦わない」ということにしている。つまり、言い訳まで含めて憲法に書いてないことばかりをしているわけですが、そもそも「海外では戦わない」と決めてしまっていて、国民を護ることができるのでしょうか。国民は日々、仕事でも遊びでも留学《りゅうがく》でも、どんどん海外に出ているのです!

4

「ぼくしん」こと「ぼくらの真実」を新書化して、「危機にこそぼくらは甦《よみがえ》る」、略《りゃく》して、「ぼくキキ」こと「ぼくらの危機」にするに当たって、予定外、想定外に長い文章を書き続けてきました。すると、西暦二〇一七年五月三日の憲法記念日、民間主催の憲法フォーラムに安倍総理がビデオメッセージを寄《よ》せ、そのなかで突如、「(現憲法の)九条一項、二項を残しつつ、自衛隊を明文で書き込む」という提案をなさいました。

これぞ想像外。寝耳《ねみみ》に水《みず》。

自由民主党の議員には、ぼくも含めてただの一言もなく、これまで一度も党内で議論すらされたことの無い案を提示《ていじ》されました。

自由民主党は過去二回、憲法改正案を長い党内議論を経《へ》てまとめています。西暦二〇〇五年の十一月と二〇一二年の四月です。

そのいずれもが、現憲法九条の第二項は削除《さくじょ》することを明記しています。

二〇〇五年版では、ただ「削除」となっています。

二〇一二年版ではこうです。

「現九条二項を削除し、次の規定を置く　第九条　二　前項の規定（※青山註　第一項の「戦争を放棄し武力による威嚇も武力の行使もしない」という趣旨）は、自衛権の発動を妨《さまた》げるものではない」

ぼくはこの二回とも、自由民主党の改憲案作りに一切、関わっていません。当然ですね。自由民主党から選挙に出ることは、何度か誘《さそ》われていましたが、すべて唾棄《だき》するがごとくに断っていたからです。

しかし自由民主党の改憲案を知ってはいましたから、総理発言には驚きました。

なぜか。

九条の二項というのは、主権国家として致命的《ちめいてき》な定めだからです。しかも国際法に明白に違背しています。国際法が明らかに認めていると言うよりは、諸国が国家たる由縁《ゆえん》としていちばん大事にしている国民を護る権利を全否定しています。

まず「陸海空軍はこれを保持しない」と記すのではなく、「陸海空軍その他の戦力はこれを保持しない」と明記し、拉致被害者のように他国の暴力、軍事力を含めた暴力によって自国民が奪《うば》われても、それに対抗したり、防いだり、取り返したりする戦力が一切、認められていないのです。

さらに文末に「国の交戦権は、これを認めない」とあります。これをぼくはいつも「もっとも致命的な、とどめの間違い」と呼んでいます。ありのままに申して凡百《ぼんびゃく》の、世に不要な憲法学者はさまざまに机上《きじょう》で解釈なさっていますが、そんな解釈は一字も要らない。

北方領土《ほっぽうりょうど》も竹島《たけしま》も尖閣《せんかく》も、それから小笠原諸島《おがさわらしょとう》で漁家が四十年、丹精《たんせい》を込めて育てた赤珊瑚《あかさんご》が根こそぎ、中国政府が送り込む漁船団に奪《うば》われ尽くしたことも、北朝鮮ごとき狭い小国に多数の同胞《はらから》が囚《とら》われているのに誰《だれ》も取り返しに行ってはならないことも、これらを見れば一撃で分かります。

相手が国だったら、国民が殺されようと生活を奪われようと他国に監禁《かんきん》されようと一切、日本は何をしてはならないという定めです。

こんな定めが国際法にあると思いますか?

思うひとはいないでしょう。

政府のこれまでの解釈では「九条二項の冒頭に、前項の目的を達するため、とあるから自衛権までは否定されていない」という訳《わけ》の分からないことになっています。自民党政権だけではなく細川《ほそかわ》総理の非自民政権でも、民主党政権でも同じです。

前項の目的とは、ふつうに読めば「とにかく武力を日本という国には使わせない」ことですから、「陸海空軍だけじゃなく、とにかく国民のために戦うあらゆる力は持ってはいけない」、「国内で警察が国内犯に対してピストルを持つのはまぁ、いいけど、相手が外国だったら何もしてはいけない」という奇怪千万《きかいせんばん》な二項の定めと、まさしく前項（一項）とは符合《ふごう》しているじゃないですか。

それを「前項の目的とは、侵略戦争をしないということだ」と勝手に解釈して「だから次項である第二項では、自衛権は否定していない」と称し、「戦力じゃない実力だ」とこれもとても本来は子供に言えない無茶《むちゃ》な嘘をついて「自衛隊は合憲《ごうけん》」としてきたのです。

だから、自由民主党の改憲案がいずれも、この第二項の削除を謳《うた》うのは、あまりに当然です。

ところが安倍総理は「これはもう、このままにして、別項を追加して、そこで自衛隊は合憲と明記しよう」と言い出したのです。

ただし、安倍総理の次に総理になりたい石破茂《いしばしげる》・元自民党幹事長が「党が決めた改憲案をそのまま衆参両院の憲法審査会に出すべきだ」という趣旨を主張なさっているのは間違いです。

憲法九六条によれば、衆参両院の総議員の三分の二以上の賛成が無ければ国民に改憲を発議できません。

自由民主党は、ぼくがまさかの参加をした西暦二〇一六年夏の参院選で、ようやく久方《ひさかた》ぶりに衆参両院の過半数をぎりぎり確保したのであって、一党だけで三分の二以上とは見果てぬ夢《ゆめ》に過ぎません。

だから自由民主党が一党だけで決めた改憲案を、そのまま両院の憲法審査会に出すことはあり得ません。石破さんはしきりに「党内のみんなで苦労してまとめた案を安倍総理は無視するのか」と仰るけれど、苦労が報《むく》われねばならないのはアマチュアの世界です。高校野球です。

プロフェッショナルは、どんなに必死に練習しても負ければ終わり。練習は評価されません。当たり前ではありませんか？

国会議員はアマチュアなのですか。それなら国費を頂《いただ》いてはいけません。

したがって自由民主党案を改変してから、憲法審査会に出すのはいいのです。

だが、その安倍案の改変では、たいせつな根本法規《ほうき》の、それも主要な部分を後の定めで死文化《しぶんか》したり、子供に教えられないことになってしまいます。

それから日本国の主権者そのものである国民を武力をも用いて護る権利の愚《おろ》かな放棄を、敗戦から七十年あまりも経てからわざわざ固定することにも繋《つな》がります。

安倍総理の真意は、はっきりしています。

連立を組む公明党《こうめいとう》が従前《じゅうぜん》から、改憲ではなく加憲《かけん》を、と主張しているからです。

これも思い切り、奇怪な主張です。加憲、つまり新たな条項を付け加えるのであればそれは改憲です。しかし公明党は、選挙の真の戦力である創価学会青年部《そうかがっかいせいねんぶ》、婦人部《ふじんぶ》に阿《おもね》るために「現憲法はいじらず、環境権《かんきょうけん》などを付け加えるだけの加憲を」と主張し続けてきました。

安倍総理からすれば、この公明党の主張に、まさしく阿ることをしない限り、改憲は実際はいつまで経っても実現しないように見えるでしょう。

安倍さんは日本維新《にっぽんいしん》の会《かい》にも期待していますが、橋下徹《はしもととおる》さんの個人商店の側面は、橋下さんが政界引退を表明してもなお、そのままある政党ですから、いつまで、どのような姿で存続できるのかも分からない。

まずは公明党を引きつけて突破口を開きたい、それが真意です。

この安倍サドン&サプライズ提案を受けて、一か月半後の西暦二〇一七年六月二十一日水曜の朝に、自由民主党本部で「憲法改正推進本部《すいしんほんぶ》」の総会が開かれました。

押《お》すな押すなの満員になることを、ぼくの政策秘書である出口太《いでぐちふとし》秘書が正確に予想してくれました。ぼくはそのアドバイスを聞いて早くに席に着き、真っ先に手を挙《あ》げました。

自由民主党はこういう時、一年生の新人議員だからと発言機会をベテランより遅《おく》らせたりはしません。そこはほんとうに自由な政党です。

司会の上川陽子《かみかわようこ》衆議院議員（憲法改正推進本部の事務局長）がマスメディアは閉め出されているなかで「はい、まず、端っこの三人の方」と公平に指名されました。

窓際《まどぎわ》に座っていた、上座《かみざ》から佐藤正久《さとうまさひさ》参議院議員、西田昌司《にしだしょうじ》参議院議員、そしてぼくが順番に発言します。

元自衛官、というだけではなくイラク戦争の時の髭《ひげ》の隊長として有名な佐藤さんは安倍提案を評価なさいました。

熱血のリアリスト西田さんも、ほぼ評価する姿勢の意見です。

ぼくはこう申しました。

「総理の提案で、憲法九条をどうするかということが真正面から土俵《どひょう》に上がったことは僭越《せんえつ》な物言いながら、高く評価します。安倍総理はこれまで、憲法九六条の改正条項から改正を始めようとなさったり、あるいは現在は教育の無償化《むしょうか》で始めようとしていたり、九条を避《さ》ける傾向《けいこう》がありました。しかし遂《つい》に、本丸である九条を取りあげられました。今日の議事次第に『憲法第九条について』とあるのが夢のようです」

そして、こう続けました。

「そのうえで、総理の提案された、九条第二項をそのままにするということには賛成できません」

初めての反対論《はんたいろん》です。ぼくは自意識過剰《じいしきかじょう》ではありませぬ。その反対で、意外かも知れませんが、駅や空港で指を差されていてもヒソヒソ何かを言われていても、秘書は気づくのにぼくは何も気づきません。だから自意識過剰で言うのではなく、満席の広い会場、党本部最上階九階の九〇一号室に、ほんの少しながら緊張が走るのが感じられました。

「ひとりの議員としては賛成できません。憲法の一部を死文化するという手法も、自衛隊に課せられた矛盾を固定化するという結果も、賛成できません」

「しかし、どうしても総理提案で行くというのなら、これだけはということが三つあります」

5

「ひとつには、九条二項の最後にある『国の交戦権は、これを認めない。』……この致命的な、国際法違反の一文だけは削除して頂きたい」

「残りふたつは、自衛隊を合憲とする条項を付け加えるのなら、以下の二点を必ず盛り込んで下さいということです」

「ひとつ。自衛隊は現在、『これだけはしてもいいよリスト』すなわちポジティブ・リスト（positive list）で動いています。これではほんとうは国民は護れません、救えません。

あらゆる事態を法で事前に想定してリストアップするのが不可能《ふかのう》だからです。『これだけはしてはいけないリスト』、ネガティブ・リスト（negative list）に変えてください。ジュネーブ条約追加議定書にあるような国際法上の禁止事項、たとえば捕虜《ほりょ》の虐待《ぎゃくたい》といったこと以外はすべてできる、拉致被害者の救出ももちろんできる、という規定に変えることです」

「もうひとつ。軍法会議《ぐんぽうかいぎ》という言葉は使えなくても、わたしたち市民とは違う法体系《ほうたいけい》が自衛隊には適用されることを明示してください。自衛隊が侵略者《しんりゃくしゃ》と向かい合ったとき、侵略者が死ねば現状《げんじょう》ではわたしたちと同じ刑法《けいほう》と刑事訴訟法《けいじそしょうほう》で裁かれます。これも国際法上、全くあり得ないことです。そして現状では、自衛官が過《あやま》てる起訴《きそ》や裁判を覚悟した上でないと、侵略者と戦うこともできません。これを変えてください」

「最後に、憲法改正については、党議拘束《とうぎこうそく》を外してください。以上です」

わたしのこの発言の一部は、壁耳《かべみみ》をしていた記者によって、朝日《あさひ》、読売《よみうり》、毎日《まいにち》、産経《さんけい》などの新聞に載《の》りました。しかし、もちろんごくごく一部を切り取ってあるだけです。

党本部では、このあとほぼ二時間近くにわたって大量の意見が出されました。

わたしの意見にかなり同調してくれたのは同じ一年生参議院議員の松川《まつかわ》るいさんら、少数です。予想通りで、むしろこの松川さんのような意見がとても有り難《あがた》く思いました。

党議拘束を外してほしい、というところは河野太郎《こうのたろう》衆議院議員だけが同調されました。

すると、ある有力議員が「党議拘束を外せなんて、とんでもない」と発言され、この意見も当然あるだろうと考えました。この議員はぼくの隣に来られて、ヒソヒソ声で「さっきのは河野太郎と青山さんが一緒にされないように発言したんだよ。あんな勝手な奴《やつ》とね」と仰いました。

ベテランの政治家は周りが聞き取れない潜《ひそ》めた声で話すのが上手です。声の大きいぼくには至難《しなん》のわざですが。

周りに聞こえないように話されたと言うことは、明らかにオフレコ発言ですから、名前は伏《ふ》せます。しかし国士の議員です。

この総会があって、まもなく、安倍総理からはまたしてもサドン&サプライズ発言がありました。

それは九条をそのままにした憲法改正案を西暦二〇一七年秋の臨時国会《りんじこっかい》に出すというのです。

そんなに急いでまとめるのなら、ぼくの提案など一顧《いっこ》だにされない可能性がさらに高まります。党議拘束も、恐《おそ》らくは掛かるでしょう。

これも安倍総理の真意は分かります。

自由民主党のかなりの議員、野党、マスメディアが言う「自分の任期中に改憲を実現したい」という自己顕示欲《じこけんじよく》が中心とは考えません。

一日も早く憲法を改正しておかないと、朝鮮半島有事、すなわち新朝鮮戦争がもしもあったときに間に合わない、拉致被害者を自衛隊を中心とした救出部隊によって助け出すこともできないという意識が、背景のひとつになっていると考えます。

それは正しい。

しかし一方で、これは女性宮家《じょせいみやけ》をめぐる危機と似ているのです。

ご譲位を実現する法を、見苦しい対立のなきよう纏《まと》める。その短期目標のために、これから永《なが》きにわたって祖国の根本的なリスクとなり得る「女性宮家」という造語《ぞうご》を国権の最高機関たる国会が、公式に認定《にんてい》してしまいました。

前述したように、ほんとうは「女系天皇《じょけいてんのう》」という、今ではふつうに流通している言葉も、国会審議でももはや疑われずに使われる言葉も、過てる日本語です。天皇陛下《てんのうへいか》に女系・母系《ぼけい》はそもそもあり得るはずもないからです。

こうやって毒《どく》を含んだ石を少しづつ、国会が積み上げていけばどうなるか。

日本の根っこをみずから喪《うしな》うことに繋がります。もしもそうなれば、かつて日本国だったそこは中国と、その中国に属国《ぞっこく》のごとくに従《したが》う朝鮮半島の国によって草刈《くさか》り場《ば》となるでしょう。世界最高水準の技術者をはじめ誰も彼もがモラルなき外国人に利用されるでしょう。

九条をそのままにした改憲も、同じです。

自衛隊を堂々《どうどう》と使えるようになったようでいて、ほんらい国際法があまねく諸国に認めている国軍、国民をいつでも無条件に護れる国軍という存在となる機会は、永遠《えいえん》に喪われて、ぼくらの祖国が国家ならざる奇怪な存在にさらに墜《お》ちていく始まりになりかねません。

短期のことと中長期のことどもを混同《こんどう》することだけはしてはいけません。

それはリアリズムではない。ぼくは憲法改正推進本部の総会で、終始、ヒナ壇つまり首脳陣席にいらしゃる高村正彦《こうむらまさひこ》副総裁《ふくそうさい》の眼《め》を見つめながら話しました。

高村さんは、リアリストを自認《じにん》され、安倍総理の突然の提案の背後《はいご》にいらっしゃるおひとりだと思います。

ぼくは若い政治記者の時代から髙村さんと論争してきました。それは「リアリズムとは何か」ということに通じる論争です。

真のリアリズムとは、中長期の、時間の流れの最果てのことであってもリアルに考えることです。リアルに考えられるはずもないと思われる長期のことでも、その時点で最良の想像力を駆使《くし》して考えるのがリアリストです。

では半島有事の際の拉致被害者はどうするのか。

髙村さんは、ある新書で三浦瑠麗《みうらるり》という学者と対談なさっています。この三浦さんという人とは「朝まで生テレビ」という番組を広島から放送したときに、ぼくが例外的に参加して、その時に隣にいらした。その一回しかお会いしたことが無い。それ以外には電話やEメールなどで話したことも何も無い。

そのとき拉致被害者の救出は戦争ではなく国際法が認めた正当な活動だと述べたら、せせら笑われた。ほんとうは、こちらが笑いたかったけれども恥《はじ》をかかせないように致しました。というのは、ぼくの言ったことは外務省幹部《がいむしょうかんぶ》が政府参考人として国会で正式に答弁《とうべん》した内容だったから。

それもご存じなく、国際政治学者を名乗るのは恥《は》ずかしいことです。

番組の翌朝、ホテルをチェックアウトするときに、たまたまエレベーターで一緒になり乳母車《うばぐるま》を押すご主人らしい人以外には居なかったから、外務省の答弁者の名前も挙げて指摘《してき》すると、あっ、という顔をされて何も仰らなかった。

三浦さんは新書の対談で髙村さんにこう仰っています。

「青山繁晴さんのように『ガツン』とやるラインは一部の層《そう》にウケはいいですけど、拉致被害者の居場所《いばしょ》をインテリジェンスを通じて特定し、奪還作戦《だっかんさくせん》を実行するための装備《そうび》を揃《そろ》え、訓練《くんれん》を行うというのは大変なことです」。そしてご自分こそ安全保障と外交を考えているという趣旨の発言を続けていらっしゃる。

しかし、ぼくが一度でも「インテリジェンスによる被害者現況《げんきょう》の確認、あるいは奪還作戦の装備や訓練を欠いたままでもガツンとやりましょう、救出作戦をやりましょう」と、一体どこで言ったというのでしょうか。

学者というなら、せめて一度でも、ぼくに確認しようとしてはいかがでしょうか。

このいい加減《かげん》な、実質的にはただの中傷発言に対して髙村さんは「青山さんと私の間には一種の友情がありまして……」と、記者時代のぼくと中国をめぐって論争したことを正確に述べておられます。つまり拉致被害者救出の話題から、話を逸《そ》らせた。なぜか。拉致事件から話を逸らせたのではなく、ぼくがほんとうにそんなことを言っているのかどうか確認できないまま中傷話に乗ってはいけないと考えられたのでしょう。

この新書で見る限り、三浦さんはその気遣《きづか》いにも全く気づく気配がない。日本社会ではいい加減なのは、自称《じしょう》ジャーナリストだけではないのです。

拉致被害者を救出するときに、インテリジェンスによる被害者情報については、ぼくが民間の専門家の時代から国会議員の今も、三浦さんがまるでご存じないところで、日米英仏のインテリジェンス、軍機関と連携すべきは連携し、反対すべきは反対し、議論すべきは議論を交わし、ずっとフォローしていることです。

北朝鮮がアメリカ軍が圧迫《あっぱく》を強める今は特に、拉致被害者を分散させているのか、集合させているのか、おひとりおひとりの居場所はもちろん、ストレッチャーに乗せないと動けないのか、車椅子《くるまいす》で動けるか、杖《つえ》だけで良いか、それとも自力で歩けるか、さらには走れるかという心身の情況《じょうきょう》、あるいは軟禁《なんきん》か監禁《かんきん》か、北朝鮮社会の中へ潜《もぐ》り込《こ》まされてしまっているか、そうではなく特閣（とっかく。北朝鮮の招待所《しょうたいしょ》の中でも特異な場所）に住んでいるかなどなど、具体的なことをどこまで把握《はあく》できているかをめぐる、苦しい協議であり交渉であり、ささやかな努力です。

　それに合わせて、自衛隊の現役の将軍から佐官《さかん》、尉官《いかん》、下士官までと装備や訓練、作戦について、あくまで非公式な議論として協議も重ねています。

　それは、ぼくが社長を務めていた独研《どっけん》（独立総合研究所《どくりつそうごうけんきゅうしょ》）が十年以上にわたって陸海空の自衛隊の佐官への研修を毎年、志願者《しがんしゃ》から選抜《せんばつ》された二人に対して行ってきた実績《じっせき》が元になっているのです。

　自称・学者が知ったかぶりをして話せるような生易《なまやさ》しいことではありませぬ。

　こうした水面下の協議で浮かび上がっている、目前の最大の難題のひとつが憲法九条の制約による安保法制の信じがたい制約です。

　前述の通り、共産党などは今でも「戦争法」と偽称《ぎしょう》していますがトンデモナイ。

　戦争ができる法律どころか、これからもしもアメリカ軍が北朝鮮を攻撃して、自衛隊を核《かく》とした日本の部隊が拉致被害者の救出に当たろうとしても、先に記した「愚者《ぐしゃ》の三条件」とも呼ぶべき条件が満たされないと、自衛隊は出動すらできない。

　仮に改憲が間に合っても、九条をそのまま残しているのでは、この安保法制を改正できるかどうか。

だからぼくは今、西暦二〇一七年夏の時点で、自由民主党の部会などで「解釈変更による法改正」をまさしくリアリズムとして提案しています。

北朝鮮がアメリカの攻撃を受けた時点で、北朝鮮は当事者能力《とうじしゃのうりょく》を失っているとするか、日本は今でも朝鮮半島の唯一の合法国家として認めているのが韓国だけだということに立脚《りっきゃく》して、あらかじめ韓国が当事者だと認定しておくか。

選択肢《せんたくし》は実は複数《ふくすう》あります。

後者には、韓国の現ムンジェイン（文在寅）政権が北朝鮮と通じている政権だという現実があります。前者なら、たとえば国連の安保理を当事者に置き替えることも絶対に不可能と決まっているわけでは無い。

安保理常任理事国《あんぽりじょうにんりじこく》の中国やロシアも、拉致被害者の救出なら反対しない可能性も、交渉次第ではゼロでは無い。国連かアメリカ主導《しゅどう》の新しい国際機関に置き換える案も考えられます。

ただしイラク戦争の時に置かれたＣＰＡ（連合軍による暫定統治機構《ざんていとうちきこう》）のようなものに期待すると、それでは拉致被害者の命を直撃《ちょくげき》する苦難に間に合わない恐れがある。

アメリカ太平洋軍司令部と直接、対話を続けていて感じるのは、もしもアメリカ軍が北朝鮮攻撃に踏み切るとすれば、それは必ず、短期で終わることができるというシミュレーションができたときだということです。

予《あらかじ》め備えないと危機にも救出の機会にも間に合わない。

これは、ぼくらの危機を超えていくときの、みんなと共有する大原則でしょう。

さぁ、ひとりひとりが自分の頭で考え、本書にあえて登場させた自称のジャーナリストや学者のように確認もせずに発言し、ご自分を守ろうとするのではなく、しっかりと真実、事実を摑《つか》んで、人のためにこそ生きませんか。

それが、ぼくらの危機に立ち向かう唯一の王道です。

6（終わりに）

新書にするにあたって、編集者の田中亨《すすむ》さんに言われたのは「ちょっと数枚、新しいあと書きを書いて下さい」……でした。

それが、ほとんど一冊《いっさつ》の新著《しんちょ》に当たる分量を、ウルトラ過密日程《かみつにってい》に苦しみ抜きながら、よたよた歩きで書きあげてしまいました。

なぜそんな無理、無茶をしたか。

ひとつには、元の「ぼくらの真実」をすでに買って読んでくださった方も必ず読まれるだろうと信じたからです。

では、新しい果実《かじつ》もどっさり入れて、新書という新しい革袋《かわぶくろ》を読者にお渡《わた》ししたいですよね。

もうひとつには、新章に出てくる伊舎堂大尉《いしゃどうたいい》らの面影《おもかげ》がぼくから離れないからです。

伊舎堂さんとその戦士たちよ、硫黄島《いおうとう》の英霊《えいれい》の方々、白梅《しらうめ》の少女たちと一緒に、今とこれからのわたしたちに、ほんらいの日本国民の生き方を教えてくださいませんか。

（了）

大日本帝国陸軍第八航空師団誠第十七飛行隊

写真は伊舎堂家と、その知己の三木巌さんからいただきました

青山繁晴（あおやま しげはる）

▼作家。純文学の『平成紀』からノンフィクションの金字塔となった『ぼくらの祖国』まで、いずれもロングセラー。▼参議院議員。政治献金・寄附を1円も受け取らず政治資金集めパーティも開かず、派閥に属さず、都道府県連に属さず、後援会も作らない独自の議員活動を展開中。▼東大、近畿大、防衛省幹部研修で教鞭を執る。▼外交・防衛、危機管理、エネルギー安全保障を網羅する第一級の専門家として国内外で知られ、多くの公職を無償で遂行した。テレビ・ラジオ番組への参加、講演も数多い。▼神戸市生まれ。慶大文学部中退、早大政経学部卒。共同通信記者（経済部、政治部）、三菱総研研究員を経て、日本初の独立系シンクタンク、独立総合研究所を創立。社長を務め、2016年夏、参院選出馬と共に退任、株も無償で放棄。▼著書に『平成紀』（幻冬舎文庫）『ぼくらの祖国』（扶桑社新書）のほか『壊れた地球儀の直し方』（扶桑社新書）『ぼくらの哲学』（飛鳥新社）など多数。▼趣味もモータースポーツ（A級ライセンス）、アルペンスキー、乗馬、スキューバダイビング（バディ・ライセンス）、水泳、映画と幅広い。

扶桑社新書 243

危機にこそぼくらは甦る
――新書版　ぼくらの真実

発行日　2017年8月1日　初版第1刷発行
2017年8月31日　第4刷発行

著　　者………青山繁晴
発 行 者………久保田榮一
発 行 所………株式会社 扶桑社
〒105-8070
東京都港区芝浦 1-1-1 浜松町ビルディング
電話　03-6368-8870（編集）
03-6368-8891（郵便室）
www.fusosha.co.jp

装丁………………新昭彦（ツーフィッシュ）
DTP制作………株式会社YHB編集企画
印刷／製本………中央精版印刷株式会社

Printed in Japan　ISBN978-4-594-07700-6